oekom

Dieses Buch wurde klimaneutral hergestellt. CO_2-Emissionen vermeiden, reduzieren, kompensieren – nach diesem Grundsatz handelt der oekom verlag. Unvermeidbare Emissionen kompensiert der Verlag durch Investitionen in ein Gold-Standard-Projekt. Mehr Informationen finden Sie unter www.oekom.de/ueber-uns/nachhaltigkeit-bei-oekom/klimaneutraler-verlag.html.

climate neutral by firstclimate.com

Bibliografische Information der Deutschen Nationalbibliothek

Die Deutsche Nationalbibliothek verzeichnet diese Publikation in der Deutschen Nationalbibliografie; detaillierte bibliografische Daten sind im Internet über http://dnb.d-nb.de abrufbar.

---

oekom verlag, Gesellschaft für ökologische Kommunikation mbH
Waltherstraße 29, 80337 München

Lektorat: Heike Gronemeier
Korrektorat: Nina Rehbach
Satz und Layout: Sarah Müller, oekom verlag
Umschlaggestaltung: Sarah Müller, oekom verlag
Titelbild: www.fotolia.de, Domen Colja

Druck: Kessler Druck + Medien, Bobingen
Dieses Buch wurde auf FSC-zertifiziertem Papier gedruckt. FSC (Forest Stewardship Council) ist eine nichtstaatliche, gemeinnützige Organisation, die sich für eine ökologische und sozialverantwortliche Nutzung der Wälder unserer Erde einsetzt.

ISBN 978-3-86581-174-5
Printed in Germany

FSC

Mix
Produktgruppe aus vorbildlich bewirtschafteten Wäldern und anderen kontrollierten Herkünften
www.fsc.org Zert.-Nr. IMO-COC-026340

Mechthild Upgang

Gewinn mit Sinn

Wie Sie Ihr Geld sicher anlegen – mit gutem Gewissen

Der nachhaltige Finanzratgeber

ANHANG

Vorwort

Die weltweite Finanzkrise hat uns deutlich vor Augen geführt, was es bedeutet, wenn Unternehmen wie Banken und Versicherungen das Prinzip nachhaltigen Wirtschaftens aus den Augen verlieren oder missachten. Denn nachhaltiges Wirtschaften bedeutet, dass Unternehmen bei ihren Entscheidungen nicht nur ökonomische, sondern auch soziale und ökologische Belange gleichermaßen berücksichtigen und damit zur Erhaltung der Umwelt und zur Sicherung der Lebensverhältnisse heutiger und zukünftiger Generationen beitragen. Die Heraufbeschwörung eines Zusammenbruchs des weltweiten Finanzsystems kann mitnichten als Bemühen um die Sicherung der Belange heutiger und künftiger Generationen eingestuft werden.

Die meisten von uns wollen oder müssen ihr Geld anlegen, sparen oder investieren, um für später einen Grundstock zum Leben im Alter aufzubauen. Wir können dabei dem Prinzip der von uns so verpönten Banker folgen und auch nur den Aspekt Rendite in den Vordergrund stellen. Wir dürfen uns dann jedoch nicht wundern, wenn es zu heftigen Ausschlägen bei der Entwicklung unserer Kapitalanlagen kommt.

Anlegerinnen und Anleger, die einerseits konstantere Wertentwicklungen möchten und andererseits wissen wollen, wohin ihr Geld fließt und welche ökologischen und sozialen Folgen ihre Anlageentscheidung hat, stehen mittlerweile vor einem breiten Sortiment nachhaltiger Anlagemöglichkeiten. Sie können zwischen konservativen und dynamischen, zwischen kurz- und langfristigen und zwischen einem eng oder breit definierten Anlageuniversum wählen.

Dieser Finanzratgeber soll Privatanlegerinnen und -anlegern einen Überblick über die verschiedenen Formen nachhaltiger Geldanlagen verschaffen, damit sie die für sich passende Anlage finden. Ihnen soll damit die Möglichkeit geboten werden, ihr Kapital anzulegen oder Geld zu sparen, um ihren eigenen Bedürfnissen zu entsprechen, ohne die Möglichkeiten zukünftiger Generationen zur Befriedung ihrer Bedürfnisse zu gefährden. Diesem nachhaltigen Prinzip zu entsprechen, bedeutet nicht nur, das Geld in umwelt- und sozialverträgliche Anlageformen zu investieren, sondern auch Sorge dafür zu tragen, finanziell auf eigenen Beinen zu stehen und nicht der nachfolgenden Generation die finanziellen Bürden einer überalterten Gesellschaft aufzuerlegen.

Mechthild Upgang

Zertifizierte Finanzplanerin (Zert_FP©) und
Fachberaterin für nachhaltiges Investment

»Wie herrlich ist es,
dass niemand eine Minute zu warten braucht,
um damit zu beginnen,
die Welt langsam zu ändern.«
Anne Frank

Einführung

Der Begriff Nachhaltigkeit ist mittlerweile zum Modebegriff geworden: Politik, Wirtschaft, alle wollen nachhaltig wirken. Selbst eine Diät soll nachhaltig erfolgreich sein.

Doch was die wenigsten wissen: Ursprünglich stammt der Begriff aus der Forstwirtschaft – aus Deutschland, zu Beginn des 18. Jahrhunderts. Damals stellte man fest, dass den Minenbetreibern, vor allem den Silberbergbaubetrieben in Sachsen, das Holz ausging. Holz wurde in sehr großen Mengen benötigt, um Stollen und Schächte abzustützen, aber auch um Schmelzöfen für das Erz zu befeuern. In der näheren Umgebung der Silberminen waren die Wälder bereits abgeholzt und sowohl die Bergbauunternehmen als auch die einheimische Forstwirtschaft standen vor großen Problemen. Um die damit einhergehenden Folgen (z.B. Arbeitslosigkeit, Verelendung der einheimischen Bevölkerung) zu vermeiden, mussten Lösungen gefunden werden. Hans Carl von Carlowitz, ein Abgesandter des kursächsischen Hofes sah, dass ein neuer wirtschaftlicher Ansatz gefunden werden musste und empfahl ein Umdenken in der Forstwirtschaft.

In seinem Werk »Sylvicultura oeconomica, oder haußwirthliche Nachricht und Naturmäßige Anweisung zur wilden Baum-Zucht« (1713) fasste Carlowitz erstmals die Grundsätze nachhaltigen Wirtschaftens zusammen: Es sollen nur so viele Bäume gefällt werden, wie durch planmäßiges Aufforsten nachwachsen können. In der Forstwirtschaft konnten sich diese Ideen des sächsischen Oberberghauptmanns von Carlowitz weltweit verbreiten und gelten als Muster für eine ökologisch verantwortliche Forstwirtschaft. Bis die Notwendigkeit eines Umdenkens auch in anderen Branchen greifen konnte, sollte es allerdings noch Jahrzehnte dauern. 1987 wurde das Prinzip nachhaltigen Wirtschaftens von der World Commission of Environment und Development der Vereinten Nationen unter Vorsitz der norwegischen Politikerin Gro Harlem Brundtland aufgegriffen und in ein Konzept für Nachhaltigkeit umgesetzt: »Nachhaltige Entwicklung bedeutet eine Entwicklung, welche den Bedürfnissen der gegenwärtig lebenden Menschen entspricht, ohne die Fähigkeiten zukünftiger Generationen zur Befriedung ihrer Bedürfnisse zu gefährden.«

Diesen Grundsatz stellte 2004 auch erstmals die Auswahlkommission für den Friedensnobelpreis ins Zentrum ihrer Überlegungen. Mit der Verleihung des Friedensnobelpreises an die Kenianerin Wangari Muta Maathai betrat die Auswahlkommission Neuland, indem sie eine Umweltschützerin auszeichnete. Zwei Jahre später wurde der ehemalige amerikanische Präsidentschaftskandidat Al Gore für seine Bemühungen um den Klimaschutz geehrt und 2007 erhielten Mohammed Yunus und die Grameen Bank diese Auszeichnung für die Initiative im Bereich Kleinstkredite, den sogenannten Mikrokrediten. Der Fokus der Arbeit aller drei Ausgezeichneten liegt auf dem Prinzip der Nachhaltigkeit.

Vor allem am Beispiel der afrikanischen Frauenrechtlerin Maathai wird ein Paradigmenwandel sichtbar. Sie ist nicht nur die erste afrikanische Frau, die diese Auszeichnung erhält, sondern neben Aktivitäten zur Völkerverständigung wird auch das Engagement der Menschen für ihre Umwelt, was den Kampf gegen den Klimawandel beinhaltet und die Bekämpfung der Armut in der Welt, als friedensfördernd anerkannt. Dieses sind die Kernpunkte des Begriffs Nachhaltigkeit.

Wangari Muta Maathai rief bereits 1977 das Aufforstungsprojekt »Green Belt Movement« (Grüngürtel-Bewegung) ins Leben. Daraus wurde dann im Laufe der Jahre eine panafrikanische Bewegung, die mittlerweile in 13 Ländern aktiv ist, etwa 600 Baumschulen gründete und bis 1993 zum Schutz vor Erosion 30 Millionen Bäume neu pflanzte. Für diese Arbeit wird sie in Afrika auch »Mama Miti« (Kisuaheli »Mutter der Bäume«) genannt.

1980 ließ sich ihr Ehemann, mit dem sie drei Kinder hat, scheiden – mit der Begründung, sie sei »zu gebildet, zu stark, zu erfolgreich, zu eigensinnig und zu schwer zu kontrollieren«. Die späteren Inhaftierungen und Misshandlungen unter dem Regime des damaligen Staatschefs Daniel arap Moi überlebte die Wissenschaftlerin mit der Hilfe von Amnesty International. 1984 erhielt sie den Alternativen Nobelpreis für ihre Arbeit in der Green-Belt-Bewegung und 2004 den Friedensnobelpreis für ihren Einsatz für »nachhaltige Entwicklung, Frieden und Demokratie«. Bei der Verleihung des Preises am 10. Dezember 2004 hob der Chef des Nobelkomitees, Ole Danbolt Mjos hervor: »Frieden auf Erden hängt von unserer Fähigkeit zur Bewahrung einer lebendigen Umwelt ab.«

Die drohende Beschleunigung des Klimawandels macht deutlich, welche Folgen es hat, wenn Unternehmen wie auch Verbraucher/innen ökologische Aspekte außer Acht lassen und mehr Ressourcen verbrauchen, als nachwachsen können. Die weltweite Finanzkrise hat uns gezeigt, welche Konsequenzen es hat, soziale Aspekte außen vor zu lassen und auf Kosten anderer nur an den eigenen, kurzfristigen Profit zu denken. Infolgedessen verloren Millionen von US-Amerikaner/innen ihre Immobilien und viele Hunderttausend Menschen ihren Job.

Bereits die Börsenkrise zwischen 2001 und 2003 nach dem Platzen der sogenannten Dotcom-Blase hätte eigentlich ein Umdenken anstoßen können. Gerhard Randa, Mitglied des Vorstandes der Hypo-Vereinsbank erkannte 2003: »Die letzten drei Börsenjahre haben für Anleger wie Emittenten, aber auch für den ganzen Finanzsektor dazwischen, eine nachhaltige Wirkung hinterlassen – die Vertrauenskrise steckt noch in allen Gliedern. Dass an den Weltbörsen all das verloren wurde, was knapp drei Jahre zuvor an Börsenkapitalisierung kumuliert wurde – knapp 13 Billionen US-Dollar –, hat zu einem Umdenken geführt. Nicht nur, dass Fehlverhalten in der Finanzindustrie aufgedeckt – und mittlerweile auch geahndet – wurde. Auch die Unternehmen haben ihre Ausrichtung überdacht. Nach dem Motto »back to the basics« zählt wieder das seriöse Grundgeschäft. Vor allem aber hat die erfolglose Jagd nach dem schnellen Geld Emittenten und Anleger gleichermaßen gelehrt, wie kurzsichtig das Kurfrist-Denken ist.« (In: Pinner, Wolfgang. Ethische Investments, November 2003)

Die Erkenntnis, dass die Finanzwelt ein seriöses Grundgeschäft benötigt, um funktionieren zu können, scheint in den meisten Banken keinen Einzug gehalten zu haben. Stattdessen kehrte man nach Ende der Krise zum »business as usual« zurück und setzte nahtlos dort an, wo man aufgehört hatte, nämlich schnellstmöglichen Profit zu erzielen. Die Folgen sind nun hinlänglich bekannt und haben die Welt an den Rand des finanziellen Abgrundes getrieben. Viele Anlegerinnen und Anleger sind massiv verunsichert und haben panikartig, nach dem Motto »Rette sich, wer kann!«, ihr Geld abgezogen, um es auf Sparkonten oder im Tresor zu sichern. Wir können uns nun alle dieser Angst anschließen und die Schuld komplett bei den Verantwortlichen abladen. Wir können diese Krise aber auch nutzen, um innezuhalten und nachzudenken. »Man sollte die Kraft dieses Affekts nutzen, um nachzudenken, auch gemeinsam nachzudenken, was jetzt zu tun ist, wie man durch sein persönliches Verhalten die Situation jetzt und zukünftig ein Stück weit zum Besseren hin beeinflussen kann«, rät die Psychoanalytikerin Margarete Mitscherlich.

Eine Möglichkeit, die Situation zukünftig »ein Stück weit zum Besseren hin« zu beeinflussen, ist das Nachdenken über die Wirkung des Geldes. Die meisten von uns müssen für das Leben im Alter Geld anlegen, sparen oder investieren. Wenn wir dabei nur den Aspekt Rendite in den Vordergrund stellen, wenn wir mindestens 5 % Rendite für kurzfristige und 8 % für längerfristige Kapitalanlagen erzielen wollen, sollten wir uns nicht wundern, wenn dabei Risiken auftreten. Die Anleger/innen der Kaupthing Bank, ebenso wie die Besitzerinnen von Lehman-Zertifikaten und nun die Geschädigten des Madoffschen Schneeballsystems wissen ein Lied davon zu singen. Diese überzogenen Renditeerwartungen haben mit nachhaltigem Investment nicht viel gemein. Man kann nicht mehr Rendite verlangen, als nachwachsen kann. Wer mit hypothekengesicherten Anlagen (die berühmten ABS-, CDO-Papiere) langfristig mehr als 8 % Rendite erwartet, muss sich auch die Frage stellen, welche Zins- und Tilgungsleistungen die »Häuslebauer«, die ja diese Kredite bedienen sollen, langfristig aufbringen können.

Nachhaltig orientierte Anlegerinnen und Anleger hingegen hinterfragen ihre Anlageentscheidungen und setzen bewusst nicht auf kurzfristige Profitaussichten, sondern auf langfristiges, nachhaltiges Wachstum. Sie haben die doppelte Rendite im Blick, denn sie wünschen sich neben einer Verzinsung ihres Kapitals auch einen gesellschaftlichen und ökologischen Nutzen.

Wer sich die Mühe macht, bei der eigenen Geldanlage genau zu prüfen, wohin das angelegte Geld fließt, hat nicht nur die Chance, Risiken zu verringern, sondern auch die Möglichkeit, die Welt ein klein wenig zu verändern.

JEDER AUFSCHWUNG BEGINNT

IN DER KRISE

»Die Börse ist ein Spiel zwischen Angst und Gier.«
André Kostolany

Kurzfristiger Profit und langfristige Krisen – Finanzkrisen früher und heute

Die heutige Finanzkrise weckt bei vielen Menschen den Eindruck, dass es sich um ein herausragendes Ereignis handelt, das ähnlich furchtbar ist wie die große Krise Ende der 20er-Jahre des vorigen Jahrhunderts. Doch dieser Eindruck trügt: Finanzkrisen hat es immer gegeben. Ihren Ausgangspunkt nahmen sie immer da, wo Handel stattfindet: an den Börsen. Erste Börsen für Waren und Devisen entstanden bereits 1460 in Antwerpen und 1531 in Amsterdam. Den ersten nachweisbaren börsenmäßigen Handel in Deutschland gab es 1558 in Hamburg. An diesen Handelsplätzen waren nur Männer mit gutem Leumund zugelassen. Als im Jahr 1771 in Wien die Börse eröffnet wurde, hatte nur »alles männliche Volk« Zutritt. »Für Bankrotteure, Hunde, Behinderte und Frauen« war das Betreten der Börse verboten. Als am 22. Juni 1896 das erste deutsche Börsengesetz verabschiedet wurde, enthielt auch dieses das Zutrittsverbot für Frauen. Ein Umstand, der von den Frauen der Zeit ebenso wenig unkommentiert hingenommen werden konnte, wie die 12 Jahre spätere Gesetzesnovellierung, die auch keine Änderung des § 7(siehe Kasten) brachte.

Die Handelspartner sollten kreditwürdig und im Hinblick auf ihre persönliche wie finanzielle Integrität vertrauenswürdig sein. Wer an einer Börse Handel betreibt und Waren verkauft, möchte von seinem Handelspartner einen Gegenwert, in der Regel Geld. Der Kontrakt gilt als erfüllt, wenn beide Partner ihre Waren oder Geld geliefert haben. Bis dahin geben sie sich einen Vorschuss, einen Kredit. »Kredit« kommt vom lateinischen »credere« – glauben. Die Handelspartner sollen glaubwürdig und vertrauenswürdig sein. Das Vertrauen ist also eine Art Schmiermittel, das dafür sorgt, dass die Börsenräder ineinander greifen und sich drehen können.

§ 7 des ersten deutschen Börsengesetzes von 1896

Vom Börsenbesuche sind ausgeschlossen:

1. Personen weiblichen Geschlechtes;
2. Personen, welche sich nicht im Besitze der bürgerlichen Ehrenrechte befinden;
3. Personen, welche in Folge gerichtlicher Anordnung in der Verfügung über ihr Vermögen beschränkt sind;
4. Personen, welche wegen einfachen Bankerutts rechtskräftig verurteilt sind;
5. Personen, welche sich im Zustande der Zahlungsunfähigkeit befinden;
6. Personen, gegen welche durch rechtskräftige oder sofort wirksam erklärte ehrengerichtliche Entscheidung auf Ausschließung von dem Besuche einer Börse erkannt worden ist.

In der aktuellen Finanzkrise wurde dieses Vertrauen, das die Basis einer funktionierenden Börse darstellt, verspielt. Ein Blick in die Geschichte allerdings zeigt, dass diese Situation kein Novum ist. Der »Neue Markt des Barockzeitalters«, so betitelte es die Stiftung Warentest, war der Tulpenmarkt in Holland im 17. Jahrhundert. Zu diesem Zeitpunkt waren die später besungenen »Tulpen aus Amsterdam« eine Rarität. Vor allem die ersten mehrfarbigen Züchtungen gewannen bei holländischen wohlhabenden Kaufleuten Kultstatus. Wer etwas auf sich hielt, hatte diese Tulpen im Hause. Da die Produktion aber gering und die Nachfrage groß war, stiegen die Preise. Wer das Pech hatte, in der Saison keine Tulpenzwiebeln ergattert zu haben, hatte nur noch die Möglichkeit, über eine Terminbörse die Zwiebeln des nächsten oder des übernächsten Frühjahres zu kaufen. Besonders Clevere warteten aber gar nicht erst ab, bis sie ihre Tulpenzwiebel auch tatsächlich erhielten, sondern verkauften die erworbene Option gleich mit Gewinn weiter. Das trieb solche Blüten, dass sogar Anteile an Tulpenzwiebeln verkauft wurden, da sich weniger wohlhabende Menschen eine ganze Zwiebel nicht leisten konnten. Die Absurdität des Ganzen machen folgende Zahlen deutlich: Eine besonders begehrte Tulpenzüchtung war die »Semper Augustus«. Für diese wurden im Jahr 1624 stattliche 1.200 Gulden gezahlt. Ein Jahr später mussten dafür 3.000 Gulden aufgebracht werden. Wer im Jahre 1636 diese begehrte Zwiebel kaufen wollte, musste dafür dann schon 4.600 Gulden und obendrein eine neue Kutsche sowie zwei Pferde berappen. Für eine andere Zwiebelsorte wurden sogar 24 Wagenladungen Korn, 8 Mastschweine, 4 Kühe, 4 Fässer Bier, 1.000 Pfund Butter und mehrere Tonnen Käse geboten. Holland war im »Zwiebelrausch«. Doch bald kam die Ernüchterung. Am 3. Februar 1637 fand wie so oft eine Auktion in Haarlem statt. Doch ganz anders als sonst bot niemand mit. Diese völlig unerwartete Situation verbreitete sich wie ein Lauffeuer und Panik machte sich breit. Nun wollten alle ihre Zwiebelkaufoptionen schnellstmöglich loswerden. Die Folge: Der Preis fiel um 95 %. Damit war zwar wieder ein vernünftiges Preisniveau erreicht, aber viele Menschen, die sich vorher schon reich wähnten, hatten einen Großteil ihres Geldes verloren, nicht wenige sogar ihre Existenz. Die Hoffnung, mit dem Handel von Tulpenzwiebeln reich zu werden, war zwischenzeitlich so weit gegangen, dass ein Brauer aus Utrecht seine ganze Brauerei für drei Tulpenzwiebeln in Zahlung gegeben hatte!

80 Jahre nach dem Ende der Tulpenzwiebeleuphorie tauchte die nächste Spekulationsblase auf. Eine englische Aktiengesellschaft namens »South Sea Company« streute das Gerücht, dass sie ungeahnte Schätze in der Südsee bergen würde und versprach den Aktionären große Gewinne. Sie war nicht die einzige, die tolle Geschichten erfand, um Aktionäre zu überzeugen. Warnungen, dass die Südsee von Spaniern, Holländern, Franzosen und Portugiesen besetzt sei und Briten dort gar nicht agieren durften, wurden vom Tisch gefegt. Selbst die Tatsache, dass die South Sea Company keine Schiffe losschickte, um die sagenhaften Schätze zu heben, focht niemanden an. Die Leute kauften Aktien eines Unternehmens, das keinen Unternehmenszweck hatte. Es galt einfach nur, dabei zu sein, um möglichst rasch reich zu werden. Anfangs schien die Rechnung auch aufzugehen: Der Aktienkurs stieg auf sagenhafte 1.000 Pfund und die Gesellschaft gab einfach immer weitere Aktien aus. Als es den Eigentümern der Gesellschaft selbst ein wenig mulmig wurde und sie anfingen, ihre Aktien zu verkaufen, merkten die Anleger, dass etwas nicht stimmte und gerieten in Panik. Der Kurs sank innerhalb kürzester Zeit um 88 %. Das vielleicht bekannteste Opfer dieser Krise war der Entdecker der Gravitationskraft, der große Denker Isaac Newton. Zunächst gewann er noch 7.000 Pfund, verlor später allerdings 20.000 Pfund. Angeblich soll Newton danach für den Rest seines Lebens das Wort »Südsee« aus seinem Sprachgebrauch gestrichen haben und wollte es auch nie mehr hören.

Anfang des 19. Jahrhunderts konnte man dann eine ähnliche Entwicklung erleben wie in der aktuellen Finanzkrise. Damals boomte die amerikanische Wirtschaft kurz nach ihrer Unabhängigkeit. Die amerikanische Staatsbank (Second Bank of America) und andere Banken animierten ihre Kunden zur Aufnahme von Krediten, ohne dabei auf Sicherheiten zu achten. Es herrschte Hochstimmung. Konten durften überzogen werden und Aktien wurden auf Kredit gekauft. Als es dann den Banken zu gefährlich wurde, die Kreditvergabe eingeschränkt und bestehende Kredite zurückgefordert wurden, fehlte es den Kreditnehmern an Geld. Sie bekamen aber auch keine neuen Kredite mehr, um alte abzulösen. Die Krise war nicht mehr aufzuhalten. 1818 kam es zum Crash. Niemand konnte mehr investieren, Preise und Einkommen brachen ein. Diejenigen, die ihre Kredite nicht mehr zurückzahlen konnten, landeten damals noch im Schuldgefängnis.

1873 folgte dem Zusammenbruch der Bank of Jay Cook ein Börsencrash, der die USA in eine heftige mehrjährige Depression stürzte. 1882 kollabierte die katholische Bank Union Generale und bescherte Frankreich eine tiefe Wirtschaftskrise, die vor allem die Minenbranche und die Metallurgie in Mitleidenschaft zog. 1893 erreichte die Eisenbahnbaueuphorie in den USA ihren Höhepunkt. Die Spekulationen waren immer riskanter geworden, bis dann die sogenannte »Eisenbahnblase« platzte und viele Banken zusammenbrachen. 1907 verloren Aktien an der Wall Street im Oktober die Hälfte ihres Wertes. Eine heftige Rezession und der Konkurs der Knickerbocker Trust Company war diesem Kurssturz vorausgegangen.

1927 schien die Welt wieder in Ordnung. Mittlerweile gab es 300 Investmentgesellschaften in den USA. Alle verdienten prächtig und der Dow Jones stieg auf 300 Punkte im Jahr 1928. Und wieder einmal wollten alle mitverdienen und beim Börsenboom dabei sein. Viele Anleger nahmen Kredite auf, um Aktien zu kaufen. Es ging weiter aufwärts bis September 1929. Dann zeichneten sich erste leichte Kursrückgänge ab und die Banken forderten ihre Kreditnehmer auf, die Schulden zurückzuzahlen, indem sie die dafür hinterlegten Aktien verkaufen sollten. Im Oktober gerieten die Kurse leicht unter Druck, bis dann am 24. Oktober 1929 mehr Aktien verkauft werden sollten, als nachgefragt wurden. Die Kurse sanken. Damit wurde eine Spirale nach unten in Gang gesetzt. Die fallenden Kurse brachten immer mehr Kredite ins Wanken und immer mehr Banken drängten immer stärker auf die Rückzahlung der Kredite. Selbst die Beschwörung des damaligen Präsidenten Herbert C. Hoover, dass es der amerikanischen Wirtschaft doch gut ginge, konnte die Panik nicht bremsen. Am 29. Oktober sackte der Dow Jones auf 203 Punkte nach unten, am 13. November war mit 198 Punkten der Tiefststand erreicht. Die damals im Dow Jones Index gelisteten 30 größten amerikanischen Unternehmen hatten in kürzester Zeit die Hälfte ihres Börsenwertes eingebüßt. Die Anleger hatten ihr Geld verloren und fielen damit als Konsumenten aus. Aufgrund der zurückgegangenen Nachfrage sanken Unternehmensgewinne und Einkommen. Schulden konnten nicht mehr zurückgezahlt werden. Es kam zur Krise. Doch damit nicht genug. Amerikanische Banken, die infolge des ersten Weltkrieges noch laufende Kreditforderungen gegenüber deutschen Unternehmen hatten, forderten deren Rückzahlung. Durch die Krise in Mitleidenschaft gezogene amerikanische Investoren zogen ihr Geld aus Deutschland ab und investierten nicht mehr. Der internationale Kapitalfluss versiegte und bis 1932 verringerte sich das Welthandelsvolumen um 25 %. Verschlimmert wurde die ganze Situation noch dadurch, dass die Banken wie in der heutigen Krise ihr Geld in den Boomjahren langfristig angelegt und gebunden, die Kredite aber nur kurzfristig gesichert hatten. Die ausländischen Gläubigerbanken konnten somit auch die kurzfristige Rückführung der Schulden einfordern. Viele Banken gerieten dadurch in Bedrängnis. Die Pleite der Darmstädter und Nationalbank im Jahr 1931 löste eine Panik aus. Getreu dem Motto »Rette sich, wer kann!« versuchten die Menschen, ihre Spargelder abzuheben, und verschlimmerten damit die Krise noch.

Damals wie heute wurden Stützungsmaßnahmen ergriffen. Die Reichsbank versuchte, viele Bankhäuser aufzufangen und gründete per Notverordnung eine Bankenaufsicht, die es zuvor nur für Sparkassen und Hypothekenbanken gegeben hatte. Infolge der weiteren Börsentalfahrt an der Wall Street wurden im Juli 1931 die Börsen in Deutschland geschlossen. Auch nach der Wiedereröffnung blieben die Kurse unten. Die Aktien waren zwischen 1929 und 1931 um insgesamt 70 % gefallen. Eine Stabilisierung blieb in den USA zunächst trotz verschiedener Investitionsprogramme aus. Nach dem Zweiten Weltkrieg versuchte die Welt wieder Fuß zu fassen, doch bereits 1973/1974 trat die nächste Krise auf den Plan. Aufgrund der hohen Staatsverschuldung in den USA konnte die Bindung des Dollars an die Goldreserven nicht mehr aufrechterhalten bleiben, das Währungssystem von Bretton Woods brach zusammen.

Und schon 1987 konnte die Welt wieder auf einen schwarzen Börsentag blicken. Der 19. Oktober ging als »Schwarzer Montag« in die Geschichte ein. Ausgehend vom Börsengeschehen in Südostasien gaben die Kurse weltweit nach. Der Dow Jones verlor an einem Tag 26,4 %. Diesem dramatischen Absturz war eine Zinserhöhung der amerikanischen Zentralbank vorausgegangen. Was normalerweise in moderaten Kursabschlägen mündet, nahm nun einen völlig unerwarteten Verlauf. Die Ursache dafür lag in der Einführung der neuen elektronischen Handelssysteme. Da viele Aktien nun mit sogenannten Stop-Loss-Orders versehen waren, wurden an diesem Montag viele Aktien automatisch verkauft, als sie die gesetzten Marken nach unten durchbrachen. Ein Dominoeffekt setzte ein. Eine Kursuntergrenze nach der anderen wurde durchbrochen, immer mehr Aktien kamen auf den Markt und führten zu weiteren Kurseinbrüchen. Am Ende des Tages stand man vor einem historischen Verlust. Die anschließende Erklärung des amerikanischen Präsidenten Ronald Reagan, dass die Weltwirtschaft intakt sei, führte zu einer Beruhigung der Gemüter, die Kurse erholten sich langsam wieder (siehe Abbildung 1).

Besonders gut im Gedächtnis geblieben ist uns sicherlich das Platzen der Dotcom-Blase. 1999 wurde mit dem sogenannten Nemax ein neuer Börsenindex eingeführt. In ihm waren die jungen technologieorientierten Unternehmen vertreten. Der »Neue Markt« war geboren. Und die Deut-

Abbildung 1: Börsenkrisen seit 1971

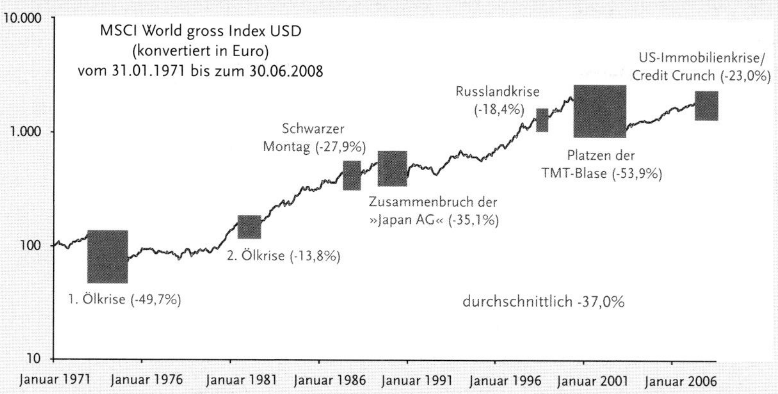

Frühere Wertentwicklungen, Simulationen oder Prognosen sind kein verlässlicher Indikator für die künftige Wertentwicklung.

schen, die jahrzehntelang den Aktien nicht viel abgewinnen konnten, mutierten zu Börsenexperten. Allerorten entstanden Investmentclubs, in denen private Anlegerinnen und Anleger ihr Glück an der Börse versuchten und im Kollektiv spekulierten. Das ganze Land war im Börsenrausch, die Tatort-Kommissare Stoever und Brockmöller warben erfolgreich für die Telekom, die neue »Volksaktie«. Und tatsächlich: Der Nemax kletterte von 1.000 Punkten im Dezember 1997 auf fast 8.000 Punkte im Dezember 2000. In die Aktienkurse war eine enorme Gewinnerwartung eingepreist. Für das Unternehmen Mobilcom etwa hatte man errechnet, dass bei den erwarteten Gewinnsteigerungen einige Jahre später Umsätze erzielt würden, die dem gesamten Staatshaushalt der Bundesrepublik Deutschland entsprächen – ein unvorstellbares Ziel. Dennoch hatte es niemand ernsthaft nachgerechnet oder geprüft. Es griff der gleiche Mechanismus wie viele Jahrhunderte zuvor in der »Tulpen- und Südseeblase«, die Gier schaltete den gesunden Menschenverstand aus.

Anfang 2000 fingen dann doch die ersten Anleger/innen an nachzurechnen. Während einschlägige Journale den Nemax schon bei 10.000 Punkten sahen und die Euphorie ungebrochen war, verkauften einige Anleger/innen ihre Bestände. Der Kursverfall begann, und so groß wie vorher die Gier, war nun die Angst. Auf einmal wollten alle raus aus den Aktien »ihrer Himmelsstürmer«. Viele der damals so hochgelobten Unternehmen gibt es heute schon lange nicht mehr. Anlegerinnen und Anleger saßen auf fast wertlosen Aktienbeständen und hatten viel Geld verloren. Einige hielten es so wie damals Isaac Newton: Sie wollten nie wieder das Wort Telekom-Aktie hören.

No risk, no ...? Die aktuelle Finanzkrise

Nachdem die Dotcom-Euphorie verflogen war und sich in den Jahren 2000 und 2001 Ernüchterung breitmachte, erschütterte ein anderes Ereignis die Welt: der Anschlag auf das World Trade Center in New York am 11. September 2001. Das größte Finanzzentrum der Welt war durch ein Attentat zerstört worden. Um einen Einbruch der Konjunktur zu verhindern, senkte die amerikanische Zentralbank unter Leitung von Alan Greenspan, der bereits die Krise 1987 gemeistert hatte, die Leitzinsen auf 1 %. Auch in Folge blieben die Zinsen niedrig (siehe Abbildung 2).

Abbildung 2: Leitzinsen in den USA und Europa 2000 bis 2009

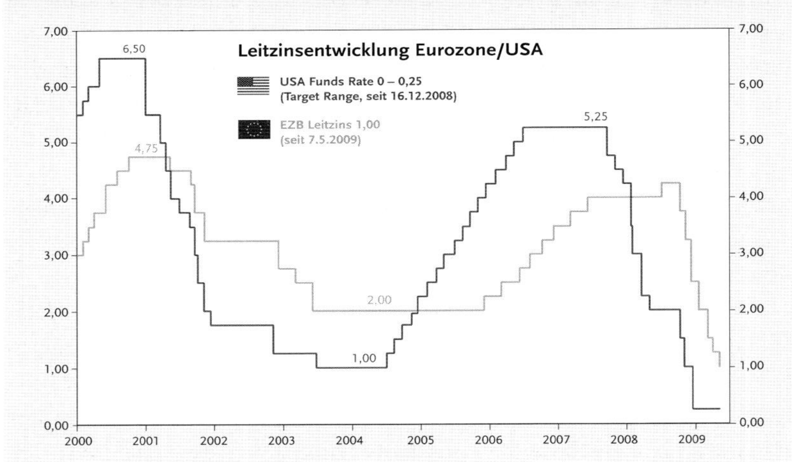

In dieser Grafik sind die Leitzinsen der beiden wichtigsten Notenbanken der Welt abgebildet – der US-amerikanischen Federal Reserve (FED) und der Europäischen Zentralbank (EZB). Es ist gut zu erkennen, wie stark der Leitzins von 6,5 % Ende 2001 auf 1 % in 2003/2004 gesenkt wurde. Einhergehend mit sinkenden Zinsen stieg auch die Nachfrage nach Krediten, vor allem Immobilienkrediten. Niedrige Zinsen bedeuten für Immobilienbesitzer/innen, dass ihr verfügbares Einkommen größer wird, da sie geringere Raten für die Kredite abführen müssen. Die Konsumneigung stieg und die Binnennachfrage auch. Die Wirtschaft boomte. Viele finanzierten den Boom allerdings voller Zuversicht auf Kredit über Kreditkarten. Autos wurden nicht bezahlt, sondern per Kredit gekauft. Für die Menschen, die noch keine Immobilie besaßen, wurde diese plötzlich erschwinglich, da finanzierbar. Die Banker erkannten diese Möglichkeiten und boten nun allen Kredite an. Der Begriff »NINJAs« (No Income, Job, Asset) wurde geprägt.

Das heißt, Menschen ohne Einkommen, ohne Job und ohne Vermögen erhielten Kredite – mit variablen Zinsen, die in den ersten Jahren nicht einmal getilgt werden mussten.

Seit 2004 verdreifachte sich die Vergabe von Hypothekendarlehen an finanziell wenig betuchte Immobilienbesitzer, sogenannte »Subprime«-Kredite. Man beziffert den Umfang solcher minderwertigen Kredite auf etwa zwei Billionen US-Dollar. Solange die Preise für Immobilien anstiegen, war niemand beunruhigt, schließlich deckte ja die Immobilie die Schulden und wies sogar nach kürzester Zeit einen Überschuss aus. Dass die Zinsen auch irgendwann wieder steigen würden und die variablen Darlehen dann zu Daumenschrauben würden, wollte niemand wahrhaben. Als die FED angesichts wachsender Inflationsgefahren in den USA aufgrund der boomenden Wirtschaft dann die Zinsschraube wieder anzog und der Leitzins bis auf 5,25 % stieg, setzte sich eine fatale Spirale in Gang. Die steigenden Zinsen konnten die hoch verschuldeten Kreditnehmer/innen nicht aufbringen und mussten ihre Immobilien verkaufen. Doch wer wollte diese Immobilien erwerben, angesichts steigender Zinsen? Die Preise brachen ein, der Verschuldungsgrad stieg, da der offene Kreditbetrag höher war als der Wert der Immobilie. Es wird geschätzt, dass 20 bis 25 % aller US-Immobilienbesitzer/innen von dieser Entwicklung betroffen sind. Die Zahl der Zwangsversteigerungen nimmt drastisch zu.

Auf der Gegenseite sind vor allem die Baufinanzierer betroffen, denn sie sitzen auf »faulen Krediten«. Aus der Immobilienkrise wird eine Hypothekenkrise: Die ersten Opfer sind die großen Baufinanzierer Indy Mac in den USA und Northern Rock in Großbritannien, es folgen die US-Immobilienfinanzierer Freddie Mac und Fanny Mae. Doch die Krise zieht weitere Kreise: Da sich Hypothekenbanken ihr Geld über Hypothekenbriefe (Pfandbriefe) am Kapitalmarkt leihen und viele Banken diese Wertpapiere in den eigenen Beständen haben, müssen sie deren Werte in der Bilanz berichtigen. Denn selbst mit erstklassigen Ratings versehene Hypothekenbriefe sind plötzlich weitgehend unverkäuflich, der Markt für Verbriefungen bricht zusammen. Die Krise ist in den Bankbilanzen angelangt. Da diese Papiere mit marktnahen Preisen in der Bilanz bewertet werden müssen, schlagen die Preiseinbrüche auf die Eigenkapitalquote durch. Die Banken müssen gegensteuern und versuchen, aus ihren Beständen andere Wertpapiere, zum Beispiel Aktien, zu verkaufen, um Gelder verfügbar zu haben.

Es kommt noch schlimmer: strukturierte Finanzinstrumente

Zu einem Albtraum wird die Krise aber, da die Banken die Möglichkeit verbriefter Finanzinnovationen genutzt hatten. In ihrer Ausbildung hatten viele angehende Bankkaufleute gelernt, dass bei der Vergabe eines Kredites durch eine Bank, dieser Kredit bis zum Ende der Laufzeit in den Bilanzen geführt wird. Vorgeschrieben ist, dass Kredite mit einer bestimmten Menge Eigenkapital hinterlegt werden müssen. Dieses Eigenkapital wirft geringere Renditen ab und kann nicht »ordentlich arbeiten«. Doch mittlerweile haben die soliden Bankkaufleute anscheinend ausgedient und smarte Banker sind an ihre Stelle getreten. Sie wollten nun nicht mehr die Kredite bis zum Ende der Laufzeit halten, sondern bündelten sie und verwandelten diese in handelbare Wertpapiere, die sie dann wieder an interessierte Investoren weiter verkaufen konnten. Dieser Prozess wird als Verbriefung bezeichnet. Zu diesem Zwecke bündelt die Bank die Vermögenswerte in einem Pool, der dann am Markt verkauft werden soll (beispielsweise Hypotheken, Kredite) und verkauft diesen Pool mit den als Sicherheit hinterlegten Vermögenswerten (»Collateral«) an eine neu gegründete Zweckgesellschaft (»SIV« Strukturiertes Investmentvehikel). Diese »strukturiert« die Anleihen, indem sie diese in Tranchen unterschiedlicher Risikoklassen aufteilt und dann weiterverkauft, zum Beispiel an Versicherungen.

Die Zweckgesellschaften halten als Vermögenswerte (Aktiva) den Forderungspool und refinanzieren diese Vermögenswerte durch die Ausgabe von Wertpapieren. Das sind die Verbindlichkeiten (Passiva) der Zweckgesellschaft. Die Einnahmen dieser Zweckgesellschaft für ihre Forderungen sind davon abhängig, ob die »Häuslebauer« ihre Tilgungen und Zinsen zahlen. Wichtig zu wissen ist, dass SIVs, auch »Conduits« genannt, Gründungen von Banken sind, um in dieses risikoreiche Geschäft einsteigen zu können. Während nämlich die Banken strengen Kontrollen unterliegen, sind die SIVs weniger reguliert. Die Banken verkaufen langfristige Vermögenswerte, die nur durch zweitklassige (»suprime«) Hypothekenkredite abgesichert sind, an ihre Zweckgesellschaften und verbuchen diese Transaktion als Gewinn. Im weiteren Verlauf erhalten sie überdies Managementgebühren für die Verwaltung dieser Anlagen von den SIVs und behalten diese damit im Auge. Da diese risikoreichen Anlagen nun nicht mehr in der Bilanz der Bank auftauchen, müssen dafür keine Kapitalreserven bereitgehalten werden und die Bank kann ihr Kapital anderweitig investieren. Dennoch geben die Banken eine Art Patronatserklärung für ihre Zweckgesellschaften ab, sollten diese einmal in Schwierigkeiten geraten. Die Conduits ihrerseits versuchen, ihre Investitionen in diese langfristigen Anlagen (Laufzeit zwei bis zehn Jahre) durch die Emission (Herausgabe) kurzfristiger Anleihen (Commercial Papers) zu finanzieren. Diese Commercial Papers sind Schuldverschreibungen mit einer Laufzeit von meist 30 bis 90 Tagen und fanden sich in so manch einem Geldmarktfonds wieder. Schwierig wird es dann, wenn eine kurzfristige Anleihe ausläuft und man eine Anschlussfinanzierung suchen muss, diese am Markt aber nicht erhält oder nur zu deutlich höheren Zinsen, da der Kapitalmarktzins sich erhöht hat. Da diese Wertpapiere mit Forderungen (gegen die privaten Schuldner und deren Immobilienvermögen) abgesichert sind (die sogenannten Mortgage Backed Securities, kurz MBS), klingt alles zunächst nach einer sicheren Anlage. Ergänzt wird dieses Angebot um die sogenannten ABS-Papiere (Asset Backed Securities), die Autokredite oder Konsumentenkredite verbriefen. Bei diesen Papieren haben die Zweckgesellschaften die Zahlungsansprüche (Zinsen und Tilgung) aus entsprechenden Pools an Investoren verkauft. Gedeckt werden sollen die Zahlungsansprüche durch den Bestand an Forderungen, also die Kredite.

Ein Untertyp dieser forderungsbesicherten Wertpapiere (MBS und ABS) sind die Collateralised Debt Obligations (CDO). Hierbei handelt es sich um eine zweite Verbriefungsstufe, die auf MBS, ABS und anderen Wertpapieren aufbaut.

In diesem Fall kauft eine andere Zweckgesellschaft nicht nur das Portfolio einer Bank, sondern das von verschiedenen Banken zusammen, und veräußert diese dann an Anleger/innen weiter. Das bedeutet aber, dass diese Zweckgemeinschaft keinen direkten Zugriff mehr auf die Hypothekenkredite als Vermögen hat. Sie besitzt nur noch die Wertpapiere, also das, was sie von der ersten Zweckgemeinschaft in Form eines Pakets gekauft hat. Da es sich um verschiedene Pakete von verschiedenen Zweckgesellschaften handelt, sind auch die zugrunde liegenden Forderungspools gemischt und bestehen aus Kreditkartenforderungen, aus ABS, Unternehmensanleihen, Autodarlehen und so weiter. Damit ist die Substanz eines CDO gering. Es handelt sich salopp ausgedrückt um eine Art »Überraschungsei«. Allerdings wird versucht, diese CDO in verschiedene Tranchen mit unterschiedlichen Risikoklassen aufzuteilen, sodass Investoren entscheiden können, welches Risiko sie eingehen möchten. Je höher das gewählte Risiko, umso höher auch der Zinssatz für die Anleger/innen.

Zusammengefasst bedeutet dies: Die erste Verbriefungsgesellschaft kauft die Hypotheken einer Bank und bastelt daraus ein Wertpapier (MBS, ABS). Dieses wird an Investoren, häufig andere Zweckgesellschaften, weiterverkauft. Diese wiederum kaufen sich von verschiedenen Instituten Wertpapiere zusammen und bündeln diese zu CDO, die sie dann wieder weiterverkaufen. So wird das eine Wertpapierpaket auf das andere gepackt. Wie kann bei einer solchen Struktur noch der wahre Risikogehalt bewertet werden?

Die Ratingagenturen, die in der Regel eng mit den Banken verflochten waren, bedachten die Emittenten dieser Wertpapiere weiterhin mit erstklassigen Noten und alles schien in Ordnung. Auf der Suche nach immer höheren Renditen machten Finanzinvestoren um sichere Anleihen – etwa Staatsanleihen – einen großen Bogen waren deren Zinsen doch unattraktiv. Da boten oben genannte Wertpapiere doch Aussicht auf deutlich höhere Renditen. Da die Institute nicht offenlegten, welche Risiken wirklich in den Verbriefungen steckten, wuchs angesichts der sich in den USA abzeichnenden

Immobilienkrise das Misstrauen der Investoren. Sie zogen sich zurück. Damit saßen die Zweckgesellschaften auf ihren langfristig festgelegten Suprime-Papieren, die sie nicht mehr loswerden konnten. Aber auch die zur Refinanzierung herausgegebenen, mit kurzer Laufzeit ausgestatteten Commercial Papers waren nicht mehr gefragt. Nur für kurze Zeit aufgenommene Kredite konnten deshalb nicht mehr bedient werden und Liquiditätsprobleme traten auf. Man versuchte, »komme, was da wolle«, die CDO, ABS- und MBS-Papiere loszuwerden. Verluste türmten sich auf. Da die Banken aber Garantien für ihre Zweckgesellschaften ausgesprochen hatten, wurden auch sie in Mitleidenschaft gezogen. Einige Banken waren gezwungen, einen Teil der lang laufenden Suprime-Forderungen zurückzukaufen oder sie kauften ihrer Zweckgesellschaft die kurz laufenden Commercial Papers ab, damit die Zweckgesellschaft wieder liquide wurde. So flogen die schlechten Kredite, die man so elegant auslagern wollte, wie ein Bumerang in die Bilanz zurück. Die Folge waren extrem hohe Wertberichtigungen in den Bilanzen.

Vor allem die Banken, die sich hier stark engagiert hatten, waren besonders betroffen: Citigroup, JP Morgan Chase, Morgan Stanley, Merrill Lynch hießen die ersten Adressen in New York. Die Banken hatten nicht nur Probleme, ihren Zahlungsverpflichtungen nachzukommen, sondern es fehlte ihnen Eigenkapital. Da sich Banken untereinander nicht mehr vertrauten, denn niemand weiß, was beim anderen in der Bilanz »schlummert«, gaben sie sich keine Kredite mehr. Besonders hart davon betroffen sind die Institute, die ihre Investitionen mit Krediten finanzierten, vor allem Hedgefonds und auch Investmentbanken. Lange Zeit nämlich hatte das sogenannte Leveraging (Hebeln) als Perpetuum mobile der Finanzwelt gegolten. Die Idee ist bestechend einfach: Ein Fonds möchte 500 Mio. US-Dollar in ein aussichtsreiches Investment investieren, aber nur 50 Mio. US-Dollar Eigenkapital dafür aufbringen. Angesichts niedriger Zinsen leiht sich der Fonds die fehlenden 450 Mio. US-Dollar und zahlt dafür beispielsweise 4 % Kreditzinsen. Für das Investment werden aber 9 % erzielt. Die Erträge für das Investment betragen also 45 Mio. US-Dollar, die Kreditzinsen für das geliehene Geld aber nur 18 Mio. US-Dollar. Es bleiben stattliche 27 Mio. für den Fonds übrig. Bezogen auf einen Einsatz von 50 Mio. US-Dollar Eigenkapital entspricht das einer Rendite von 54 %. Die Verzinsung des Eigenkapitals hat sich also vervielfacht. Wer kann dazu schon Nein sagen?

Doch was geschieht, wenn einerseits die Kreditzinsen für den enormen Kredit steigen oder der Kredit, da nur kurzfristig festgeschrieben, nicht mehr verlängert wird? Dann muss die Bank Eigenkapital nachschießen oder das Investment verkaufen, egal zu welchem Preis. Das nennt sich dann elegant »Deleveraging« und kann zu massiven Kurseinbrüchen führen. Bereits Mitte 2007 mussten zwei amerikanische Hedgefonds aufgeben. Es werden noch einige folgen. Das Misstrauen der Banken hat allerdings noch andere Folgen: Die Banken horten Bargeld auf ihren Konten bei der Europäischen Zentralbank und versprechen Anlegerinnen und Anlegern Traumzinsen für Tagesgeld oder Festgeldkonten, um genügend Liquidität aufweisen zu können. Diese benötigen sie, da die Bankenaufsicht eine bestimmte Eigenkapitalquote fordert – angesichts fauler Kredite in der Bilanz steigt dieser Bedarf enorm. Im Gegenzug verleihen die Banken aber auch kein Geld mehr, weder an Unternehmen noch an private Kreditnehmer/innen. Damit ist die Finanzkrise nun endgültig in der Realwirtschaft angelangt und erzeugt weltweit Rezessionen, weil Konsumentinnen und Konsumenten wie Investorinnen und Investoren vorsichtig geworden sind und abwarten, bis der Spuk vorbei ist.

Aber nicht nur Institute (Banken, Fonds und Versicherungen), die »das große Rad drehen« wollten, sind betroffen, sondern auch solide Marktteilnehmer, wie Unternehmen und amerikanische Gemeinden, die sich über Anleihen Geld beschaffen wollen. Da der Anleihenmarkt völlig aus den Fugen geraten ist, finden auch diese soliden Wertpapiere keine Käufer/innen mehr. Die Freude am Risiko schlug innerhalb kurzer Zeit in größte Abneigung um. Auch Privatanleger/innen zogen ihr Geld vom Markt. Dazu gehört auch die Anlage in Aktien. So teilte das Deutsche Aktieninstitut (DAI) in einer Pressemitteilung vom 19. Januar 2009 mit, dass die Zahl der Aktionärinnen und Aktionäre, der Aktienfondsbesitzer/innen im zweiten Halbjahr 2008 gegenüber dem ersten Halbjahr um über eine Million auf nunmehr 8,8 Millionen gesunken ist. Diese Zahl entspricht nur noch 13,5 % der Bevölkerung. »Die seit Jahren rückläufige Aktienakzeptanz breiter Bevölkerungsschichten entwickelt sich zu einem gravierenden Problem«, kommentiert DAI-Chef Rüdiger von Rosen diese Zahlen. Doch auch andere Anlageklassen sind betroffen. Aufgrund großer Mittelabflüsse rissen beispielsweise einige offene Immobilienfonds die Reißleine und setzen die Anteilsrückgabe vorübergehend aus. Die Gelder der Anleger/innen sind also eingefroren.

Anlass zur Panik gab auch die Aussage der Bundeskanzlerin Angela Merkel am 4. Oktober 2008: Die Spareinlagen der Sparer/innen seien gesichert. Viele begriffen erst in diesem Moment das ganze Ausmaß der Krise. Als auch noch am 7. Oktober 2008 Island drei große Banken unter staatliche Kontrolle nahm und die BaFin (Bundesanstalt für Finanzdienstleistungsaufsicht) wenige Tage später ein Moratorium über die deutsche Niederlassung der isländischen Kaupthing Bank verhängte, machte sich blankes Entsetzen breit. Nicht nur die 30.000 Anleger/innen, die ihr Geld bei der Kaupthing Bank zu hohen Zinsen angelegt hatten, bangen um ihr Erspartes, bei den Verbraucherzentralen laufen die Telefone heiß, viele verunsicherte Menschen rufen an. Wusste man spätestens nach dem Platzen der Dotcom-Blase, dass man mit Aktien Geld verlieren kann, so hatte man aber doch nicht damit gerechnet, dass konservative Spareinlagen Risiken bis hin zum Totalverlust bergen konnten. Die Anleger/innen stürmten daraufhin die Sparkassen und Volksbanken, da dort die beste Einlagensicherung vorliegt. Auch Bundeswertpapiere, die vorher niemand wegen der geringen Zinsen haben wollte, gewannen auf einmal an Attraktivität. Es galt einmal mehr die Devise »Rette sich, wer kann«, nur diesmal mit dem Zusatz: »Hauptsache sicher!«

Doch wie in jeder Krise gilt es, einen klaren Kopf zu bewahren und nicht in Panik zu verfallen. John M. Templeton, der Gründer des legendären Templeton Growth Fonds hat einmal gesagt: »Die Zeit des größten Pessimismus ist die beste Zeit zu kaufen, die Zeit des größten Optimismus ist die beste Zeit zu verkaufen!«

Was Sie beachten sollten!

Krisen bieten die Möglichkeit, über Vergangenes und Künftiges nachzudenken. Anlegerinnen und Anleger sollten nun diese Zeit nutzen, um ihre eigene Risikobereitschaft zu überprüfen um dann ihre Anlage so zu gestalten, dass sie kommende Krisen besser meistern können. Vor allem ist nun Gelegenheit, die eigenen Ansprüche an die Geldanlage einer kritischen Prüfung zu unterziehen. Inwieweit hat man in dem Spiel nach immer höheren Renditen mitgemacht und das damit verbundene Risiko außer Acht gelassen? Denn nicht nur die überzogenen Erwartungen der institutionellen Investoren haben mit dazu beigetragen, dass es zu einer Krise solchen Ausmaßes kommen konnte, sondern auch die immer größeren Ansprüche privater Anlegerinnen und Anleger an die Vermehrung ihres Kapitals. Nachhaltige Investments bieten Anlegerinnen und Anlegern die Möglichkeit, Verantwortung für ihr Geld zu übernehmen, indem sie entscheiden, wohin es fließen soll.

»Das Geheimnis des erfolgreichen Börsengeschäfts
liegt darin, zu erkennen,
was der Durchschnittsbürger glaubt,
dass der Durchschnittsbürger tut.«
John Maynard Keynes

Können sich denn so viele irren? – Börsenpsychologie

Auf einen Blick

»An der Börse sind zwei mal zwei nicht vier, sondern fünf minus eins – und man muss die Nerven haben, dieses minus eins auszuhalten.«

Dieser Satz von André Kostolany bringt auf den Punkt, wie schwer es ist, sich der Gier und auch der Panik an den Börsen der Welt zu entziehen, und welche Konsequenzen dies für den Einzelnen hat. Wer das »Minus eins« nicht aushalten kann, sollte Aktieninvestments vermeiden. Denn auf lange Sicht gesehen, werden risikoscheue und ängstliche Anlegerinnen und Anleger damit kein Geld verdienen, sondern verlieren, da sie häufig zum falschen Zeitpunkt ein- oder aussteigen.

Eine Anlage in Wertpapieren, die an Börsen gehandelt werden, Aktien, festverzinsliche Wertpapiere oder Zertifikate sind nur geeignet für Menschen, die prinzipiell an den Fortbestand der globalen Marktwirtschaft glauben und darauf vertrauen, dass nach schlechten Börsentagen auch wieder gute kommen werden.

Die Geschichte der Finanzkrisen hat gezeigt, dass es häufig am sogenannten gesunden Menschenverstand mangelt. Sonst hätte der Brauereibesitzer in Utrecht doch wissen können, dass drei Tulpenzwiebeln niemals den Wert einer ganzen Brauerei haben. Wie kann es also geschehen, dass Menschen so völlig den gesunden Menschenverstand verlieren?

In den Wirtschaftswissenschaften wurde das Bild des »Homo oeconomicus« geprägt, eines Menschen, der sich rational verhält, seine Eigeninteressen verfolgt, seinen Nutzen maximiert, weiß, was er will, und der über Markttransparenz verfügt, also alle Informationen über Angebot und Nachfrage hat. Die Krisen haben uns jedoch gezeigt, dass wir nicht wie der viel gepriesene Homo oeconomicus agieren. Der New Yorker Finanzexperte Michael Mauboussin ist gar der Meinung, der Mensch »habe nicht die geistige Ausstattung, um rational an den Kapitalmärkten zu investieren«. Er begründet diese Aussage mit Befunden aus den Neurowissenschaften: Im Gehirn gibt es einen Teil, den sogenannten Nucleus accumbens, tief im Innern, ungefähr hinter der Nase. In ihm werden die Glücksgefühle erzeugt. Dieser Teil wird auch beim Drogenkonsum und Sex stimuliert. Je größer die Stimulation und der Erregungszustand dieses Gehirnteiles, desto weniger kann ein anderer Teil des Gehirns, der präfrontale Cortex, seine Arbeit tun und die Erregung kontrollieren. Wie der Konsum von Drogen, so erregt auch die Aussicht auf Gewinn den Nucleus accumbens und setzt damit die Vernunft außer Kraft. Dieses Phänomen kann man mit dem saloppen Spruch »Gier frisst Hirn« zusammenfassen.

Die Zeitschrift Psychologie Heute (Januar 2009) befasst sich unter der Überschrift »Ist Testosteron schuld an der Finanzkrise?« mit einer anderen möglichen Ursache für das irrationale Verhalten an der Börse. In einer Studie, die an der Universität Cambridge durchgeführt wurde, waren unter Leitung des Wissenschaftlers John Coates zwölf männliche Aktienhändler an acht aufeinanderfolgenden Handelstagen jeweils um elf und 16 Uhr Speichelproben entnommen worden. Parallel dazu vermerkte man die momentanen Gewinn- und Verluststände der Probanden. Mit dem Tagesdurchschnitt aus vorherigen Leistungen als Vergleichswert konnte dann belegt werden, dass Börsenhändler, die bereits am Vormittag einen erhöhten Testosteronspiegel aufwiesen, überdurchschnittlich hohe Gewinne einfuhren. Die Vermutung liegt nahe, dass durch das männliche Sexualhormon die Risikobereitschaft erhöht wird. Wenn dann auch noch Erfolge zu verbuchen sind, wird das Selbstvertrauen noch größer und die Erfolgswahrscheinlichkeit steigt weiter. Zu einem ähnlichen Ergebnis kommt eine Studie der Harvard University und der Stockholm School of Economics. In dieser Untersuchung wurden 98 männliche Studenten im Alter von 18 bis 23 Jahren zu einem Investmentspiel gebeten. Auch hier das gleich Bild: Studenten, deren Testosteronspiegel stark über dem Durchschnitt lag, investierten um 12 % mehr als die Kommilitonen. Die Kehrseite des auf Testosteron basierenden Erfolgs ist jedoch, dass dieser Hormonüberschuss zu einer verminderten Risikoeinschätzung führt. Chronisch erhöhte Testosteronspiegel fördern Irrationalitäten, bis dann die extreme Risikobereitschaft umkippt und in negative Ergebnisse umschlägt. Dieser Geisteszustand, so Psychologie Heute, geht einher mit Impulsivität, Manie, Euphorie und einem starken Verlangen nach Reizzufuhr und Abwechslung.

Reagieren Frauen anders als Männer, mag man sich nun fragen. Die Unternehmensberaterin Monika Schulz-Strelow sagt dazu in einem Interview (Spiegel Online, 4. Januar 2009): »Studien zeigen, dass Frauen im Geschäftsleben weniger Risiken eingehen ... Insofern ist die Vermutung, Frauen hätten auf dem Finanzmarkt weniger gezockt, nicht vollkommen abwegig.« Vielleicht sind die Erfahrungen der britischen Bank Lloyds TSB, die gezielt Frauen im Management fördert und weniger Spekulationsverluste als andere Banken zu beklagen hat, exemplarisch dafür, dass Frauen weniger anfällig für Irrationalitäten sind.

Der renommierte Yale-Ökonom Robert Shiller gehörte zu den ersten Ökonomen, die zugaben, dass Anlegerinnen und Anleger an den Börsen systematisch Fehler machen. Die Frankfurter Allgemeine Sonntagszeitung fasst am 28. Dezember 2008 zwei Mechanismen zusammen, die bei Finanzkrisen unheilvoll zusammenwirken können: Erstens ist der Kopf darauf trainiert, Muster zu erkennen. Diese meint er auch zu erkennen, wenn eigentlich gar keine zugrunde liegen. Geht beispielsweise eine Investition zwei- oder gar dreimal hintereinander gut, erwartet der Kopf, dass es auch weiterhin so sein wird. Zweitens greift ein anderer Mechanismus, den wir bereits erwähnt haben: Die Aussicht auf schnelle Gewinne blockiert oft jeden Zweifel, den man normalerweise hätte. Die Gier tritt auf den Plan. An dieser Stelle setzt auch die Eigenverantwortung der Anleger/innen ein.

Der Finanzmarktpsychologe, Joachim Goldberg, fasst unter der Überschrift »Die Krise sind wir selbst« (Focus Nr. 49, 2008) die Ursachen des Bankendebakels zusammen. Seiner Meinung nach wäre es zu einfach, alles auf die gierigen Banker, die von der Bild-Zeitung als »Bangster« tituliert wurden, zu schieben. Da es in der Natur des Menschen läge, immer mehr besitzen oder erleben zu wollen, gebe sich die Durchschnittsanlegerin genau wie der Durchschnittsanleger nicht mehr mit 3 % Rendite zufrieden, sondern wolle mehr. Häufig werde dann aber nicht die Frage danach gestellt, was derjenige, der mir so viel mehr für mein Geld bietet, mit diesem macht. Und hier liegt das Problem: Risiken werden ausgeblendet. An diesem Punkt sitzen dann Banker/innen und Anleger/innen in einem Boot. Jedem müsste der Begriff des sogenannten Magischen Dreiecks bekannt sein, bei dem Rendite, Risiko und Verfügbarkeit in Widerspruch zueinander stehen. Das heißt, wer mehr Rendite will, muss auch ein höheres Risiko eingehen. Aber dies wird ausgeblendet. Und dieses Ausblenden der Risiken provoziert die Krise weit mehr als die Gier. Zur Missachtung des Risikos kommt dann häufig auch noch zu großes Vertrauen in die eigenen Fähigkeiten und die Überzeugung, »die Sache schon im Griff zu haben«. Wenn erfolgreiche Transaktionen zudem noch mit großen Bonifikationen belohnt werden, wirkt das verstärkend.

Ein Londoner Investmentbanker sorgte vor einigen Wochen durch seine regelmäßige Kolumne »City Boys« für großes Aufsehen in den Londoner Finanzetagen. Er beschrieb den Alltag der Banker mit all seinen Auswüchsen und dem Antrieb, möglichst große Bonifikationen mit immer gewagteren Transaktionen zu erreichen. Ein Teufelskreis, der die Finanzkrise noch beschleunigte. Aber auch die Anlegerinnen und Anleger auf der Suche nach immer höheren Renditen wirken mit.

Der Herdentrieb

Studien von Verhaltensökonomen haben ergeben, dass sich viele Anleger/innen deshalb der Masse anschließen, weil sie intuitiv dem Wunsch nach Konformität nachgeben. Dieser tief verwurzelte Wesenszug wird in besonderem Maß bei Mode- und Autotrends sichtbar. Dass dieses Streben nach Konformität auch die Anlageentscheidungen beeinflusst, wird vielen gar nicht so bewusst. Und dennoch wirkt dieses Herdenverhalten so stark, dass manche Wissenschaftler/innen es als Ursache für verzerrte Preisbewegungen an den globalen Finanzmärkten bewerten. Herdenverhalten bedeutet, dass Einzelne die Handlungen einer größeren Gruppe nachahmen wollen. Dieser Hang, den anderen hinterherzulaufen, kann sowohl bei denjenigen festgestellt werden, die sich nicht informiert haben und einfach nur »dabei sein wollen«, als auch bei denjenigen, die Informationen erhalten, diese aber ausblenden. Die Anleger/innen fühlen sich in einer großen Gruppe sicherer als allein auf eigenem Weg. Frei nach dem Motto »Können sich so viele Anleger/innen irren?« kommt hinzu, dass man dieser Gruppe zutraut, über mehr Informationen zu verfügen. Umso mehr Anleger/innen auf einen fahrenden Zug aufspringen, umso schneller wird dieser und kann zum Entstehen einer Finanzblase beitragen. Alle Blasen haben aber gemeinsam, dass sie irgendwann einmal platzen. Je später man als Anleger/in auf den Zug aufgesprungen ist, umso größer ist das damit verbundene Risiko. Schlimm wird es dann noch, wenn sich zum Herdentrieb die Gier gesellt und möglicherweise andere Vermögenswerte aufgelöst werden, um alles auf diesen einen Zug zu setzen. So entstehen einseitig ausgerichtete Anlagen mit dem damit verbundenen höheren Risiko. Beispielhaft für das Wirken dieses Herdentriebes sei die Dotcom-Blase herangezogen. Allerorten wurden der neuen Technologie-, Internet-, Medienbranche Ende der 90er-Jahre des vorigen Jahrhunderts ungebremste Wachstumsprognosen nachgesagt. Die Euphorie war grenzenlos und irgendwann konnte sich keine und keiner mehr dem Sog entziehen. Der unten stehenden Grafik kann man entnehmen, wie sich Anlegerinnen und Anleger in dieser Zeit verhielten.

Von 1995 bis 1999 war der S & P 500 (ein amerikanischer Aktienindex) um 251 % nach oben geschnellt. Der Technologieindex NASDAQ hatte es im gleichen Zeitraum auf ein Plus von 457 % gebracht. Wer wollte da nicht mit dabei sein? Im Januar 2000 war dann der Höhepunkt erreicht und die Schlagzeilen von einem Bullenmarkt (das heißt, es geht aufwärts) häuften sich. Im Monat darauf erreichte der Zustrom in Aktienfonds die Rekordsumme von fast 50 Mrd. US-Dollar (vgl. Fidelity International, 2008). Viele hatten nun fast ihr ganzes Geld in Aktienfonds investiert und mit dazu beigetragen, dass es immer weiter aufwärts ging. Doch im Nachhinein wissen wir, dass dies eine teure Entscheidung war, denn danach ging es an den Börsen abwärts. Im Jahre 2002 war der Tiefpunkt erreicht. Die Schlagzeilen vom Bärenmarkt (es geht abwärts) machten die Runde.

Abbildung 3: Zustrom in Aktienfonds (1998–2002)

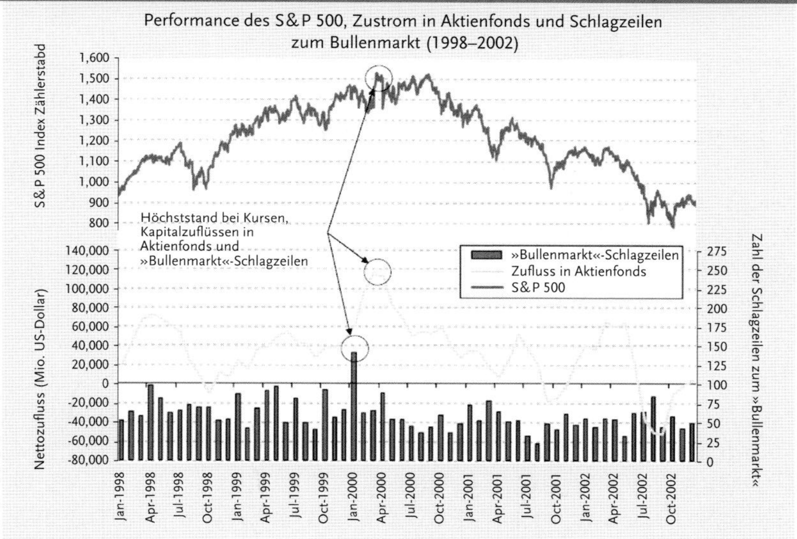

Die Anlegerinnen und Anleger zogen ihre Gelder aus den Aktienfonds ab – kein Wunder angesichts fortlaufender Hiobsbotschaften vom Börsengeschehen. So verlor der S & P 500 in den Monaten Juni bis Oktober 2002 nochmals 16 %, der NASDAQ gar 18 %. Im selben Zeitraum zogen die Anlegerinnen und Anleger pro Monat ein Vermögen von 13 Mrd. US-Dollar aus Aktienfonds ab. In den fünf Monaten davor waren monatlich noch 19 Mrd. US-Dollar zugeflossen. Ein gewaltiger Kapitalstrom in und dann wieder aus den Aktienfonds bewegte die Kurse. Verunsicherte Anlegerinnen und Anleger investierten stattdessen lieber in sichere Geldmarktfonds (kurzfristig angelegte Festzinsfonds), im November 2002 allein 136 Mrd. US-Dollar. Ebenso im November 2002 startete dann ein fulminantes Comeback der Aktienmärkte. Allein im Jahr 2003 erlebte der S & P 500 einen Anstieg um 29 %. Zu diesem Zeitpunkt hatten die meisten Anlegerinnen und Anleger noch in den Geldmarkt investiert und bekamen von der Erholung nichts mit. In den darauffolgenden Jahren sahen wir den gleichen Trend: Die Aktienmärkte steigen und die Anlegerinnen und Anleger ziehen langsam aber sicher das Geld aus den Geldmarktfonds, um es dem Trend folgend in Aktien zu investieren. Seitdem die ersten Vorboten der Finanzkrise deutlich wurden, folgt nun der umgekehrte Trend: Viele verkaufen ihre Aktien in die fallenden Aktienmärkte hinein. Aus diesem Grund hat die Zahl der Aktienanleger/innen Ende 2008 rapide abgenommen. Nun stellt sich die Frage, wann wieder der richtige Zeitpunkt zum Kaufen der Aktien gekommen sein wird und wann dann die Masse tatsächlich wieder einsteigen wird – vielleicht wieder kurz vor »Torschluss«? (siehe Abbildung 4)

Was Sie beachten sollten!

Die Erfahrung zeigt, je länger das Rudel in eine Richtung strebt, desto größer sind die damit verbundenen Risiken, einer guten Anlageidee hinterherzujagen. Anleger sollten daher abwägen, ob es sich angesichts des höheren Risikos wirklich lohnt, einen größeren Teil des Portfolios in kurzzeitig stark gefragte Titel zu investieren oder aus einer Anlageklasse auszusteigen. (Fidelity International, Juni 2008)

Das Märchen vom richtigen Zeitpunkt

»Die Börse ist ein Spiel zwischen Angst und Gier«, mit dieser Feststellung hat André Kostolany sicherlich recht und kaum jemandem gelingt es, sich dem zu entziehen. Sogenannte Market-Timer, die stets auf der Suche nach dem bestmöglichen Kauf- und Verkaufszeitpunkt sind, verfallen vor allem bei stark schwankenden Börsen in hektische Betriebsamkeit. Doch trotz immerwährendem Studium des aktuellen Börsengeschehens verpassen sie in der Regel die stärksten Börsentage, da diese häufig auf eine Serie von sehr schwachen Tagen folgen. Während der schwachen Tage macht sich aber die Angst breit und niemand hat den Mut, genau dann einzusteigen, wenn die Panik am größten ist. Das Investmenthaus Fidelity hat ermittelt, welche Auswirkungen dies für den Erfolg der Anlage hat (siehe Tabelle 1).

Abbildung 4: Zustrom in Geldmarktfonds (1998–2008)

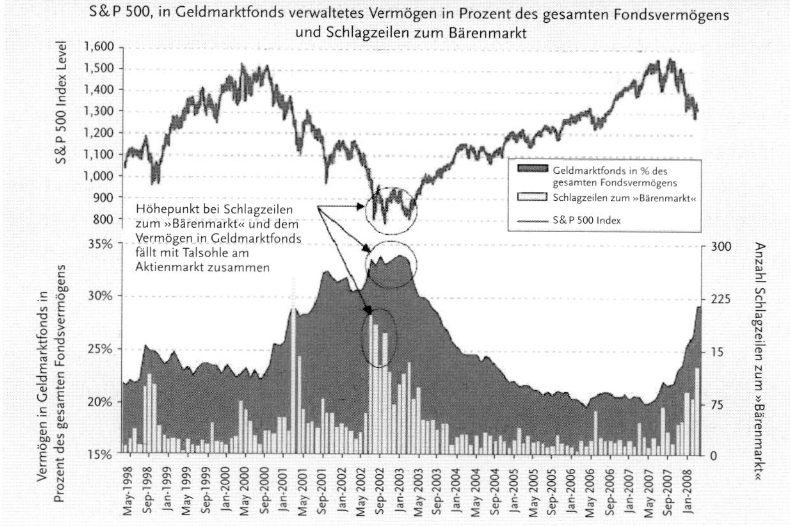

Wären Anlegerinnen und Anleger voll investiert gewesen und hätten sämtliche Börsenkrisen einfach ausgesessen, hätten sie 6,30 % Rendite im Jahresdurchschnitt erzielt. Wer es hingegen im gleichen Zeitraum mit Market-Timing versucht hätte und dabei die zehn besten Tage (in 20 Jahren) verpasst hätte, würde nur auf eine jährliche Rendite von 3,47 % blicken können.

Eine andere Untersuchung aus dem Hause Fidelity unterstreicht dieses Ergebnis. Fidelity erfand drei Anlegertypen: Den »Gelassenen«, der immer zum 1. Januar eines Jahres Aktien kauft; den »Magier der Märkte«, der es schafft, jedes Jahr zum Tiefststand Aktien zu kaufen und den »Pechvogel«,

Tabelle 1: Market-Timing – die besten Tage verpasst

Was wäre passiert, wenn Sie in den letzten 20 Jahren die besten Tage am Aktienmarkt verpasst hätten. Am Beispiel des MSCI Europe Index sehen Sie, dass sich Ihre Rendite deutlich verringert hätte.

	Voll investiert	10 beste Tage verpasst	20 beste Tage verpasst	30 beste Tage verpasst	40 beste Tage verpasst
Kumulierte Rendite	239,6 %	97,78 %	35,37 %	–2,39 %	–28,59 %
Annualisierte Rendite	6,30 %	3,47 %	1,52 %	–0,12 %	–1,67 %

der jährlich zum Höchststand kauft, also zum schlechtesten Zeitpunkt. Das Verhalten dieser drei Anlegertypen wurde für einen Zeitraum von 30 Jahren simuliert und das Ergebnis ist überraschend. Der »Magier der Märkte« schaffte gerade einmal einen Renditevorsprung von jährlich 0,3 % gegenüber dem »Gelassenen«. Selbst der »Pechvogel« lag mit einem Renditeabstand von nur 0,8 % zum »Gelassenen« gar nicht mal so weit entfernt. Dieses Ergebnis kann für Anlegerinnen und Anleger, die permanent versuchen, ihre Depots umzuschichten, nur ernüchternd sein. Lohnt sich der ganze Aufwand für nur 0,3 % mehr Rendite im Jahr? Zumal bei dieser Betrachtung die stets anfallenden Kauf- und Verkaufsgebühren noch gar nicht berücksichtigt sind.

Was Sie beachten sollten!

Wer viel umschichtet und kurzfristig wechselt, für den greift das Motto »Hin und her macht Taschen leer«. Denn die Statistik zeigt ganz eindeutig: Zeit schlägt Zeitpunkt, da der Faktor Zeit für die Rendite einer Anlage deutlich wichtiger ist als der Zeitpunkt der Anlage. Doch vor allem extreme Börsenkrisen wie die derzeitige Finanzkrise führen dazu, dass die meisten Anlegerinnen und Anleger ihr Geld aus den Aktienmärkten ziehen und häufig lange warten, bis sie wieder einsteigen. Damit fehlt aber der Faktor Zeit bei der Erzielung einer guten Rendite.

*»Vertraue nicht all deine Waren
nur einem einzigen Schiff an.«*
Erasmus

Don't put all your eggs in one basket – nachhaltig investieren

Auf einen Blick

Die Höhe der Aktienquote bestimmt das Risiko und auch die Renditechancen. Es ist allerdings in den vergangenen Jahren erkennbar geworden, dass eine höhere Aktienquote nicht mit signifikant höheren Renditen einhergeht. Vermutet wird, dass dieser Zusammenhang erst mit sehr langen Anlagehorizonten (mehr als zehn Jahren) eintritt – Faktor Zeit – und sich das erhöhte Risiko dann auch tatsächlich in langfristig höheren Renditen niederschlägt. Um überhaupt in den Genuss eines Portfolios mit überschaubaren Risiken zu kommen, müssen Anlegerinnen und Anleger regelmäßig (mindestens einmal jährlich) ihr Depot anpassen. Dieser Prozess nennt sich »Rebalancing« und ist aus Anleger/innensicht häufig der schwierigste Teil der Depotoptimierung. In der Regel können sie aber rasch entscheiden, wie viel Risiko sie tatsächlich eingehen möchten. Es fällt aber schwer, in sehr guten Börsenzeiten die Gewinne aus den Aktienfonds in die vermeintlich so schlecht gelaufenen anderen Anlageklassen zu investieren, um wieder die gewünschte Aktienquote zu erreichen. Wenn jedoch die Börsen abgestürzt sind und sich allerorten Panik breit macht, fällt es den Meisten schwer, ihren Aktienfondsanteil zu erhöhen und Geld aus den so sicheren anderen Anlagen abzuziehen.

Die Ausführungen über den »Herdentrieb« haben deutlich gemacht, dass die meisten von uns »wider ihre Natur handeln«, also Gier, Panik und andere Gefühle ignorieren, um ihrer Anlagestrategie treu zu bleiben. Nur wenn es uns gelingt, all diese Gefühle zuzulassen, können wir eine Anlageform finden, die individuell zu uns passt und mit der wir über einen längeren Zeitraum betrachtet die Rendite erzielen, die wir »aushalten« können.

Die aktuelle Finanzkrise hat gezeigt: Wenn die nachhaltige Sichtweise unbeachtet bleibt und nur der kurzfristige Profit im Vordergrund steht, sind die Folgen für die Weltwirtschaft verheerend. Dass es auch anders gehen kann, belegen nachhaltige Investments. Denn für jede Anlegerin und jeden Anleger gibt es Wege, individuell und nachhaltig Geldanlagen aufzubauen, ohne schnellen Profit auf Kosten anderer zu erzielen. Eine nachhaltige Kapitalanlage bedeutet, von deren Zinsen zu leben, nicht vom Kapital.

Vorab gilt es jedoch, einige ökonomische Gesetzmäßigkeiten zu beachten: Im sogenannten Magischen Dreieck wird das Verhältnis der drei Anlageziele Sicherheit, Rendite und Liquidität beschrieben (siehe Abbildung 5).

Abbildung 5: Das magische Dreieck

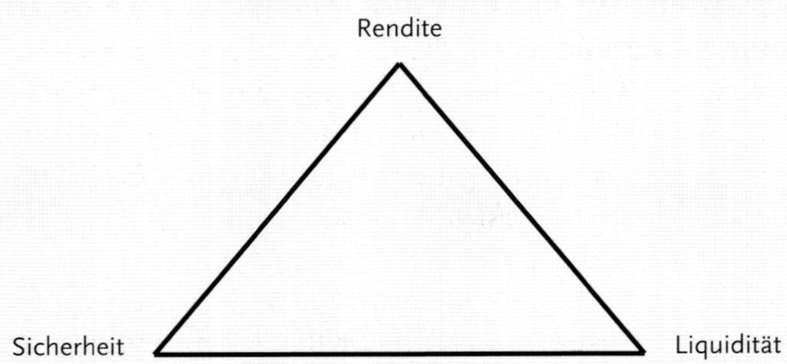

Sicherheit: Eine Anlegerin oder ein Anleger, die/der ihr/sein Geld hochrentabel ohne Risiko und jederzeit verfügbar anlegen möchte, wird enttäuscht werden. Eine Anlage, die alles bietet, gibt es nicht. Je höher der anvisierte Ertrag einer Anlage, desto höher ist auch das Risiko. Wer als Alternative zum sicheren »Sparbuch« das Tagesgeldkonto bei der Kaupthing Bank mit Spitzenzinsen bevorzugt hat, muss nun im Nachhinein erkennen, dass diese deutlich höhere Rendite auch ein größeres Risiko in sich trug.

Liquidität einer Anlage bezeichnet die Möglichkeit der Umwandlung in Bargeld. Das heißt, wie schnell kann ich über mein Geld verfügen und es auf mein Girokonto transferieren.

Rendite einer Kapitalanlage – oft wird der Begriff Rentabilität synonym verwendet – erfasst den erzielten Gewinn unter Berücksichtigung aller Kosten (auch der Steuern). Sowohl Zinserträge als auch Dividenden, Kursgewinne, Mieteinnahmen und Steuergutschriften können die Rendite erhöhen. Andererseits verringern Steuerabgaben, realisierte Kursverluste oder gar Totalverluste die Rendite.

Tabelle 2: Rendite ist nicht gleich Zins

Bruttoanlagerendite	5 %	8 %
– Kosten der Anlage	1 %	1 %
= Netto Anlagerendite	4 %	7 %
– Kapitalertragsteuern (25 % zzgl. Solidaritätszuschlag)	1,1 %	1,9 %
= Netto-Anlagerendite nach Steuern	2,9 %	5,1 %
– Inflationsrate	2 %	2 %
= reale Nettoanlagerendite nach Steuern	0,9 %	3,1 %

Tabelle 2 verdeutlicht, welche Faktoren die Rendite einer Anlage schmälern. Vor allem schwankende Inflationsraten können dazu führen, dass schlecht verzinste Anlageformen nach Abzug von Kosten und Steuern schnell ins Minus rutschen können, wenn die Inflationsrate steigt. Die Finanzkrise hat uns schmerzlich vor Augen geführt, dass es bei einer Kapitalanlage viel mehr Risiken gibt, als die meisten vermutet haben.

Zu Risiken und Nebenwirkungen ... – die Risiken von Kapitalanlagen

Vor jeder Kapitalanlage sollte sich jede/r mit den nachfolgenden Risiken auseinandergesetzt haben. Manch eine/r hätte sich die Erfahrung mit einem »Lehman-Zertifikat« ersparen können, wenn die Bonitätsrisiken begriffen worden wären.

Risiken von Kapitalanlagen

Währungsrisiko
Wird ein Fremdwährungsgeschäft getätigt, so hängt der Ertrag bzw. die Wertentwicklung dieses Geschäftes von der Entwicklung des Wechselkurses der Fremdwährung zum Euro ab. Die Änderung des Wechselkurses kann den Ertrag und den Wert des Investments daher vergrößern oder vermindern. Bei Finanzprodukten, die in einer anderen Währung als Euro notieren, kommt zum allgemeinen Kursrisiko immer auch das Währungsrisiko hinzu. Damit vergrößert sich das Risiko der Veranlagung insgesamt. Ein Währungsrisiko besteht in der Regel bei allen Emittenten, die wirtschaftlich auf Märkten mit Fremdwährungen agieren, auch, wenn der Kurs des Finanzproduktes nicht in der Fremdwährung notiert.

Transferrisiko
Bei Geschäften mit Auslandsbezug (z.B. ausländische Schuldner) besteht – abhängig vom jeweiligen Land – das zusätzliche Risiko, dass etwa durch politische oder devisenrechtliche Maßnahmen eine Realisierung des Investments verhindert oder erschwert wird. Des Weiteren können Schwierigkeiten bei der Abwicklung einer Order entstehen. Bei Fremdwährungsgeschäften können derartige Maßnahmen auch dazu führen, dass die Fremdwährung nicht mehr frei konvertierbar ist.

Länderrisiko
Das Länderrisiko ist unter anderem das Bonitätsrisiko eines Staates. Droht dem betreffenden Staat ein politisches oder wirtschaftliches Risiko, so kann dies negative Auswirkungen auf alle in diesem Staat ansässigen Wirtschaftstreibenden (insbesondere Emittenten) haben. Bei Staatsobligationen in fremder Währung tritt dem Währungsrisiko noch zusätzlich das Länderrisiko hinzu. Das Länderrisiko schlägt aber auch auf andere Finanzprodukte (z.B. Aktien) durch. Einem besonderen Länderrisiko unterliegen etwa Investments von Gesellschaften, die in Märkte mit höheren rechtlichen, politischen oder wirtschaftlichen Risiken (z.B. Südosteuropa, Russland, Südamerika, Afrika, Indien, China etc.) investieren. Auch das Länderrisiko kann sowohl einen Totalverlust des Kapitals als auch rechtliche Risiken nach sich ziehen, wenn der ausländische Anleger weniger Rechte als ein inländischer Anleger bei einem vergleichbaren inländischen Investment genießt.

Liquiditätsrisiko
Die Möglichkeit, ein Investment jederzeit zu marktgerechten Preisen zu verkaufen beziehungsweise »glattzustellen«, wird allgemein Handelbarkeit (= Liquidität) genannt. Von einem liquiden Markt kann etwa dann gesprochen werden, wenn ein Anleger seine Wertpapiere verkaufen kann, ohne dass schon ein durchschnittlich großer Verkaufsantrag (gemessen am marktüblichen Umsatzvolumen) zu spürbaren Kursschwankungen führt und nicht oder nur auf dem deutlich niedrigeren Niveau abgewickelt werden kann. Bei sogenannten marktengen Titeln und geringer Börsenkapitalisierung können bereits mit vergleichsweise geringem Transaktionsvolumen starke Kursschwankungen ausgelöst werden. Die Investition in derartige Titel ist daher besonders riskant.

Bonitätsrisiko
Unter Bonitätsrisiko versteht man die Gefahr der Zahlungsunfähigkeit des Partners (Emittenten), das heißt eine mögliche Unfähigkeit zur termingerechten oder endgültigen Erfüllung seiner Verpflichtungen, wie etwa Dividendenzahlungen, Zinszahlungen oder Tilgungen etc. Alternative Begriffe für das Bonitätsrisiko sind das Schuldner- und Emittentenrisiko. Das Bonitätsrisiko ist aber auch bei Garantiestellern von Bedeutung. Zahlungsunfähigkeit des Emittenten führt regelmäßig zu einem Totalverlust.

Zinsrisiko
Das Zinsrisiko ergibt sich aus einer möglichen Veränderung des Marktzinsniveaus. Das Marktzinsniveau wirkt sich, direkt oder indirekt, immer auf den Kurs beziehungsweise Ertrag von Finanzprodukten aus.

Kursrisiko
Unter Kursrisiko versteht man die möglichen Wertschwankungen einzelner Investments mit einem laufend errechneten/gebildeten Wert (Kurs). Kurse können steigen, fallen oder stagnieren. Das Kursrisiko kann bei Verpflichtungsgeschäften (z.B. Devisentermingeschäften, Futures, Schreiben von Optionen) auch eine Besicherung (Margin) notwendig machen, beziehungsweise deren Betrag erhöhen, das heißt weitere Liquidität binden. Das Kursrisiko ist grundsätzlich bei allen Finanzprodukten gegeben. Generell gilt, dass Kurssteigerungen in der Vergangenheit kein Indiz für die zukünftige Entwicklung des Kurses sind. Die zukünftige Entwicklung ist nicht vorhersehbar. Ein Kursrisiko besteht selbst bei gleichbleibenden oder verbesserten Fundamentaldaten des Emittenten, weil in der Kursbildung auch irrationale Faktoren und Erwartungen der Marktteilnehmer einfließen, die nicht vorhersehbar sind.

Missbrauchsrisiko
Insbesondere das Risiko von strafgesetzwidrigen Handlungen von Mitarbeitern des Emittenten oder der Abwickler einer Order wird als Missbrauchsrisiko verstanden. Missbrauchshandlungen können unmittelbar (z.B. bei Veruntreuung von Geldern der Gesellschaft) oder mittelbar (im Falle der Haftung des Unternehmens für Delikte der Mitarbeiter) zu Schäden der Gesellschaft führen, die schlimmstenfalls die Insolvenz des Emittenten und damit den Totalverlust des Investments nach sich ziehen können. Das Missbrauchsrisiko kommt praktisch bei jedem Investment zum Tragen.

Risiko des Totalverlustes
Das Risiko des Totalverlustes ist jenes, bei dem ein Investment vollständig wertlos werden kann, etwa aufgrund seiner Konstruktion als befristetes Recht. Bei Veranlagungsprodukten mit einem bestimmten Kurs ist das Risiko des Totalverlustes ein Unterfall des allgemeinen Kursrisikos (Kurswert null bzw. Einstellung des Handels). Das Risiko des Totalverlustes bei Einzelinvestments ist dementsprechend höher. Das Totalverlustrisiko umfasst auch den Verlust der aufgewendeten Transaktionskosten.

Besondere Risiken beim Kauf von Wertpapieren auf Kredit
Der Kauf von Wertpapieren auf Kredit stellt generell ein erhöhtes Risiko dar. Der aufgenommene Kredit muss, unabhängig vom Erfolg des Investments, zurückgeführt werden. Die Kreditkosten schmälern außerdem den Ertrag und damit die Gewinnchancen ganz erheblich. Insbesondere Privatanlegern ist von fremdfinanzierten Veranlagungen dringend abzuraten.

Steuerliche Risiken
Die Auswirkungen des Erwerbs eines Investments auf die persönliche Steuersituation des Anlegers oder der Anlegerin muss er oder sie jeweils mit einer/einem Steuerberater/in abklären. Die steuerliche Behandlung eines Investments kann sich nachträglich derart ändern, dass anfangs bestehende Steuervorteile später wegfallen.

Rechtliche Risiken
Rechtliche Risiken bestehen generell bei ausländischen Emittenten, weil die Rechtsdurchsetzung gegen den Emittenten regelmäßig nur am Sitz des Emittenten nach dem Recht des Sitzstaates möglich ist.

Unternehmerrisiko
Darunter werden vor allem jene operativen Risiken verstanden, welchen der Emittent/die Investmentgesellschaft unterliegt. Durch Beteiligung an einem Unternehmen wird der/die Anleger/in zum/zur Mitunternehmer/in und trägt daher alle unternehmerischen Risiken. Diese Risiken sind vielschichtig. Das Unternehmen ist die Summe.

Klumpenrisiko
Es entsteht, wenn keine oder nur eine geringe Diversifizierung/ Streuung des Portfolios erfolgt. Von einem Investment in nur wenige Titel bei gleichzeitig hohem Investitionsvolumen – gemessen an den finanziellen Verhältnissen des Kunden oder der Kundin – ist abzuraten.

Garantierisiko
Ob eine Kapitalgarantie besteht, ist ausschließlich den Prospekten zu entnehmen. Die Garantiebedingungen legt der Emittent fest. Entweder gelangt zum Ablauf der ursprünglich vereinbarten Vertragsdauer das investierte Kapital samt bis zu einem Prozentsatz garantierter Verzinsung zur Auszahlung oder ein bestimmter Prozentsatz des investierten Kapitals. Das investierte Kapital entspricht regelmäßig der eingezahlten Einlage abzüglich der während der Vertragslaufzeit anfallenden Gebühren und Kosten. Die Kapitalgarantie besteht regelmäßig nicht bei vorzeitigem Verkauf der Wertpapiere. Garantiegeber ist entweder direkt der jeweilige Emittent oder ein dritter Garantiesteller. Selbst bei einer Garantie besteht das Risiko der Insolvenz des Garantiegebers.

Konjunkturrisiko
Unter dem Konjunkturrisiko wird die Gefahr von Kursverlusten verstanden, die dadurch entstehen, dass der Kunde, die Kundin oder die Anlagegesellschaft die Konjunkturentwicklung nicht oder nicht zutreffend berücksichtigt und deshalb zum falschen Zeitpunkt eine Wertpapieranlage tätigt oder Wertpapiere in einer ungünstigen Konjunkturphase hält.

Inflationsrisiko
Beim Inflationsrisiko besteht die Gefahr, dass der Kunde, die Kundin oder die Anlagegesellschaft infolge einer Geldentwertung einen Vermögensschaden erleidet. Dem Risiko unterliegt zum einen der Realwert des vorhandenen Vermögens, zum anderen der reale Ertrag, der mit dem Vermögen erwirtschaftet werden soll. Das Inflationsrisiko besteht daher auch bei Investitionen auf dem Kapitalmarkt.

Informationsrisiko
Das Informationsrisiko beschreibt die Möglichkeit von Fehlentscheidungen infolge fehlender, unvollständiger oder falscher Informationen. Falsche Informationen können entweder durch den Zugriff auf unzuverlässige Informationsquellen, durch falsche Interpretationen bei der Auswertung ursprünglich richtiger Informationen oder aufgrund von Übermittlungsfehlern entstehen. Ebenso kann ein Informationsrisiko durch zu viele oder zu wenige Informationen oder auch durch zeitlich nicht aktuelle Angaben entstehen. Nicht nur der/die Kunde/in, sondern auch die Anlagegesellschaft unterliegt zahlreichen Informationsrisiken.

Diese relativ vollständige Zusammenfassung aller mit Wertpapieranlagen verbundenen Risiken mag abschreckend wirken, dennoch bietet das Studium der Risiken und deren Abwägen die Chance, eine Anlageform zu finden, die individuell auf die Anlegerin oder den Anleger zugeschnitten ist. »Jeder von uns kann und muss sich schlau machen, damit er nicht allein auf Treu und Glauben angewiesen ist, sondern wenigstens die richtigen Fragen stellen kann, bevor er ein Geschäft tätigt, baut oder sein Erspartes in ein bestimmtes Papier investiert. Wir alle müssen leider Gottes unsere Kindlichkeit aufgeben.« (Interview mit Margarete Mitscherlich, Brigitte 24/08)

Die moderne Portfolio-Theorie

Einen Weg zu einem optimalen Risiko-Rendite-Verhältnis hat Harry M. Markowitz mit seiner Portfolio-Theorie aufgezeigt. Seine Arbeiten, für die er 1990 mit dem Nobelpreis ausgezeichnet wurde, beweisen, dass durch eine optimale Streuung von Risiken wesentlich höhere Renditen bei geringerem Risiko erzielt werden können. »Ein gutes Portfolio ist mehr als eine lange Liste von Wertpapieren. Es ist eine ausbalancierte Einheit, die dem Investor gleichermaßen Chancen und Absicherung unter einer Vielzahl von möglichen zukünftigen Entwicklungen bietet. Der Anleger sollte daher auf ein integriertes Portfolio hinarbeiten, das seinen individuellen Erfordernissen Rechnung trägt …« (Harry M. Markowitz. Portfolio Selection 1952). Depots und Anlagen sollten durch Diversifikation nach Rendite und Risiko (Chance) optimiert werden.

Man mag aufgrund des jetzigen Börsendesasters vermuten, dass die Erzielung von Rendite das vorrangige Ziel der Anleger/innen sei. Markowitz ging in seinen Untersuchungen jedoch davon aus, dass Anleger/innen nach einem möglichst geringen Risiko streben, um ihr Kapital nicht zu gefährden. Doch, wie kann »Risiko« gemessen werden und wie können verschiedene Risiken – beispielsweise einer Anleihe und einer Aktie – miteinander verglichen werden? Abbildung 6 veranschaulicht dies.

Am Kursverlauf der Aktie können wir deutlich größere Schwankungen erkennen als bei der Anleihe. Dafür ist aber auch die größere Rendite (Performance) der Aktien erkennbar.

Beide Anlagen können wir in einer zweidimensionalen Grafik (siehe Abbildung 7) zusammenfassen.

Dabei wird Risiko als Schwankung der Renditen in einem gewissen Zeitraum verstanden.

Wenn eine Aktie in einem Jahr eine Rendite von 4 % und im nächsten Jahr eine von 40 % erzielt, so liegt das Risiko darin, dass die Renditen um ihren Mittelwert von 22 % pro Jahr schwanken. Eine Anleihe, die in einem Jahr 4 % und im nächsten Jahr 8 % Rendite erzielt, schwankt nur um einen Mittelwert von 6 % im Jahr. Diese Renditeschwankungen werden in der Praxis als Volatilität bezeichnet. Die Volatilität ist demzufolge die auf ein Jahr bezogene Standardabweichung der Renditen in Prozent. Das Risiko kann man also auch als Renditeschwankung betrachten. Selbst bei einer Anlage in einen Geldmarktfonds, dessen Rendite von den Zinssätzen kurz laufen-

Abbildung 6: Anleihe und Aktie

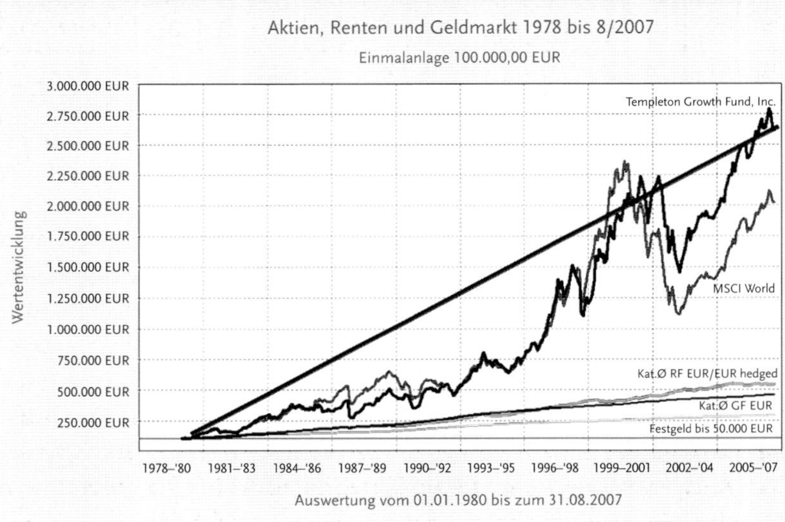

Abbildung 7: Rendite-Risiko-Diagramm

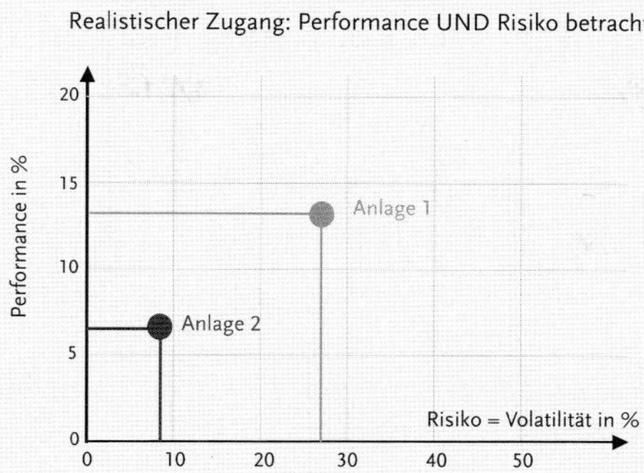

der Zinspapiere abhängt, treten also Risiken auf, da auch hier Schwankungen im Zins üblich sind. Diese Risiken sind natürlich geringer als bei Aktienfonds, aber dennoch nicht ganz außer Acht zu lassen. Somit steht für jede Anlegerin und jeden Anleger zu Beginn nicht exakt fest, mit welchem Endergebnis sie/er rechnen kann.

Die Frage, die sich Markowitz nun stellte, lautet: Was geschieht, wenn man zwei oder mehre Anlagen miteinander in einem Depot/Portfolio kombiniert? (siehe Tabelle 3)

Tabelle 3: Rendite und Risiko zweier Wertpapiere

Beispiel	Rendite pro Jahr	Risiko pro Jahr (Volatilität)
Aktie A	9 %	18 %
Anleihe B	3 %	4 %

Würden nun die Aktie A und die Anleihe B zu je 50 % in einem Depot gemischt werden, betrüge die durchschnittliche Rendite 6 %, was dem Mittelwert der Einzelrenditen entspricht.

Wie sieht es jedoch mit dem Risiko aus? Markowitz kam hier zu einem überraschenden Ergebnis: Das Risiko ergibt sich nicht als Mittelwert, der bei 11 % liegen müsste, sondern es fällt deutlich niedriger aus. Das heißt, das Risiko für das Gesamtportfolio ist durch diese Aufteilung auf verschiedene Anlageklassen geringer als die Einzelrisiken der beiden Anlagen, weil die Schwankungen der beiden Wertpapiere nicht gleich laufen. Anleihen

Abbildung 8: Grenzen der Diversifikation

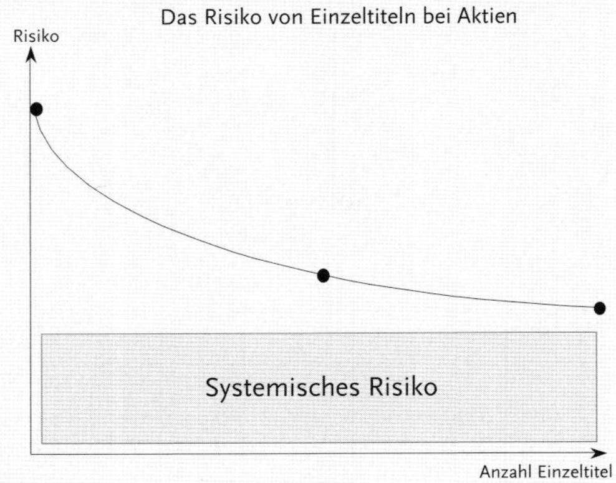

weisen andere Schwankungen auf als Aktien und heben sich somit zum Teil auf. Durch Verteilung auf verschiedene Wertpapiere kann ein Depot also ruhiger laufen. Es gibt allerdings das sogenannte systemische Risiko, bei dem auch eine breite Streuung keinen Gewinn an Risikominimierung mehr bringt. Durch die Erhöhung der Anzahl der Wertpapiere reduziert sich zwar fortlaufend der Einfluss des Risikos jedes einzelnen Titels auf das Risiko des Gesamtportfolios und die unsystematischen Risiken schwinden. Was aber bleibt, ist das systemische Risiko, dem alle Wertpapiere gleichzeitig unterworfen sind. Dieses Risiko, auch Marktrisiko genannt, bleibt immer unabhängig von der Anzahl der Titel im Depot bestehen. Wenn wir beispielsweise ein Depot mit 100 verschiedenen deutschen Aktien besitzen, dann wird im Falle eines Börsencrashs dennoch das Gesamtdepot deutlich im Wert sinken (siehe Abbildung 8).

Wenn wir nun zwei verschiedene Anlageklassen, beispielsweise Aktien und festverzinsliche Wertpapiere in einem Depot haben, können wir erkennen, dass die Kursbewegungen unterschiedlich verlaufen. In diesem Zusammenhang sprechen wir von Korrelationen. Korrelation ist der Grad, zu dem zwei oder mehr unabhängige Anlagen sich in die gleiche Richtung in Reaktion auf ein vorgegebenes Ereignis bewegen. Wenn die Preise zweier Anlagen sich fortwährend in dieselbe Richtung mit gleichem Aufschlag bewegen, sind sie perfekt korreliert (Korrelationskoeffizient = 1). Das bedeutet aber, dass durch Mischung verschiedener Anlagen in einem Depot keine Risikominimierung stattfindet, da alle Wertpapiere genau gleich schwanken und sich die Risiken nicht aufheben. Je unterschiedlicher sie aber sind, desto mehr sinkt das Gesamtrisiko unserer Anlage. In der Grafik sehen wir, dass sich die beiden Anlagen A und B völlig gegenläufig entwickeln.

Abbildung 9: Korrelationen

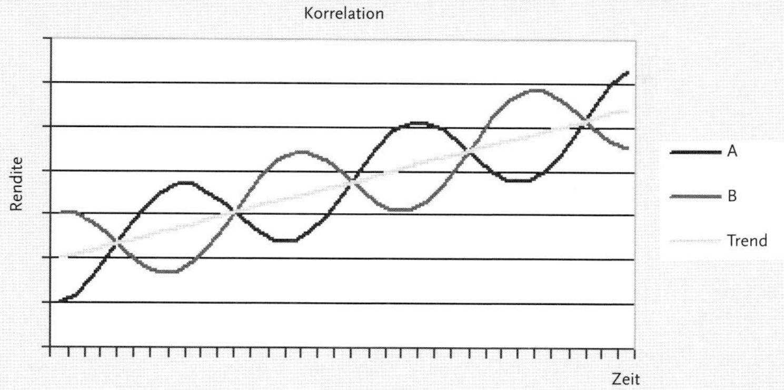

Wenn ein Wertpapier ins Minus rutscht, liegt das andere umgekehrt genau im Plus. Für unser Gesamtdepot bedeutet dies, es schwankt gar nicht, sondern entwickelt sich gleichmäßig nach oben (siehe Abbildung 9).

Was Sie beachten sollten!

Je geringer also die Korrelationen, das heißt, je weniger die Anlagen im »Gleichritt marschieren«, desto geringer wird das Portfoliorisiko. Im Idealfall wäre dann eine Korrelation von –1 (= Korrelationskoeffizient) erreicht und die Anlagen verlaufen völlig gegenläufig, so wie in unserer Grafik. Aus Sicht jeder Anlegerin und jedes Anlegers ist es also erstrebenswert, Anlagen im Depot so zu kombinieren, dass diese möglichst wenige Korrelationen untereinander aufweisen und damit ein geringes Gesamtrisiko entsteht.

Tabelle 4: Korrelationen für verschiedene Anlageklassen über neun Jahre

Korrelation	Aktien Welt MSCI World Index	Aktien Schwellenländer MSCI Emerging Market Index	Anleihen MSCI Citigroup World Government Bond Index	Rohstoffe DI AIG Commodity Index	Immobilien Fondsdurchschnitt offene Immobilienfonds	Liquidität Citigroup Euroland Money Market Index
Aktien Welt MSCI World Index	1	0,64	0,24	0,27	–0,17	–0,24
Aktien Schwellenländer MSCI Emerging Market Index	0,84	1	0,11	0,32	–0,15	–0,22
Anleihen MSCI Citigroup World Government Bond Index	0,24	0,11	1	0,25	0,12	0,01
Rohstoffe DI AIG Commodity Index	0,27	0,32	0,25	1	0,04	–0,03
Immobilien Fondsdurchschnitt offene Immobilienfonds	–0,17	–0,15	0,12	0,04	1	0,35
Liquidität Citigroup Euroland Money Market Index	–0,24	–0,22	0,01	–0,03	0,35	1

Tabelle 4 kann entnommen werden, wie verschiedene Anlageklassen, auch Assetklassen genannt, untereinander korrelieren.

Wir können erkennen, dass beispielsweise die Anlageklasse »Aktien weltweit« negativ mit der Anlageklasse »Liquidität« und »Immobilien« korreliert. Das heißt, ein Depot, das aus Aktien, Immobilien und Liquidität besteht, wäre gut gerüstet für Krisen.

Harry M. Markowitz hat einmal gesagt: »Ich stellte mir meinen Kummer vor, wenn der Aktienmarkt hochschösse und ich nicht dabei wäre –

oder wenn er abstürzte und ich komplett dabei wäre«. Am Ende habe er, der Meister der tollen Portfolio-Theorie, aus Angst vor dem Risiko zum abgestandensten aller Anlagetricks gegriffen: 50 % Aktien, 50 % Anleihen – basta (Spiegel Online, 1. Oktober 2007).

Kollektive Talfahrt – irrte Markowitz?

Die aktuelle Finanzmarktkrise hat gezeigt, dass es sich bei all den in umfangreichen Recherchen entwickelten Korrelationskoeffizienten lediglich um Ergebnisse aus der Vergangenheit handelt, die in der Gegenwart und der Zukunft nicht mehr gelten müssen. Und so mussten wir feststellen, dass in der derzeitigen Situation vieles seine Gültigkeit verloren hat und sowohl Aktien als auch festverzinsliche Wertpapiere im Gleichschritt in den Abgrund marschierten. Viele Anlageberater/innen erklären mittlerweile die Portfoliotheorie für ungültig. Festzustellen ist, dass Harry M. Markowitz in unserer globalisierten Welt mit seiner 50/50 Aufteilung nicht weit gekommen wäre, zu komplex sind die Märkte geworden und zu schnell der Informationstransfer. Dennoch gibt es auch in dieser Krise genügend Anlageklassen, die weiterhin negative Korrelationen aufweisen und dazu beigetragen hätten, die einzelnen Depots besser gegen den Kursverfall zu schützen. Allerdings hilft auch hier nur der Anlagefaktor Zeit.

Merrill Lynch Investment Strategy hat für den Zeitraum 1969 bis 2006 ermittelt, wie wahrscheinlich Verluste unterschiedlicher Anlageklassen über verschiedene Zeiträume hinweg sind. Erst ab einer Anlagedauer von mehr als zehn Jahren liegen Anlegerinnen und Anleger sicher im Plus. Das bedeutet, auch mit einem diversifizierten Depot, bei dem man versucht hat, die Anlageklassen optimal zu diversifizieren, kann man nicht sicher sein, kurz- und mittelfristige Verluste zu vermeiden. Die aktuelle Finanzkrise hat die Grenzen der Diversifikation aufgezeigt. Denn auf einmal korrelierten bis dato als unterschiedlich in ihrer Entwicklung eingestufte Anlageklassen. Gold, Aktien, Anleihen, Kupfer, Rohstoffe – alles lief im Gleichschritt. Ein Erklärungsversuch ist die Annahme, dass angesichts der bekannten Korrelationen nun alle versucht haben, genau in die Anlageklassen zu investieren, die angeblich das Portfolio absichern, nämlich Gold, Immobilien und Rohstoffe. Diese Anlagen wurden dann von genau den Investoren nach oben getrieben, die dann später panikartig aus den Märkten wieder aussteigen wollten und damit auch diese Anlageformen nach unten gezogen haben. Für bislang »unentdeckte« Anlageklassen wie Kunst, Immobilien und Holz gelten nun die gleichen psychologischen Triebfedern wie für die bekannten Anlagen Aktien und festverzinsliche Wertpapiere. Das führt konsequenterweise dazu, dass sich der Diversifizierungseffekt verringert und insgesamt gesehen größere Risiken auftreten.

Was Sie beachten sollten!

Sicherlich gibt es nicht ständig so tief greifende Krisen wie die aktuelle Finanzmarktkrise, die alles bislang Dagewesene infrage stellt, dennoch werden wir uns auf deutlich unruhigere Zeiten einstellen müssen. Auch mit aktivem Portfoliomanagement, das heißt regelmäßiger Beobachtung und gegebenenfalls Anpassung des Depots, werden wir Verluste nicht vermeiden können. Das Gebot der Stunde lautet daher: Nur langfristig anlegende Investoren und Investorinnen werden auf Dauer ihre Vermögenswerte sichern können – das haben auch die Untersuchungen von Merrill Lynch deutlich gemacht.

Vom gefühlten zum messbaren Risiko

Auch wenn die Erkenntnisse von Markowitz derzeitig infrage gestellt werden, leiteten diese dennoch eine bahnbrechende Entwicklung in der sogenannten Asset Allocation (Aufteilung eines Vermögens auf verschiedene Anlageklassen) ein. Zunächst war ihm der wissenschaftliche Beweis geglückt, dass es tatsächlich sinnvoll ist, nicht »alle Eier in einen Korb zu legen«, also zu diversifizieren. Darüber hinaus war es gelungen, das Risiko eines Portfolios zu messen und verschiedene Portfolios miteinander in den zwei Dimensionen Risiko und Rendite zu vergleichen. In vielen Versuchen wurde festgestellt, dass es durchaus zwei Portfolios gibt, die zwar die gleiche Rendite erreichen, aber unterschiedliche Risiken aufweisen. Ausgehend von der Annahme, dass Anleger/innen gerne Risiken meiden, wäre also das Depot mit dem geringeren Risiko das bessere, effizientere Portfolio. Man sucht also das Portfolio, das bei einer maximalen Rendite ein bestimmtes Risikoniveau bietet, da nur dieses für Anlegerinnen und Anleger das Erstrebenswerte ist. Wenn man nun alle denkbaren Portfoliokombinationen in die Rendite-Risiko-Grafik einträgt und diese miteinander verbindet, ergibt sich folgendes Bild (siehe Abbildung 10).

Die sogenannte Effizienzlinie enthält alle Portfolios, die für ein gegebenes Risikomaß die maximale Rendite oder für eine bestimmte Rendite ein minimales Risiko bieten. Wer ein Depot besitzt, das genau auf einem der Punkte auf der Effizienzlinie liegt, hat also ein optimales Depot. Eine Anlegerin oder ein Anleger, die oder der geringe Risiken eingehen möchte, sucht sich ein Depot mit den damit verbundenen geringeren Renditemöglichkeiten. Anlegerinnen und Anleger, die höhere Renditen suchen, müssen auch ein höheres Risiko in Kauf nehmen. Erkennbar ist auch, dass ab einem bestimmten Renditeniveau dieses nur mit unverhältnismäßig hohem Risiko erkauft werden kann.

Abbildung 10: Effizienzlinie

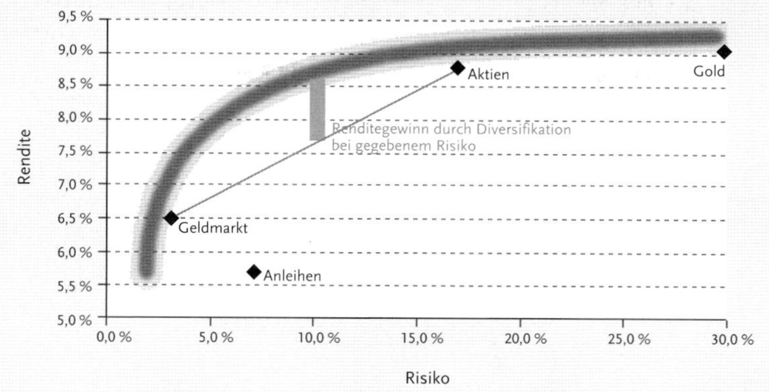

Jede Anlegerin und jeder Anleger sollte bemüht sein, mit der eigenen Anlage, die Effizienzlinie »zu treffen« und gegebenenfalls das Depot abzuändern, um zu vermeiden, dass Risiko und Rendite in einem ungünstigen Verhältnis stehen. Wer einerseits die Renditen maximieren und andererseits das Risiko minimieren möchte, muss die Investments ausbalancieren, damit die optimale Anlagestrategie nach Rendite-Risiko-Gesichtspunkten ermittelt werden kann.

Zwar sind Rendite und Risiko eines Wertpapierinvestments untrennbar miteinander verbunden – mittels Diversifikation lässt sich jedoch unter bestimmten Rahmenbedingungen ein Teil des Risikos eliminieren, ohne gleichzeitig einen Renditeverlust zu verzeichnen. Diversifikation bedeutet, dass sich die Risiken der Einzeltitel nicht einfach addieren, sondern sich zum Teil gegenseitig aufheben. Das ist der Schüssel zum Erfolg einer Geldanlage (siehe Abbildung 11, Seite 52).

Untersuchungen haben ergeben, dass der Anlageerfolg zu 91,2 % von der Diversifikation abhängt und nur zu 1,7 % vom Zeitpunkt des Investments. Bereits im vorherigen Kapitel wurde ausgeführt, dass sich das sogenannte Market-Timing nicht deutlich renditesteigernd auswirkt. Die Suche nach dem richtigen Einstiegs- beziehungsweise Ausstiegszeitpunkt wird als taktische Asset Allocation bezeichnet. Sie ist für Privatanleger/innen von untergeordneter Bedeutung. Hingegen kommt der strategischen Asset Allocation entscheidende Bedeutung zu, da in diesem Prozess die Diversifizierung des eigenen Depots in Abhängigkeit von den eigenen Anlagezielen erfolgt. Diese Aufteilung auf verschiedene Vermögenswerte (Assets) in Abhängigkeit von den eigenen Zielen ist der Schlüssel zum Erfolg.

Abbildung 11: Die Rendite wird bestimmt durch …

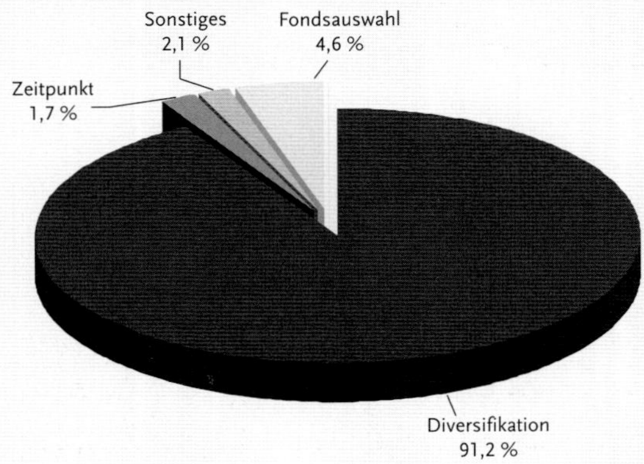

Das wichtigste Ziel, und das hat die aktuelle Finanzkrise uns sehr deutlich vor Augen geführt, ist die Risikobereitschaft. Vor jeder Anlageentscheidung sollte man sich deshalb fragen: »Welches Risiko bin ich bereit mit meiner Anlage einzugehen und welches kann ich auch tatsächlich aushalten?« Wie können sich Anleger/innen nun bewusst machen, welches Risiko ihre Anlage tatsächlich beinhaltet? Häufig verbinden die Menschen damit die Vorstellung, dass ihre Anlage ein negatives Vorzeichen aufweist, sie also weniger auf dem Konto haben, als eingezahlt worden ist. Doch diese Einschätzung trifft nicht den Kern. Unter Risiko versteht man die Unsicherheit Zielgrößen zu erreichen oder zu verfehlen. Es geht also um Schwankungsbreiten unserer Anlage (die schon bekannten Volatilitäten) und deren Eintrittswahrscheinlichkeit. Um sich das vorstellen zu können, müssen wir die Gaußsche Normalverteilung heranziehen. Demnach liegen nämlich zwei Drittel (exakt 68,27 %) aller zu erwartenden Renditen in einem Bereich von einer Standardabweichung um die Durchschnittsrendite herum. Das bedeutet: Bei unserer vorhin vorgestellten Aktie, die eine Volatilität von 18 % und eine Renditeerwartung von 9 % aufweist, liegen die erwarteten 9 % Rendite in den einzelnen Jahren mit circa 68 % Wahrscheinlichkeit im Bereich –9 % (9 % – 18 %) bis +27 % (9 % + 18 %). Rund 95 % aller zu erwartenden Renditen werden dann im Rahmen von zwei Standardabweichungen um die Durchschnittsrendite liegen. Dies heißt, mit 95 %iger Wahrscheinlichkeit werden die Renditen unserer Aktie zwischen –27 % (9 % – 36 %) und +45 % (9 % + 36 %) liegen. Hier findet das Zitat von André Kostolany, das »Minus eins muss man aushalten können« seinen Niederschlag, denn nicht jede und jeder kann ein Minus von 27 %, wie in diesem Beispiel, gut aushalten. Nehmen wir die vorhin vorgestellte Anleihe zum Vergleich hinzu, so stellen

Abbildung 12: Wahrscheinlichkeitsverteilung

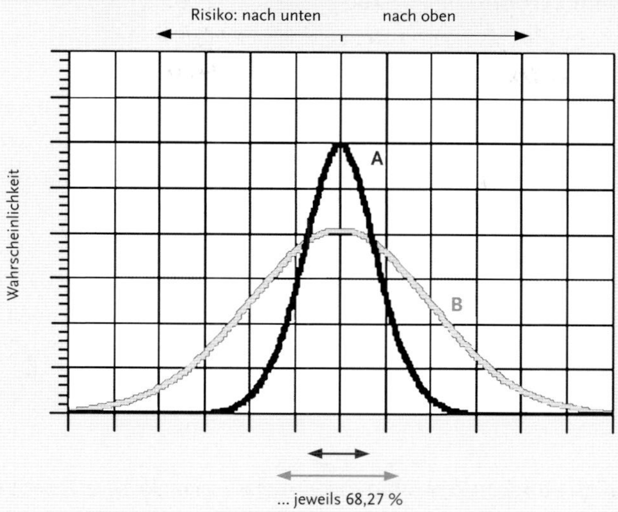

wir fest, dass die erwarteten 3 % Rendite mit 68 % Wahrscheinlichkeit im Bereich –1 % (3 % – 4 %) und 7 % (3 % + 4 %) und mit einer 95 %igen Wahrscheinlichkeit im Bereich –5 % (3 % – 8 %) und + 11 % (3 % + 8 %) liegen (siehe Abbildung 12).

Die Grafik zeigt die Wahrscheinlichkeitsverteilung von zwei Wertpapieren. Papier B ist riskanter als Papier A und schwankt damit stärker. Der graue Doppelpfeil zeigt den Bereich, in dem Wertpapier B mit einer Wahrscheinlichkeit von 68 % handeln würde. Er dehnt sich weiter aus als der von Papier A (blauer Doppelpfeil). Auch an diesem Beispiel wird deutlich, dass auch vermeintlich sichere Wertpapiere mit einer bestimmten Wahrscheinlichkeit im Verlustbereich liegen werden. Aus diesem Grund sollte sich jede Anlegerin und jeder Anleger vor einer Anlageentscheidung darüber im Klaren sein, in welchem Maße Anlagen schwanken können (siehe Tabelle 5, Seite 54).

!

Eine Anlegerin oder ein Anleger, die oder der zwischen 1997 und 2007 in ihrem oder seinem Depot eine Aktienquote von 100 % beibehalten hätte, könnte auf eine Rendite von 6,76 % pro Jahr blicken und hätte diese mit einem Risiko von 15,96 % bezahlt. Das bedeutet in 68 % der Anlagejahre hätte sich die Rendite zwischen –9,2 % (6,76 % – 15,96 %) und +22,72 % (6,76 % + 15,96 %) bewegen können. In 95 % der Fälle bewegen sich die Renditen aber zwischen –25,16 % (6,76 % – 31,92 %) und 38,68 % (6,76 % + 31,92 %). Wer die Aktienjahre 1999 bis 2003 miterlebt hat, weiß, dass diese Schwankungen tatsächlich auftreten können. Wer hingegen vorsichtiger gewesen wäre und das Depot mit 60 % Renten (festverzinslichen Wertpapieren) und 40 % Aktien bestückt hätte, müsste sich mit nur einem halben Prozentpunkt weniger zufrieden geben und hätte im Gegenzug ein Risiko von nur 6 %.

Sehen wir uns auch für diesen Fall die Schwankungsbreiten einmal an: In 68 % der Fälle hätten sich die Renditen in einem Rahmen zwischen –0,2 % und +12,2 % bewegen können und in 95 % der Fälle zwischen –5,8 % und +18,2 %. Das heißt, dass (fast) schlimmste Verlustrisiko läge bei –5,5 % im Verhältnis zu –25,16 % bei der reinen Aktienanlage. Der Renditeverlust betrüge demgegenüber nur 0,56 % jährlich. Jede Anlegerin und jeder Anleger kann sich nun an diesem Beispiel vor Augen führen, welche Schwankungsbreiten akzeptiert werden können und welche Renditen mindestens erzielt werden sollen.

Tabelle 5: Renditen und Risiken verschiedener Depotzusammensetzungen (Europa 1997–2007)

Renten Citigroup EMU Government Bond Index	100 %	80 %	60 %	40 %	20 %	0 %
Aktien MSCI Europe Gross Index	0 %	20 %	40 %	60 %	80 %	100 %
Renditen	5,19 %	6,09 %	6,20 %	6,52 %	6,71 %	6,76 %
Risiko	3,33 %	3,39 %	6,00 %	9,21 %	12,56 %	15,96 %

Asset Allocation – die moderne Vierfelderwirtschaft der Geldanlage?

Es gilt nun, die Theorie in die Praxis umzusetzen und ein individuelles Depot einzurichten beziehungsweise eine Streuung der zur Verfügung stehenden Gelder zu finden. Wer beispielsweise ein geringes Risiko eingehen möchte, muss die Gesamtanlage insgesamt sicherheitsorientierter ausrichten, unter Einbeziehung einer geringeren Risikoerwartung. Dabei ist der Zeitfaktor, wie bereits ausgeführt, von besonderer Bedeutung, da über einen sehr langen Zeitraum auch vergleichsweise riskante Anlagen allen Ausschlägen zum Trotz positive Renditen erreichen. Schlechte Börsenjahre werden nämlich über einen langen Zeitraum von guten Jahren ausgeglichen. Mit der richtigen Mischung aus sicheren Zinsanlagen und riskanteren Investments (z.B. Aktien) können Anlegerinnen und Anleger sicher sein, dass sie am Ende der gewählten Laufzeit ihr Geld zurückerhalten.

Die Stiftung Warentest hat ermittelt, wie hoch der Anteil sogenannter sicherer Zinsanlagen für verschiedene Anlagezeiträume sein muss, um sicherzustellen, dass am Ende das Geld noch vollständig vorhanden ist. Dabei wurde die Abgeltungssteuer inklusive des Solidaritätszuschlags berücksichtigt. Um nach beispielsweise zehn Jahren das angelegte Geld vollständig zurückzuerhalten, müssen circa 68 % der Anlagesumme in Zinsanlagen investiert werden, wenn damit eine Verzinsung von 5 % jährlich erzielt werden soll (siehe Tabelle 6).

Tabelle 6: Depotanteil an Zinsanlagen (in Prozent) bei einer sicheren Rendite von ... Prozent im Jahr

Anlagezeitraum in Jahren	3,50 %	4,00 %	5,00 %	6,00 %
5	88	86	83	80
8	81	79	74	70
10	77	74	68	63
15	67	63	56	49
20	58	53	46	38
30	43	38	29	22

Dieses Beispiel zeigt, wie sich im Zeitablauf eine Gewichtung zwischen Aktien und festverzinslichen Wertpapieren ändern kann, um eine höhere Gesamtrendite zu erzielen. Die aktuelle Finanzkrise hat aber gezeigt, dass eine Aufteilung auf nur zwei Anlageklassen nicht ausreicht, um in einer globalisierten Welt das Vermögen mittelfristig zu sichern. Wer bei höchstmöglicher Sicherheit und möglichst geringen Wertschwankungen eine akzeptable Wertsteigerung erzielen möchte, sollte deshalb nicht nur zwei Anlageklassen (Assets) in seinem Depot haben, sondern möglichst vier oder mehr.

Auch in der Entwicklung der Landwirtschaft führte der Anbau unterschiedlicher Pflanzen über viele Jahrhunderte zu einem differenzierten Auf- und Abbau der im Boden enthaltenen Nähr- und Mineralstoffe, wo sie langfristig (nachhaltig) erhalten bleiben. Der Übergang von der Zwei- auf die Dreifelderwirtschaft im Mittelalter brachte eine Ertragsteigerung von rund 20 %. Die Dreifelderwirtschaft wurde dann um die Vierfelderwirtschaft erweitert. In der Vierfelderwirtschaft beispielsweise wurden im ersten Jahr Wurzelfrüchte, vor allem Kartoffeln, angebaut, da diese dem Boden die meisten Nährstoffe abverlangen. Im zweiten Jahr wurde dann Getreide angebaut und im dritten Jahr, wenn möglich, Hülsenfrüchte, um dem

Boden wieder Stickstoff zuzuführen. Im vierten Jahr ließ man den Acker brachliegen oder er wurde extensiv als Weide genutzt. In dieser Zeit konnte sich der Boden wieder erholen. Mit diesem Prinzip konnte nicht nur der Ertrag gesteigert, sondern auch der Befall durch Unkräuter, Pflanzenkrankheiten und Schädlinge vermindert werden. Aber die Zeiten der Vierfelderwirtschaft sind vorbei. Mittlerweile versucht man Monokulturen unter Einsatz von Dünge- und Schädlingsbekämpfungsmitteln möglichst effizient zu »nutzen«. Doch wie auch in der Finanzwelt fordert diese Art des Wirtschaftens in der Landwirtschaft ihren Tribut. Wenn nur die Profitmaximierung im Vordergrund steht und keine Zeit mehr für die »Brache« bleibt, dann wird in der Finanzwelt nicht zu Düngemitteln und Pestiziden, sondern zu Derivaten und Leveraging gegriffen, um möglichst viel »herauszuholen«. Die Folgen sind allen hinlänglich bekannt.

Nachhaltig orientierte Anlegerinnen und Anleger können sich beruhigt wieder auf die Prinzipien der »Vierfelderwirtschaft« besinnen. Die vorherigen Ausführungen haben gezeigt, dass bei einer »Monokultur« die Risiken am größten sind und der Renditezuwachs geringer ist als oft erhofft. Die individuelle »Vierfelderwirtschaft« hängt von den Renditeerwartungen und dem akzeptierten Risiko ab.

Um Anhaltspunkte für einen optimalen Anlagemix zu erhalten, versucht man die Anleger/innen in drei verschiedene »Anlegertypen« einzuteilen:

! Konservative Anleger/innen legen Wert auf Sicherheit und bevorzugen ein Depot mit geringen Schwankungen. Dafür sind sie bereit, auf Rendite zu verzichten (siehe Abbildung 13).

Wenn wir die Begriffe der Vierfelderwirtschaft übertragen wollen, würde der Brache die Liquidität entsprechen. Denn bei dieser Anlageform, die in der Regel die geringsten Schwankungen aufweist, erholt sich der Boden wieder. Die Kartoffeln entsprechen den Aktien, da sie dem Boden am meisten abverlangen. Dem Getreide ordnen wir die Renten zu, die dem Boden auch einiges abverlangen, aber weniger als die Kartoffeln. Die Hülsenfrüchte bilden dann die Immobilien, die dem Boden wieder Stickstoffe zuführen. Diese Anlageform korrelierte bislang immer negativ mit den anderen und verringerte das Gesamtrisiko deutlich. Anlegerinnen und Anleger, die diese Verteilung auf verschiedene Anlageklassen konsequent durchhalten, sind damit auch in Krisen gut gerüstet. Unserer Erfahrung nach liegt die Schwierigkeit für die meisten Anleger/innen darin, an dieser Strategie festzuhalten: In sehr guten Börsenjahren, die relativ niedrige Aktienquote beizubehalten und auf die höheren Renditen zu verzichten. In schlechten Börsenjahren sind viele geneigt, selbst die geringe Aktienquote auf null zu setzen, da sie um ihr Geld fürchten.

Abbildung 13: Depot für Konservative (Anlagedauer 10 Jahre, Renditeerwartung 4 % pro Jahr)

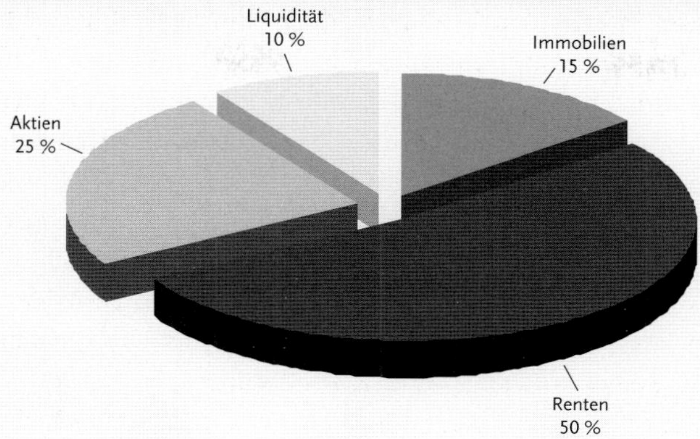

Tabelle 7: Konservatives Anleger/innenfondsdepot (25 % Pioneer Funds Global Ecology, 10 % FT Accugeld, 15 % hausinvest Europa, 25 % ÖkoWord ÖkoTrend Bonds, 25 % SEB ÖkoRent)

Zeitraum	schlechtester Fonds	Durchschnitt	bester Fonds
laufendes Jahr (bis 3.2. 2009)	–4,14 %	–0,45 %	+1,97 %
1 Jahr	–33,86 %	–3,67 %	+8,02 %
3 Jahre	–24,81 %	+0,48 %	+17,35 %
5 Jahre	+8,97 %	+17,57 %	+24,87 %

Tabelle 7, die auf beispielhaft ausgewählten Investmentfonds basiert, kann entnommen werden, dass selbst im Krisenjahr 2008 insgesamt nur ein Minus von 3,67 % ausgehalten werden musste. Der schlechteste Fonds (der Aktienfonds) wies ein Minus von 33,86 % 2008 aus, während der beste Fonds (SEB ÖkoRent) ein Plus von 8,02 % in die Waagschale brachte. Bereits im Fünfjahresrückblick lagen alle Fonds im Plus (siehe Tabelle 7).

Anlegerinnen und Anleger, die Wert auf eine etwas höhere Rendite legen, können ihren Aktienanteil im Depot erhöhen und bei einem Anlagehorizont von zehn Jahren und mehr mit Renditen von 6 % rechnen (siehe Abbildung 14, Seite 58). !

Der Verlust für das Krisenjahr 2008 belief sich für das Gesamtdepot auf 10,63 %. Selbst der Dreijahresrückblick konnte kein Gesamtplus für das Depot bringen. Lediglich Anlegerinnen und Anleger, die sich vor fünf

Jahren für diese Strategie entschieden haben, können auf ein Gesamtplus (in bescheidenen Dimensionen) blicken (siehe Tabelle 8).

! Anlegerinnen und Anleger, die bereit sind, für eine höhere Renditeerwartung höhere Risiken einzugehen, können ihre Aktienquote erhöhen (siehe Abbildung 15).

Tabelle 9 kann entnommen werden, dass in einem schlechten Börsenjahr der höhere Aktienanteil auch zu deutlich höheren Verlusten führt und das Depot insgesamt mit fast 20 % ins Minus gerutscht ist. Erst in einem Zeitraum von fünf Jahren konnte ein Gesamtplus erreicht werden.

Abbildung 14: Depot für Risikobewusste (Anlagedauer 10 Jahre, Renditeerwartung 6 %)

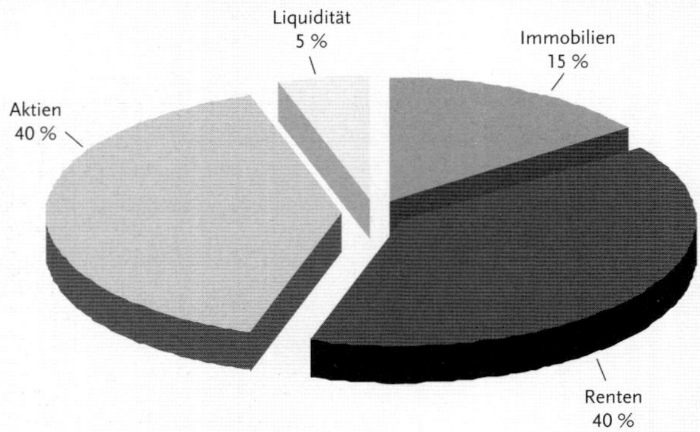

Tabelle 8: Risikobewusstes Anleger/innenfondsdepot (20 % Pioneer Funds Global Ecology, 20 % ÖkoWorld ÖkoVision Classic, 5 % FT Accugeld, 15 % hausinvest Europa, 20 % ÖkoWord ÖkoTrend Bonds, 20 % SEB ÖkoRent)

Zeitraum	schlechtester Fonds	Durchschnitt	bester Fonds
laufendes Jahr (bis 3.2.2009)	–4,14 %	–0,88 %	+1,97 %
1 Jahr	–38,71 %	–10,63 %	+8,02 %
3 Jahre	–38,89 %	–7,19 %	+17,35 %
5 Jahre	–5,74 %	+12,01 %	+24,87 %

Abbildung 15: Depot für Risikofreudige (Anlagedauer 10 Jahre, Renditeerwartung 8 %)

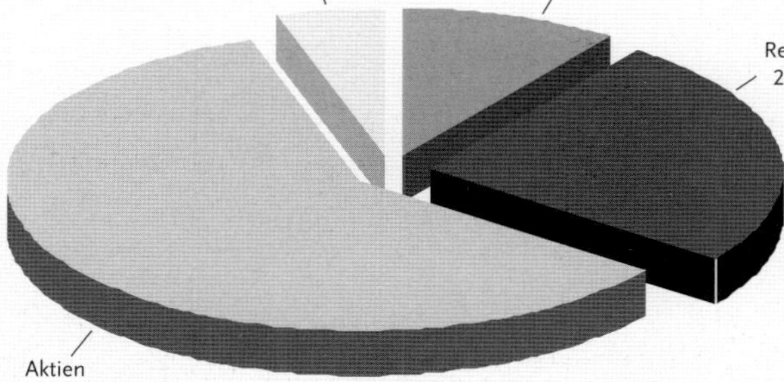

Tabelle 9: Risikofreudiges Anleger/innenfondsdepot (30 % Pioneer Funds Global Ecology, 30 % ÖkoWorld ÖkoVision Classic, 5 % FT Accugeld, 10 % hausinvest Europa, 12,5 % ÖkoWord ÖkoTrend Bonds, 12,5 % SEB ÖkoRent)

Zeitraum	schlechtester Fonds	Durchschnitt	bester Fonds
laufendes Jahr (bis 3.2.2009)	–4,14 %	–1,73 %	+1,97 %
1 Jahr	–38,71 %	–19,24 %	+8,02 %
3 Jahre	–38,89 %	–15,33 %	+17,35 %
5 Jahre	–5,74 %	+11,16 %	+24,87 %

Was Sie beachten sollten!

Jeder Anleger, jede Anlegerin sollte entsprechend seinem/ihrem Naturell handeln. Wer eine hohe Risikobereitschaft mitbringt, kann eine höhere Aktienquote anstreben, wobei sich parallel dazu auch das Risiko erhöht. Wer in seiner Finanzplanung eher vorsichtig-konservativ agiert, sollte einen niedrigeren Aktienanteil anstreben. Wichtig ist in jedem Fall, auch langfristig zu planen, denn nur dann können auch wirklich höhere Renditen erzielt werden. Eine Garantie – siehe die gegenwärtige Finanzkrise – gibt es dafür aber nicht.

»Man kann nicht in die Zukunft schauen,
aber man kann den Grund für etwas Zukünftiges legen
– denn Zukunft kann man bauen.«
Antoine de Saint-Exupery

Sicher durch die Krisen – was sind nachhaltige Kapitalanlagen?

Auf einen Blick

Mit nachhaltigen Investments erhält der Anleger, die Anlegerin die Möglichkeit der Einflussnahme auf Unternehmen. Denn sie bestimmen zu einem Gutteil durch die Ansprüche, die sie an Nachhaltigkeitskriterien stellen, die Richtung. Dieser Einfluss wird in Zukunft noch wachsen, denn die Zahl der unter nachhaltigen Anlagekriterien ausgesuchten Investments steigt kontinuierlich.

Nach welchen Kriterien die Anleger/innen ihre Investments auswählen, bleibt ihnen überlassen. Jede/r muss sich selbst die Frage beantworten: Reicht es aus, auf den Megatrend Klimawandel zu setzen, um maximale Renditen zu erzielen oder »darf es etwas mehr sein«, womit auch ethische Kriterien in die Auswahl einfließen?

Unter der Leitung der norwegischen Politikerin Gro Harlem Brundtland erarbeitete die World Commission of Environment and Development der Vereinten Nationen 1987 erstmals ein Konzept zur Nachhaltigkeit. Fünf Jahre später schuf die durch den Brundtland-Bericht angeregte Konferenz der Vereinten Nationen in Rio de Janeiro den Begriff des »Drei-Säulen-Modells«. Eine nachhaltige Entwicklung wird demnach auf der Grundlage der drei Säulen Ökologie, Gesellschaft/Soziales und Ökonomie definiert. Dabei werden alle drei Säulen als gleichrangig erachtet. Das heißt, eine Entwicklung ist dann als nachhaltig zu bewerten, wenn die ökologische, die ökonomische und soziale Dimension gleichermaßen berücksichtigt wird.

Basierend auf den drei Säulen haben sich in der wissenschaftlichen Diskussion drei Konzepte zur Erfassung der Dimensionen von Nachhaltigkeit durchgesetzt.

Konzepte zur Erfassung der Dimensionen von Nachhaltigkeit

Ökologische Nachhaltigkeit
Sie orientiert sich am stärksten am ursprünglichen Gedanken, keinen Raubbau an der Natur zu betreiben.

Ökonomische Nachhaltigkeit
Eine Gesellschaft sollte nicht über ihre Verhältnisse leben.

Soziale Nachhaltigkeit
Ein Staat oder eine Gesellschaft sollte so organisiert sein, dass es wenig soziale Spannungen gibt und Konflikte auf friedlichem und zivilem Wege ausgetragen werden können.

Diese verschiedenen Aspekte der Nachhaltigkeit können durchaus miteinander im Konflikt stehen. Aus Sicht der ökologischen Nachhaltigkeit beispielsweise ist weiteres Bevölkerungswachstum kontraproduktiv, da eine steigende Bevölkerungszahl immer mehr Ressourcen verbraucht. Demgegenüber ist es aus ökonomischer Sicht durchaus wünschenswert, dass eine steigende Bevölkerung unter anderem dafür Sorge trägt, dass unsere Sozialversicherungssysteme nicht zusammenbrechen. Das Bestreben nachhaltig zu leben, gewinnt immer mehr an Bedeutung und hat Einzug in die Politik gehalten. »Nachhaltige Entwicklung ist ein im Vertrag festgelegtes übergeordnetes Ziel der Europäischen Union, das für alle Politikbereiche und Maßnahmen der Union maßgebend ist«, so nachzulesen in der neuen EU-Strategie für nachhaltige Entwicklung vom 9. Juni 2006, Seite 2. Trotz dieser Verankerung in der Politik kann Umfragen zufolge nicht einmal jeder fünfte Deutsche den Begriff ein- oder zuordnen. Beim englischen Begriff »Sustainability« (so die Übersetzung des ursprünglichen deutschen Begriffs Nachhaltigkeit) dürften noch mehr Menschen passen.

Unter dem Begriff »nachhaltiges Investment« kann man Kapitalanlagen zusammenfassen, die ökologisch, ethisch, nachhaltig und/oder sozial orientiert sind, und obwohl diese Art des Investments an Bedeutung gewinnt, konnte bislang keine einheitliche Definition gefunden werden. Häufig fällt in diesem Zusammenhang der Begriff »Magisches Viereck des nachhaltigen Investments«. Dieses umfasst neben den uns bekannten Zielen wie Rendite, Sicherheit und Liquidität die Nachhaltigkeit als vierte Dimension. Eine nachhaltige Kapitalanlage soll neben dem ökonomischen Mehrwert auch sozialen, ökologischen und humanen Mehrwert schaffen. Diese Ziele wird man genauso wenig mit einem einzigen Investment erreichen wie gleichzeitig Sicherheit, Rendite und Liquidierbarkeit. Dennoch bieten sie eine Orientierung im Hinblick auf die Anforderungen nachhaltigen Investments. In der Umsetzung dieser Ziele kann bislang keine einheitliche Linie festgestellt werden. Anlegerinnen und Anleger können zwischen Investments wählen, die sehr hohe Ansprüche zugrunde legen, und Anlagen, die mit niedrigen Messlatten arbeiten. Trotz der Vielzahl von Angeboten haben die Anlegerinnen und Anleger mit ihnen die Möglichkeiten, bei ihrer Geldanlage gestaltend mitzuwirken. Sie oder er stimmt mit einer Anlage darüber ab, wo ihr oder sein Geld investiert werden soll und zu welchen Bedingungen. Dabei entscheiden die Anleger auch selbst, wie eng der Begriff »Nachhaltigkeit« gefasst werden soll. Wer den Begriff Nachhaltigkeit sehr weit fassen will, muss aktuellen Untersuchungen zufolge in keiner Weise Abstriche an seinen Renditezielen vornehmen – im Gegenteil.

Megatrend Klimawandel – die Rendite im Visier

Was haben der Klimawandel und die Finanzkrise gemeinsam? Sie basieren auf faulen Krediten. Dieser Vergleich drängt sich auf, wenn man die mahnenden Worte von Umweltminister Sigmar Gabriel, »wir nehmen faule Kredite bei unseren Kindern und Enkeln«, aufgreift. Faule Kredite meint, dass industrialisierte Gesellschaften und Schwellenländer natürliche Ressourcen rücksichtslos ausbeuten, Ökosysteme dabei zerstören und auch das Überleben der Menschheit gefährden. Die Finanzkrise mit ihren Horrorszenarien hat auch verdeutlicht, wohin diese Kredite führen können. Es liegt im Interesse von Investoren und Investorinnen, Anlegern und Anlegerinnen, solche Risiken in ihren Depots zu beseitigen und stattdessen nachhaltiges Wirtschaften zu fördern. Nur so lassen sich langfristig solide Renditen erzielen. »Grüne Revolution – Eine intakte Umwelt hilft nicht nur der Natur, sondern bietet Anlegern auch ganz neue Verdienstmöglichkeiten«, so lautet die Headline des Fachmagazins »Das Investment« im Oktober 2008. Anlegerinnen und Anlegern wird prophezeit, dass Umwelttechnologie, auch Cleantech genannt, einen neuen Megatrend bildet, der nichts weniger erreichen will, als das Gleichgewicht zwischen Erde, Klima und Bevölkerung wieder herzustellen. Unter dem Begriff Cleantech wird branchenübergreifend alles subsumiert, was hilft, Luft, Wasser und Boden vor schädlichen Einflüssen zu schützen oder Schäden zu minimieren. Dazu gehören die Bereiche Solar, Windkraft, alternative Treibstoffe, Recycling oder Wasseraufbereitung. Dieser Trend wurde bereits in den Managementetagen der Investmentbanken aufgegriffen und umgesetzt, das zeigt das Beispiel von Goldman Sachs, eine der ersten Adressen an der Wall Street, die anders als Lehman Brothers die Finanzkrise bislang mit relativ geringen Blessuren überstanden hat.

Goldman-Sachs-Chefökonom Jim O'Neill gehörte vor einigen Jahren zu den Erfindern des Kürzels »BRIC« für die Schwellenländer Brasilien, Russland, Indien und China und brachte damit eine Lawine ins Rollen. Jedes Investmenthaus, das etwas auf sich hielt, hatte mindestens einen »BRIC-Fonds« im Angebot. Unter dem Schlagwort »Next 11« wurde dann der nächste Investmentboom ausgelöst, bis dann 2007 das Projekt »GS Sustain« gestartet wurde. In der Studie, die dem Projekt zugrunde liegt, werden Firmen aufgelistet, die besonders gut auf die wirtschaftlichen, ökologischen und sozialen Probleme der Zukunft vorbereitet sind. Nach Aussagen von Goldman Sachs entwickelten sich die Aktienkurse dieser Firmen seit 2005 um 25 % besser als der konventionelle Aktienindex MSCI World.

Auf die Frage, warum diese nachhaltig wirtschaftenden Firmen erfolgreicher als konventionelle Firmen sind, kann wie folgt geantwortet werden:

1. Nachhaltig ausgerichtete Firmen weisen Kostenvorteile auf, da sie energie- und ressourcensparend produzieren und angesichts steigender Rohstoff- und Energiepreise langfristig besser aufgestellt sind.
2. Auf der Absatzseite können diese Unternehmen von der steigenden Nachfrage nach umwelt- und sozialverträglich hergestellten Produkten profitieren.
3. Bei nachhaltig agierenden Unternehmen kann ein Imagegewinn festgestellt werden, der sich positiv im immer härter werdenden Wettbewerb bemerkbar macht.

Dass diese Firmen nicht nur für private Anlegerinnen und Anleger interessant sind, sondern auch für Großinvestoren, zeigt das Beispiel der »Investorenlegende« John Doerr, der bereits Firmen wie Google und Amazon mit Startkapital versorgte. John Doerr finanziert nun seit fünf Jahren vor allem Firmen, die sich im Umweltschutz engagieren. Angst vor einer neuen Dotcom-Blase soll es laut Doerr nicht geben, da es bei diesem Investment um das Überleben der Menschheit geht.

Abbildung 16: Was unterscheidet den Cleantech- vom Internet-Boom?

Internet

Cleantech

Bits und Pixeln	**gemacht aus**	Atomen & Molekülen
Freunde finden im Facebook	**das steht auf dem Spiel**	Leben auf der Erde
wenig: Google brauchte nur 25 Millionen Dollar	**benötigtes Kapital**	viel: Hunderte von Millionen Dollar
schnell: 3 bis 5 Jahre	**Zeit bis zum Erfolg**	langsamer: 5 bis 10 Jahre
groß: Milliarden Dollar	**Marktpotenzial**	enorm: Billiarden Dollar

Konsequenterweise hat nun Goldman Sachs zum 19. Januar 2009 den globalen Aktienfonds GS Sustain Portfolio aufgelegt, um damit auch privaten Anlegerinnen und Anlegern Zugang zu diesem Markt zu verschaffen. Der Klimawandel, das Bevölkerungswachstum, die Rohstoffknappheit und das immer schnellere Wachstum in den neuen Volkswirtschaften gehören zu den Trends, die das Wettbewerbsumfeld aller Branchen und Unternehmen weltweit verändern. Das GS Sustain Portfolio investiert in Unternehmen, die gute Aussichten haben, von diesen Trends zu profitieren, und in der Lage sein sollten, langfristig Erträge zu generieren, teilt Goldman Sachs Asset Management (GSAM) in ihrer Pressemitteilung mit. »Gerade in schwierigen Zeiten lohnt sich die Rückbesinnung darauf, dass die größten globalen Herausforderungen oft auch die größten Anlagechancen bieten«, hat Michael Grüner, Leiter Third Party Distribution Deutschland und Österreich bei GSAM kommentiert (boerse.de, 4. Februar 2009). Anlegerinnen und Anleger, die Wert auf gute Renditen legen, haben die Chance auf diesen sogenannten Megatrend zu setzen. Allerdings müssen Abstriche bei den ethischen Anforderungen gemacht werden. So finden sich in der GS-Sustain-Liste viele klassische Umweltsünder, wie beispielsweise die Ölkonzerne Petrobras oder Statoil wieder. Das ist vom Auswahlkonzept her konsequent, da aus jeder Branche diejenigen hervorgehoben werden, die am besten dastehen. Ausschlusskriterien gibt es nicht.

Nachhaltige Kapitalanlagen und Ethik

Anlegerinnen und Anleger, die das Ziel Rendite nicht in den Vordergrund ihrer Überlegungen stellen, sondern dem Aspekt Nachhaltigkeit Priorität gewähren möchten, müssen genauer hinschauen. Sie müssen sich klar darüber werden, um welchen Preis Gewinne und Renditen erzielt werden und ob sie gegebenenfalls bereit sind, diesen Preis zu zahlen. Ethische Ansprüche an eine Kapitalanlage gehen deshalb deutlich darüber hinaus. Es ist erforderlich, Motive, Methoden und Kriterien einer Geldanlage kritisch zu analysieren und eine Differenzierung vorzunehmen.

Was muss eine Geldanlage erfüllen, damit sie als ethisch verantwortlich bezeichnet werden kann? Die Antwort darauf bietet nach Ansicht von Klaus Gabriel die folgende Definition:

Darmstädter Definition Nachhaltiger Geldanlagen

»*Aus ökonomischer Sicht ist für nachhaltige Geldanlagen erforderlich, dass*
- Gewinne auf der Basis langfristiger Produktions- und Investitionsstrategien statt in kurzfristiger Gewinnmaximierung erwirtschaftet werden;
- Erträge aus Finanzanlagen in vertretbarer Relation mit Erträgen aus realer Wertschöpfung stehen;
- die Erfüllung elementarer Bedürfnisse (z.B. Wasser) nicht gefährdet ist;
- Gewinne nicht auf Korruption beruhen.

Aus ökologischer Sicht erfordern nachhaltige Geldanlagen, dass die Gewinnerzielung im Einklang steht mit
- der Steigerung der Ressourcenproduktivität;
- Investitionen in erneuerbare Ressourcen;
- der Wiedergewinnung und Wiederverwertung verbrauchter Stoffe;
- der Funktionsfähigkeit globaler und lokaler Ökosysteme (z.B. Regenwälder, Meere).

In sozialer und kultureller Sicht erfordern nachhaltige Geldanlagen, dass die Gewinnerzielung im Einklang steht mit der
- Entwicklung des Humankapitals (Verantwortung für Arbeitsplätze, Aus-/Weiterbildung, Förderung selbstverantwortlichen Arbeitens, Vereinbarkeit von Beruf und Familie, Respekt vor der Verschiedenheit des Einzelnen);
- Entwicklung des Sozialkapitals (Schaffung von Erwerbschancen, Ausgewogenheit zwischen den Generationen, diskriminierungsfreier Umgang mit Minderheiten, Funktionsfähigkeit der Religionen, Förderung zivilgesellschaftlichen Handelns);
- Entwicklung des Kulturkapitals (Respekt vor kultureller Vielfalt unter Wahrung persönlicher Freiheitsrechte und gesellschaftlicher Integrität, Mobilisierung der Potenziale kultureller Vielfalt).«

Dieses Beispiel zeigt, wie umfassend die Anforderungen an nachhaltige Kapitalanlagen sein können und dass Nachhaltigkeit keinen Gegensatz zu ethischen Ansprüchen darstellt, sondern im Gegenteil ein unverzichtbarer Bereich ethisch verantwortlichen Handelns ist. Aus diesem Grund gehen ethische Kapitalanlagen mit sogenannten Ausschlusskriterien einher. Unternehmen, die bestimmte ethische Anforderungen nicht erfüllen, finden anders als im vorhin vorgestellten GS-Sustain-Projekt keine Aufnahme. Diese Ausschlusskriterien können Produktionsbedingungen genauso umfassen wie Produkte und Dienstleistungen, etwa Rüstungsindustrie, Atomindustrie, Kinderarbeit und Gentechnik. Mit dieser vermeidenden ethischen Geldanlage soll Druck auf die Firmen ausgeübt werden. Da Unternehmen in einer globalisierten Wissensgesellschaft großes Interesse am Aufbau eines positiven Images haben und sich schlechte Nachrichten schnell verbreiten, wird dieser Hebel zur Einflussnahme genutzt.

Eine weitere Möglichkeit, Einfluss zu nehmen, sind Positiv-Kriterien. Unternehmen und Projekte, die ethische Ansprüche besonders gut erfüllen, werden dann als sogenannte »Beste ihrer Klasse« identifiziert (Best-in-class-Prinzip) und in die Liste der in Betracht kommenden Unternehmen aufgenommen. Dies soll die verschiedenen Marktteilnehmer anspornen, ihre Anstrengungen zu erhöhen, Beste ihrer Klasse zu werden. Allerdings kann dieses Kriterium für sich betrachtet fragwürdig werden, wenn beispielsweise aus »der Rüstungsbranche das Unternehmen mit den humansten Vernichtungswaffen« ausgewählt werden würde. Das heißt, eine ethische Geldanlage sollte sowohl vermeidende als auch fördernde Aspekte berücksichtigen. Ergänzen kann man diese Anforderungen noch um den Aspekt Engagement. Engagement war vor allem zu Beginn der 70er-Jahre des 20. Jahrhunderts eine Triebfeder für ethisches Investment, um durch den Kauf von Aktien eines Unternehmens Mitspracherechte bei den Hauptversammlungen zu erwerben. Viele Aktivisten und Aktivistinnen versuchten damals, auf Firmen, die besonders kritisiert wurden, Einfluss zu nehmen. Da sich mittlerweile viele Privatanleger/innen aus dem direkten Aktieninvestment zurückgezogen haben und den Weg über Fonds wählen, nimmt dieser Aspekt der ethischen Geldanlage bei Privatinvestoren und Investorinnen ab. An deren Stelle dürften mittlerweile die Fondsmanager und Stiftungen, die zunehmend ethische Anforderungen an die Anlage ihres Stiftungsvermögens stellen, treten.

Wachstumsmarkt nachhaltige Kapitalanlagen

Seit 2005 ist der nachhaltige Anlagenmarkt in Deutschland stetig gewachsen. Im Statusbericht Anlagenmarkt 2008, den das Forum Nachhaltige Geldanlagen veröffentlicht hat, ist nachzulesen, dass Ende 2007 knapp 11,1 Mrd. Euro in nachhaltigen Assets zu verzeichnen waren. Gegenüber dem Vorjahr entspricht dies einem Zuwachs von rund 85 %. Diese Zahl erscheint zunächst beeindruckend groß. Im Verhältnis zum Gesamtvolumen der in Deutschland verwalteten Assets verzeichnen die nachhaltigen Geldanlagen mit 0,7 % jedoch einen bescheidenen Anteil. Erwähnenswert ist auch, dass rund 70 % des nachhaltigen Anlagekapitals deutscher Finanzdienstleister in Aktien angelegt sind und nur 21 % in festverzinslichen Wertpapieren. Diese aktienorientierte Ausrichtung der Anlagen dürfte 2008 mit deutlichen Kursverlusten einhergegangen sein.

Im Hinblick auf die vorhin gemachten Ausführungen zu den Zielen nachhaltiger Kapitalanlagen und deren Gewichtung ist die Auswertung nachhaltiger Anlagestrategien sehr aufschlussreich. Wurden im Jahre 2006 noch 38 % der Anlagen nach dem Best-in-class-Ansatz ausgewählt, so waren es in 2007 nur noch rund 25 %. Das könnte darauf schließen lassen, dass die Investoren und Investorinnen zunehmend höhere Anforderungen an nachhaltige Kapitalanlagen stellen und sich mit dem Best-in-class-Ansatz nicht mehr zufriedengeben. Dafür könnte auch der deutliche Anstieg in der Ausrichtung »Aktives Aktionärswesen« und ethischer Auswahlkriterien sprechen.

Nachhaltige Gestaltungsmerkmale im Anlageprozess deutscher Finanzdienstleister 2007

- aktives Aktionärswesen: 57 %
- nachhaltige Themenfonds: 53 %
- ethische Ausschlusskriterien: 51 %
- positive plus ethische Ausschlusskriterien: 30 %
- Best-in-class: 25 %

Da auch mehrere Strategien miteinander kombinierbar sind, waren Mehrfachnennungen möglich und die Summe entspricht nicht 100 %. Dass der Megatrend Klima Einfluss auf den nachhaltigen Anlagemarkt in Deutschland hat, wirkt sich auf das Volumen in den sogenannten Themenfonds aus. Mit rund 2,14 Mrd. Euro bilden Fonds mit dem Anlageschwerpunkt Klimawandel das Schwergewicht bei den mit 5,87 Mrd. Euro starken Themenfonds. Ein Blick auf Investoren und Investorinnen zeigt, dass 37 % privat sind. Sie investieren fast ausschließlich in Publikumsfonds. Der größte Teil, nämlich 63 % der nachhaltigen Kapitalanlagen in Deutschland kommt jedoch von institutionellen Investoren. Diese wiederum investieren zu 82 % in Publikumsfonds und zu circa 15 % in nachhaltige Mandate. Bei den institutionellen Investoren sind besonders häufig kirchliche und karitative Einrichtungen sowie Nichtregierungsorganisationen und Stiftungen zu finden. Aber auch Versicherungen, betriebliche Pensionsfonds und Pensionskassen sind darunter.

Die Wirkung nachhaltiger Geldanlagen

Für Anlegerinnen und Anleger, die ihr Geld in nachhaltige Kapitalanlagen investieren wollen, stellt sich die Frage nach der Wirksamkeit ihres Investments. Verpufft die Wirkung eines nachhaltigen Investments, da die Unternehmen keinerlei Interesse an der Änderung ihrer Geschäftspolitik haben, oder können wir damit etwas bewegen?

Für Menschen, die mit ihrer Geldanlage etwas bewegen wollen, gibt es unterschiedliche Wege. Zum einen besteht über den Erwerb direkter Beteiligungen, sei es über Aktien oder geschlossener Fonds, die Möglichkeit, an den jährlich stattfindenden Versammlungen teilzunehmen und kritische Fragen zu stellen. Eine andere Möglichkeit besteht darin, Projekte direkt durch Sparanlagen zu fördern. Dieses bietet beispielsweise die GLS Gemeinschaftsbank (GLS Bank) durch ihre Sparanlagen an. Anlegerinnen und Anleger können dabei bestimmen, in welche Projekte (ökologische Baufinanzierung, ökologische Landwirtschaft, regenerative Energien usw.) ihr Geld fließen soll. Da die meisten Privatanleger/innen ihr Geld Publikumsfonds anvertrauen, ist nur eine indirekte Einflussnahme möglich. Bei Aktienfonds, die nach dem Best-in-class-Prinzip ohne Ausschlusskriterien arbeiten, dürfte die Wirksamkeit im Hinblick auf Veränderungen gering sein. Da in diesen Fonds die gleichen Branchen wie in konventionellen Fonds und vor allem die großen Unternehmen, die sogenannten Global Player, vertreten sind, dürfte das geringe Fondsvolumen wenig verhaltensverändernd wirken. Anders kann es bei Fonds sein, die zum einen strikte Ausschlusskriterien anwenden und überdies in direkten Kontakt mit den Unternehmen treten, indem sie selbst oder Ratingagenturen dort detaillierte Anfragen stellen.

Rolf Häßler, oekom research, beispielsweise stellt fest, dass immer mehr Unternehmen bestätigen würden, dass sie Nachhaltigkeitsratings tatsächlich als Grundlage nutzen, ihr Nachhaltigkeitsmanagement weiterzuentwickeln und neue Herausforderungen anzugehen.

Vor allem die angedrohte Veröffentlichung eines Desinvestments, also eines Abziehens der Anlagegelder, kann ein mögliches Instrument der Einflussnahme darstellen. »Das wachsende Interesse des Kapitalmarktes an der Nachhaltigkeitsleistung der Unternehmen hat dazu geführt, dass die Nachhaltigkeitsabteilungen in den Unternehmen aufgewertet wurden und stärkeren Einfluss innerhalb des Unternehmens bekommen haben. Schließlich können wir beobachten, dass soziale und ökologische Kriterien über den Kreis der nachhaltigkeitsorientierten Investoren hinaus Einzug in die Unternehmensanalyse halten. So arbeitet beispielsweise die Deutsche Vereinigung für Finanzanalyse und Asset Management (DVFA) an der Entwicklung von sogenannten Key Performance Indicators (KPI), mit deren Hilfe entsprechende Aspekte in die konventionelle Unternehmensbewertung integriert werden sollen.« (In: ECOreporter.de: Welche Macht hat Ihr Geld. 2/2008) Die vor einiger Zeit entwickelten Sustainable Development Key Performance Indicators (SD-KPI) sollen konkrete Entwicklungschancen und Risikopotenziale von Unternehmen aufzeigen. Diese Nachhaltigkeitskennzahlen sollen quantitativ messbar sein und schaffen innerhalb einer Branche Vergleichbarkeit. Das ergab die Studie »Nachhaltig mehr Wert« von Deloitte und dem Bundesumweltministerium, im Rahmen derer europaweit Analysten und Investoren sowie 23 der DAX-30-Unternehmen befragt wurden. Die 42-seitige Studie kann unter www.sd-m.de eingesehen werden. Neben der Erhebung von Nachhaltigkeitskennzahlen im Unternehmen haben Fondsmanagementteams aber auch die Möglichkeit der direkten Einflussnahme. So berichtet Joachim Böttcher von BankInvest, dass ein afrikanischer Minenbetreiber auf massive Missstände beim Thema Arbeitsplatzsicherheit hingewiesen wurde und diese dann auch behoben hat. Bei einer indischen Bank wurden die Methoden zum Eintreiben fälliger Kredite kritisiert und auch hier konnte eine Veränderung im Verhalten erreicht werden.

Was Sie beachten sollten!

Mit nachhaltigen Investments kann man die richtigen Weichen für die Zukunft stellen und gezielt jene Unternehmen fördern, die an ökologischen, sozialen und ethischen Grundsätzen ausgerichtet sind.

NACHHALTIGE KAPITALANLAGEN

»Wer gut essen will, kauft Aktien,
wer gut schlafen will, kauft Anleihen.«
André Kostolany

Wenn es sicher sein soll: Tagesgelder, Festgelder und Anleihen

Auf einen Blick

Mit Tagesgeldern, Festgeldern und Sparbriefen können sich alle ein sicheres Liquiditätspolster aufbauen. Das deutsche Einlagensicherungssystem und die »Merkel-Garantie« sorgen dafür, dass Einlagen für Privatanleger/innen gesichert sind. Wer nicht nur Sicherheit und Rendite im Blick hat, sondern wissen will, wohin diese für die Bank frei verfügbaren Einlagen fließen, sollte prüfen, wem er oder sie das Geld anvertraut. Nachhaltige Banken bieten nicht nur hohe Sicherheitsstandards, sondern auch transparente Anlagemöglichkeiten. Die Zinsen orientieren sich an allgemeinen Kapitalmarktzinsen. Höhere Zinsen bieten in der Regel Bausparkassen.

Anlegerinnen und Anlegern, die ihr Geld mit einem etwas längeren Anlagehorizont sicher und nachhaltig anlegen möchten, bieten ausgewählte Staatsanleihen eine interessante Anlagemöglichkeit. Mittlerweile gibt es verschiedene Ratingagenturen, die sowohl Staatsanleihen als auch Unternehmensanleihen einer Nachhaltigkeitsprüfung unterziehen. Es hat sich gezeigt, dass Länder und Unternehmen, die sozialen und ökologischen Ansprüchen gerecht werden, krisenfest sind.

Wer Wert auf direkte Förderung von Unternehmen legt, kann über außerbörsliche Anleihen oder Genussrechte und -scheine kleineren und mittleren Unternehmen direkt Geld zur Verfügung stellen. Da es in diesem Segment jedoch keine Bonitätsbewertungen unabhängiger Expertinnen und Experten gibt, ist das Risiko nicht unerheblich. Eine solche Form der Kapitalanlage ist für Menschen geeignet, die gezielt Unternehmen fördern wollen und im schlimmsten Fall Totalverluste des Geldes verkraften können.

Die Finanzkrise hat einen wahren Run auf Tagesgelder und Festgelder ausgelöst, da viele Anleger/innen nur noch eines wollten: Sicherheit. Tages- und Festgelder werden den sogenannten Geldwertanlagen zugeordnet. Geldwertanlagen geben den Anlegerinnen und Anlegern einen Anspruch auf Auszahlung eines bestimmten Betrages zu einem in der Regel vorher festgelegten Termin. Der Vorteil dieser Anlageform liegt in der regelmäßigen Verzinsung und der raschen Liquidierbarkeit. Der Nachteil ist, dass diese Anlagen von der Inflation beeinflusst werden. Eine Anleihe beispielsweise, die eine Laufzeit von zehn Jahren aufweist, bietet bei ihrer Rückzahlung nach zehn Jahren nicht mehr die gleiche Kaufkraft, da die Inflation am Wert »genagt hat«. Legt man eine Inflationsrate von 2,5 % pro Jahr im langjährigen Durchschnitt zugrunde, muss eine Geldwertanlage mindestens Zinsen in dieser Höhe erwirtschaften, damit keine Verluste auftreten. Der Nominalwert dieser Geldwertanlage steigt zwar durch die gezahlten Zinsen, aber bei einer Inflation, die über dem Zinsniveau liegt, sinkt der Realwert (die tatsächliche Kaufkraft) des angelegten Geldes kontinuierlich.

Als Beispiel sei hier ein Bundesschatzbrief Typ B angeführt. Die Emission vom 1. März 2009 weist eine Laufzeit bis zum 1. März 2016 und eine Rendite von 2,35 % pro Jahr auf. Bei einer Investition von 10.000 Euro würde die Anlegerin oder der Anleger also am 1. März 2016 insgesamt 11.796 Euro zurückerhalten. Bei einer angenommenen Inflationsrate von 2,5 % pro Jahr haben diese 11.796 Euro in sieben Jahren eine Kaufkraft, die heute einem Betrag von 9.904 Euro entspricht. Steuerliche Abzüge sind dabei unberücksichtigt geblieben. Damit hätten Anleger/innen ihr angelegtes Geld nicht vermehrt, sondern gar vermindert. Nur wenn sie wesentlich mehr als die jährliche Inflation erwirtschaften, erzielen sie einen tatsächlichen Wertzuwachs (siehe Abbildung 17).

Abbildung 17: Systematik der Geldwertanlagen

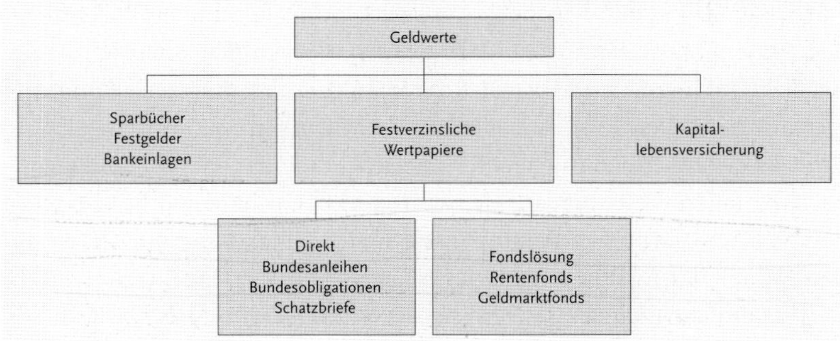

Der Übersicht kann entnommen werden, dass Geldwertanlagen in drei Gruppen eingeteilt werden können, die sich vor allem im Hinblick auf die Laufzeit unterscheiden:

Sparbücher, Festgelder und Bankeinlagen weisen eine kurze Laufzeit auf und sind deshalb vor allem im Hinblick auf Liquidität und Sicherheit sehr attraktiv.

Festverzinsliche Wertpapiere sind in der Regel mit Laufzeiten über fünf Jahre ausgestattet, bieten aber die Möglichkeit vorzeitiger Kündigungen, sodass auch diese mit Blick auf die Liquidität attraktiv sind und fast immer höhere Renditen aufweisen als Kurzfristanlagen.

Die Kapitallebensversicherung stellvertretend für andere kapitalbildende Versicherungen (Riester-Renten-, Basisrenten-, private Rentenversicherung) weist mit einer Mindestlaufzeit von in der Regel zwölf Jahren die längste Bindefrist auf. Bei dieser Anlageform steht die Altersvorsorge im Vordergrund, sodass auch lange Laufzeiten in Kauf genommen werden.

Sparbuch, Tagesgeld, Festgeld

Bei einem Tagesgeldkonto handelt es sich um ein verzinstes Konto, über dessen Guthaben die Kontoinhaber/innen, wie der Name schon andeutet, täglich verfügen können. Kündigungsfristen müssen dabei, anders als beim Sparbuch, nicht beachtet werden. Die tägliche Verfügbarkeit, die Verzinsung und der Wegfall von Kündigungsfristen sind die Vorteile eines solchen Kontos. Es stellt damit eine attraktive »Parkstation« für das Geld dar. Da sich der gewährte Zins an die allgemeine Zinsentwicklung anpasst, muss jedoch mit Änderungen des Zinssatzes gerechnet werden. In der Regel kann man ein Tagesgeldkonto nicht für den allgemeinen Zahlungsverkehr einsetzen, sodass Überweisungen und Lastschriften nicht möglich sind.

Für Festgeld bieten Banken in der Regel höhere Zinssätze an, da eine tägliche Verfügbarkeit ausgeschlossen ist und feste Laufzeiten (30 Tage bis 360 Tage) vereinbart werden. Bis zum Ausbruch der Finanzkrise wurden Tagesgelder, Sparbücher wie auch Festgelder in der Regel nur als liquide Rücklagen bevorzugt. Die große Verunsicherung, kombiniert mit sinkenden Aktienkursen, hat jedoch dazu geführt, dass immer mehr Menschen ihr Geld auf Tages- und Festgeldkonten anlegen, da ihnen die Bundesregierung zugesichert hat, dass alle privaten Einlagen im Notfall – also im Falle einer Bankenpleite – staatlich abgesichert sind. Unter die Einlagensicherung fallen Guthaben auf dem Girokonto, Guthaben auf Tagesgeld-, Festgeld- und Termingeldkonten sowie Sparbriefe und Sparbücher, die auf den Namen der Anlegerin oder des Anlegers lauten (siehe Tabelle 11).

Das Einlagensicherungs- und Anlegerentschädigungsgesetz (ESA-EG) sieht vor, dass alle Institute, die von Privatanlegern und Privatanlegerin-

Tabelle 11: Einlagensicherungsfonds in Deutschland			
Sicherungsfonds/ Verband	Repräsentant von	Abgesicherte Einlagen *	Höhe der Einlagensicherung
Entschädigungseinrichtung deutscher Banken (EdB) ww.edb.de	Privatbanken, private Bausparkassen	Einlagen	90 % der Forderung, maximal 20.000 Euro
Einlagensicherungsfonds des Bundesverbandes öffentlicher Banken (VÖB) www.voeb.de	59 Mitgliedern, z.B. Deutsche Kreditbank, NRW-Bank	Einlagen und auf den Namen lautende Schuldverschreibungen	100 %
Einlagensicherungsfonds des Bundesverbandes deutscher Banken (BDB) www.bankenverband.de	180 Privatbanken, z.B. Deutsche Bank, Dresdner Bank, Postbank	Einlagen	Pro Anleger 30 % des haftenden Eigenkapitals der jeweiligen Bank
Haftungsverbund der Sparkassen-Finanzgruppe des Deutschen Sparkassen- und Giroverbandes (DSGV) www.dsgv.de	über 440 Sparkassen und Landesbausparkassen	Einlagen und Ansprüche aus verbrieften Forderungen	100 %
Sicherungseinrichtung des Bundesverbandes der deutschen Volks- und Raiffeisenbanken (BVR) www.bvr.de	über 1.200 Mitgliedern, z.B. PSD-, Sparda-, Volks- und Raiffeisenbanken	Einlagen sowie Inhaberschuldverschreibungen, die von einer dem BVR angehörigen Bank herausgegeben wurden	100 %
Bausparkassen-Einlagensicherungsfonds des Verbandes der privaten Bausparkassen (VdPB) www.bausparkassen.de	Privaten Bausparkassen, z.B. Debeka, Alte Leipziger, Bausparkasse Mainz	Einlagen und Bauspareinlagen	Bauspareinlagen in unbegrenzter Höhe, Spareinlagen bis zu 250.000 Euro je Kunde

* Als Einlagen gelten Giroguthaben, Tagesgeld, Festgeld, Sparbücher und Sparbriefe.

nen Einlagen entgegennehmen, zwingend der Entschädigungseinrichtung deutscher Banken (EdB) angehören. Damit ist zumindest der Betrag von 20.000 Euro gesichert. Im Falle einer Bankenpleite erhielten betroffene Anleger/innen 90 % ihrer Einlage von maximal 20.000 Euro erstattet. Die meisten Banken bieten jedoch deutlich höhere Entschädigungsgrenzen, wie die Tabelle zeigt. Darüber hinaus gilt bis auf Weiteres auch die Zusage von Bundeskanzlerin Angela Merkel, dass alle privaten Einlagen gesichert sind. Niemand muss sein Geld unter der Matratze verstecken oder im Garten vergraben, um es zu sichern.

Der gewährte Zins für diese Einlagen orientiert sich am Zins der Europäischen Zentralbank. Auf dem Geld- und Kapitalmarkt finden wir drei Referenzzinssätze – EONIA, EURIBOR, Bund-Rendite –, die täglich in der Wirtschaftspresse veröffentlicht werden. Auf Basis dieser Referenzzinssätze stellen sich Banken mit guter Bonität gegenseitig Gelder zur Verfügung. Doch im Rahmen der Finanzmarktkrise waren und sind die Banken nicht mehr bereit gewesen, sich in gewohnter Weise gegenseitig Geld zur Verfügung zu stellen, was zu den bekannten Verwerfungen am Kapitalmarkt führte. Wer einen Blick auf die aktuellen Tagesgeldkonditionen wirft, kann jedoch feststellen, dass diese häufig weit über dem derzeitig geltenden Leitzins von 1,5 % liegen. Die Ursachen dafür sind vielfältig. Da es sich um Einlagen der Banken handelt, können diese selbst bestimmen, zu welchem Preis (Zins) sie die Einlagen erwerben wollen. Da sich, wie erwähnt, Banken untereinander kein Geld mehr leihen, versuchen es viele Geldhäuser bei ihren Kunden und Kundinnen, indem sie hohe Zinsen bieten.

Zunächst einmal spiegelt ein höherer Zins auch ein höheres Risiko wider. Es ist anzunehmen, dass diese Bank ihr Geld von anderen Banken nur zu einem Zinssatz erhält, der deutlich über den Referenzzinssätzen liegt, da die geldgebenden Banken bei ihr ein entsprechendes Risiko sehen. Somit versucht die Bank über ein hohes Zinsangebot, das Geld von Privatanlegern und Privatanlegerinnen zu erhalten. Den Kunden und Kundinnen ist dieses jedoch in der Regel nicht bewusst und sie verlassen sich auf die Einlagensicherungen der Banken. Die Banken scheinen das jedoch untereinander anders einzuschätzen, da sie deutliche Risikozuschläge beim Leihen an andere Banken erheben.

Bei überhöhten Zinsangeboten kann es sich aber auch um Lockangebote handeln, mit denen in erster Linie neue Kunden und Kundinnen geworben werden sollen. Tatsächlich werden die hohen Zinsen oft nicht den Bestandskunden und -kundinnen, sondern nur den Neukunden und Neukundinnen angeboten. Anschließend wird dann durch aggressiven Verkauf anderer Produkte versucht, die erhöhten Zinsen »quer zu subventionieren«. Das ist zwar alles nicht verwerflich, dennoch sollten sich Anleger/innen dessen bewusst sein, bevor sie ihre Anlageentscheidung treffen (siehe Abbildung 18).

Der Grafik kann entnommen werden, dass vor allem zu Beginn des Ausbruchs der Finanzkrise die höchsten Zinsen gezahlt wurden. Die Zinssenkungen der Europäischen Zentralbank zeigen jedoch Wirkung: Die Zinsen sind kontinuierlich gesunken. Das gilt aber nur für den Durchschnitt der angebotenen Zinsen. Während Volks- und Raiffeisenbanken und Sparkassen im März 2009 bei Zinssätzen für Tagesgelder von weniger als 2 % angelangt sind, bieten andere Anbieter weiterhin teilweise mehr als 4 %. Die Ursachen für die Gewährung von höheren Zinssätzen sind bereits

Abbildung 18: Entwicklung der Zinsen für Tagesgeld, Festgeld und Sparbriefe

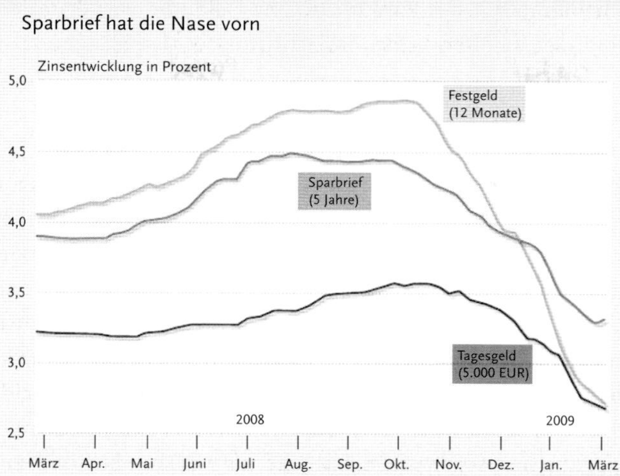

genannt worden. Als weiterer Grund dürfte das Kerngeschäft dieser Banken in der Kreditvergabe gesehen werden, was es im Gegensatz zum Privatkundengeschäft mit der Führung von Girokonten und Wertpapierdepots möglich macht, hohe Zinsen zu gewähren. Die Zinsdifferenz zwischen einem Privat- oder Konsumentenkredit einerseits und dem Tages- oder Festgeld andererseits ist deutlich größer als zwischen einem Immobilienkredit und Tages- und Festgeld. Je höher die Zinsdifferenz zwischen geliehenem (beispielsweise Tagesgeld) und verliehenem (Konsumentenkredit) Geld ist, desto größer ist die Gewinnmarge der Bank. Die Garantibank, eine Bank, die dem niederländischen Einlagesicherungsfonds angehört und regelmäßig zu den besten Tagesgeldanbietern zählt, weist als einen Anteilsinhaber die General Electric Consumer Finance auf. Diese wiederum verdient ihr Geld mit der Vergabe von Privatkrediten vor allem in Form von Kreditkarten in den USA. Bei der Höhe der Kreditzinsen für Privatkredite können anscheinend auch hohe Zinsen für die Einlagen der Anleger/innen gezahlt werden. Die Credit Europe, die auch dem niederländischen Einlagensicherungsfonds angehört, ist Teil der FiBa Holding Istanbul/Türkei und gehört dem türkischen Milliardär Hüsnü Özyegin und ist nach eigenen Angaben spezialisiert auf internationale Kreditvergabe (Handelsfinanzierung). Im Internetforum www.ciao.de finden sich zu den Geschäftspraktiken Überschriften wie: »Die moderne Version des Rattenfängers von Hameln«, »Top Interest, Flop Zinsabzocke« oder »Eine Bank für dumme Kunden«. Beide Banken werben mit den guten Benotungen durch die Stiftung Warentest, da sie »dauerhaft gute Tagesgeldkonten« anbieten. Anlegerinnen und Anleger, die ihr Geld als Tagesgeld und Festgeld anlegen möchten, leihen damit der Bank direkt ihr Geld, die wiederum das Geld nach ihrem Ermessen verwenden kann.

Nachhaltige Banken

Anlegerinnen und Anlegern, die wissen möchten, wohin das Geld aus ihren Tages- und Festgeldeinlagen und Sparbriefen fließt, bieten nachhaltige Banken transparente Anlagemöglichkeiten. Diese Banken orientieren ihre Angebotspalette an ökologischen, ethischen und sozialen Kriterien und sie verschaffen Transparenz hinsichtlich der Vergabe ihrer Kredite. Trotz verschiedener Gemeinsamkeiten gibt es beträchtliche Unterschiede in der Philosophie und Unternehmenspolitik. Die GLS Gemeinschaftsbank und die Freie Gemeinschaftsbank in der Schweiz sind aus der anthroposophischen Bewegung hervorgegangen. Die Alternative Bank Schweiz entsprang der Anti-Atom- und Friedensbewegung der 1970er-Jahre, während die UmweltBank AG kaum an eine weltanschauliche Tradition gebunden ist. Die EthikBank legt bei ihrem Geschäft ethisch-ökologische Anlagekriterien zugrunde, während die Steyler Bank und die Bank für Orden und Mission/vr bank Untertaunus eG der christlichen Tradition verpflichtet sind. All diesen Banken ist dennoch gemeinsam, dass es sich um vergleichsweise kleine Banken handelt. Trotz geringer Bilanzsummen ist es erstaunlich, welche Wirkung sie erreichen (Rotthaus, Stephan. Erfolgreich investieren in grüne Geldanlagen. Frankfurt am Main 2009, S. 89).

Seit Ausbruch der Finanzkrise konnten vor allem die grünen Banken regen Zulauf verzeichnen. Bei der GLS Bank beispielsweise erhöhte sich die Zahl der Kunden und Kundinnen im Jahr 2008 um 7.000 auf nunmehr 62.000. Die Bilanzsumme stieg im gleichen Zeitraum um über 25 % auf über eine Milliarde Euro. Nach Aussagen der GLS Bank sind es vorwiegend Privatpersonen, die in Kauf nehmen, für ihre Einlagen weniger Zinsen zu bekommen. Dafür können sie wählen, in welche Projekte ihr Geld fließt. Zum Beispiel in die biologische Landwirtschaft, in regenerative Energien oder in Seniorenheime. »Wir haben keinen Cent in die risikoreichen Kredit- oder Immobilienmärkte investiert«, betont der Sprecher der GLS Bank, Christof Lützel. Das Geld fließt in reale Projekte, die in der Kundenzeitschrift veröffentlicht werden.

Die UmweltBank AG hingegen finanziert vor allem regenerative Energien, die durch die Energie-Einspeisevergütung der Bundesregierung langfristig subventioniert werden. Beim »Missions-Tagesgeldkonto« der Steyler Bank fließt das Geld in die weltweiten Hilfsprojekte der Steyler-Missionare und Steyler-Missionsschwestern. Die EthikBank bietet gar sechs verschiedene Tagesgeldkonten an. Wer sich mit geringeren Zinsen zufrieden gibt, kann zwischen den Fördervarianten Zinskonto Frauen, Ethik und Umwelt wählen (siehe Tabelle 12).

Die Tabelle zeigt, dass fast alle Umwelt- und Ethikbanken eine sehr hohe Einlagensicherung der Kunden- und Kundinnengelder gewährleisten. Die Ausnahme bildet die UmweltBank. »Da die Umweltbank nur Mitglied in der gesetzlichen Einlagensicherung ist, besteht im Fall einer Insolvenz für Einlagen in jedem Fall ein Verlustrisiko von mindestens 10 %.« (In: Finanztest 1/2009, S. 28)

Tabelle 12: Umwelt- und Ethikbanken in Deutschland

	Kunden	Bilanzsumme in Mio. Euro	Girokonto	Tagesgeld, Zinssatz pro Jahr	Sparbrief (2 Jahre) Zinssatz pro Jahr	Einlagensicherung
Umwelt-Bank	70.000	1.025 (2007)	nein	1,75 %	2,15 %	Bis zu 90 % der Einlagen, maximal 20.000 Euro
GLS Bank	62.000	1.010	ja	1,75 %	1,7 %	Unbegrenzt, innerhalb des Systems der Volks- und Raiffeisenbanken
Ethik-Bank	7.750	71	ja	1,75 % (3 %)	1,5 % /1,75 %	Unbegrenzt, innerhalb des Systems der Volks- und Raiffeisenbanken
Steyler Bank	12.000	221 (2006)	ja	0,5 % bis 1,25 %	2,5 %	Bis 3.897.000 Euro je Kunde/Kundin, Mitglied im Einlagensicherungsfonds der Deutschen Banken

Bausparkassen als Alternative

Anlegerinnen und Anleger, die ihr Geld zwar sozial, ökologisch und ethisch vertretbar anlegen möchten, sich aber mit den geringen Zinsen nicht zufrieden geben wollen oder können, sollten einen Blick auf die Angebote der Bausparkassen werfen. Einlagen von Bausparverträgen sind immer in unbegrenzter Höhe gesichert, auch die Zinsen gehören dazu. Neben eigenen Sicherungssystemen sind alle Bausparkassen durch die Entschädigungseinrichtung deutscher Banken GmbH gesichert. Die meisten Bausparkassen sind im Bausparkassen-Einlagensicherungsfonds e.V. eingetragen. Hierbei sind die Einlagen (z.B. Geldanlagen, Sparbriefe) inklusive der Zinsen bis zu 250.000 Euro gesichert. Dazu gehören unter anderem die Alte Leipziger, die Badenia und die Debeka. Bei Bausparkassen, die zu großen Banken gehören, sind diese durch den Einlagensicherungsfond für Bank-Bausparkassen geschützt, das heißt das Guthaben eines jeden Kunden ist inklusive Zinsen in unbegrenzter Höhe gesichert. Hierzu gehören beispielsweise die Allianz Dresdner Bauspar AG, Deutsche Bank Bauspar AG und die Vereinsbank Victoria Bauspar AG (VVB). Einlagen öffentlicher Bausparkassen, also Landesbausparkassen (LBS), werden durch das Sicherungssystem des Deutschen Sparkassen- und Giroverbandes gesichert, ebenso wie die LBS gehört die Bausparkasse Schwäbisch Hall dem Sicherungssystem der genossenschaftlichen Banken an (www.bankmitarbeiter.de). Die Bausparkassen bieten Sparerinnen und Sparern einen sicheren und verlässlichen Weg zur Vermögensbildung. Insofern sind Tagesgeld und Festgeldanlagen bei einer Bausparkasse im Hinblick auf Nachhaltigkeit sicherlich vertretbar. Die Alte Leipziger Bausparkasse beispielsweise bietet für ein Tagesgeldkonto bis zu 3,5 % und die Bausparkasse Mainz 2,75 % (Stand: März 2009). Für einen Sparbrief mit einer zweijährigen Laufzeit erhalten Anleger/innen bei der Alten Leipziger Bausparkasse 2,9 %, bei der Bausparkasse Mainz 3,25 %.

Damit werden zwar nicht die Zinskonditionen der Top-Tagesgeldanbieter erreicht, aber Anlegerinnen und Anleger wissen, wohin ihr Geld fließt.

Anleihen

Bei Anleihen handelt es sich anders als bei den anderen Geldwertanlagen (Tagesgeld, Versicherungen) um sogenannte Wertpapiere. Wertpapiere sind Urkunden, die wirtschaftliche Rechte verkörpern, das heißt die Besitzerin oder der Besitzer eines festverzinslichen Wertpapiers hat zum Beispiel das Anrecht auf die regelmäßige Zahlung der Zinsen. Diese Rechte kann natürlich nur derjenige ausüben, der über diese Urkunde verfügt.

Es sind verschiedene Arten von Wertpapieren zu unterscheiden:

- Gläubigerpapiere, zum Beispiel Anleihen,
- Beteiligungspapiere, zum Beispiel Aktien,
- Miteigentumspapiere, zum Beispiel Investmentfonds,
- Spezialitäten, zum Beispiel Optionsscheine.

Ein Gläubigerpapier stellt ein Gläubiger-Schuldner-Verhältnis dar. Die Anlegerin oder der Anleger wird Gläubiger und stellt Geld zur Verfügung. Derjenige, der das Papier herausgibt, der Emittent, und dafür Geld erhält, ist der Schuldner. Für diese Zurverfügungstellung des Geldes erhält die Gläubigerin/der Gläubiger ein Entgelt, den Zins. Dieser wird über die gesamte Laufzeit festgelegt. Am Ende der vereinbarten Laufzeit zahlt der Schuldner das Geld zurück. Klassische Gläubigerpapiere sind Bundesanleihen und Pfandbriefe.

Ein Beteiligungspapier hingegen zeigt an, dass sich die Anlegerin oder der Anleger mit einem Geldbetrag am Unternehmenserfolg – dies kann ein Gewinn, aber auch ein Verlust sein – beteiligt. Für diese Art von Wertpapier ist die Aktie das klassische Beispiel.

Bei Miteigentumspapieren wird die Anlegerin/der Anleger – wie das Wort schon ausdrückt – Miteigentümer an einem bestimmten Vermögen. Die Anleger/innen besitzen also nicht eine bestimmte Anleihe oder die Aktie eines Unternehmens, sondern einen Anteil an einem Gesamtvermögen, in dem sich verschiedene Wertpapiere oder Immobilien befinden. Klassisches Beispiel für diese Art von Wertpapier sind Investmentfonds.

Bei den sogenannten Spezialitäten handelt es sich um Wertpapiere, die gar keine Substanz enthalten, sondern lediglich Rechte einräumen. Optionsscheine als klassische Spezialitäten zum Beispiel verbriefen den zeitlich begrenzten Rechtsanspruch, eine bestimmte Aktie gegen Zahlung eines exakt festgelegten Preises kaufen zu können. Es handelt sich dabei eigentlich um ein Vorkaufsrecht für diese Aktie.

Doch nicht nur die Bundesrepublik Deutschland emittiert Anleihen, sondern auch Kommunen, Banken und Unternehmen. Durch die Emittierung von Anleihen können Unternehmen Geld aufnehmen und umgehen damit gerne den Weg der Fremdkapitalaufnahme über Darlehen. Obwohl die Anleihen aus Unternehmenssicht Fremdkapital darstellen, müssen sie dafür in der Regel geringere Zinsen zahlen als für Darlehen bei Banken. Eine Möglichkeit, festverzinsliche Wertpapiere zu unterscheiden, besteht darin, sie nach Emittenten zu ordnen. Am bekanntesten sind sicherlich die öffentlichen Anleihen, beispielsweise Staatsanleihen. Daneben gibt es noch Anleihen der Länder und Gemeinden und anderer öffentlicher Körperschaften. Die zweite Emittentengruppe bilden die Banken und die dritte die Unternehmen.

Ein weiteres Unterscheidungsmerkmal ist die Handelbarkeit von Anleihen. Neben den börslich gehandelten Anleihen finden wir auch außerbörslich gehandelte Wertpapiere. In der aktuellen Finanzmarktkrise ist vielen schmerzhaft bewusst geworden, dass auch die stets als sicher eingestuften Anleihen heftige Kursverluste verkraften mussten, da die bislang hoch eingestufte Bonität des Emittenten (Schuldners) ins Wanken geriet. Das Bonitätsrisiko stellt eine besondere Art der Risiken bei einer Anlage in Anleihen dar und bezieht sich auf die Zahlungsfähigkeit des Schuldners. Dieses Risiko beschreibt die Gefahr, dass der Schuldner den Zins- und Tilgungsverpflichtungen vorübergehend oder endgültig nicht mehr nachkommen kann und damit in die Zahlungsunfähigkeit gerät. Je niedriger seine Bonität durch bestimmte Ratingagenturen wie Moody's oder Standard & Poor's (S & P) eingeschätzt wird, umso höhere Zinsen muss der Emittent zahlen, um das Bonitätsrisiko auszugleichen. Verbessern sich die Bewertungen, da die Bonität gestiegen ist, steigen die Kurse und die Zinsausstattung wird niedriger.

Für die Erteilung eines Ratings muss der Emittent in der Regel zahlen, sodass Kritiker die Unabhängigkeit manchmal infrage stellen.

Bei der Beurteilung werden verschiedene Aspekte berücksichtig. Bei Unternehmensanleihen werden neben der politischen und wirtschaftlichen Situation des Staates, in dem das Unternehmen seinen Sitz hat, auch die Konkurrenzsituation, die Zukunftsperspektiven der Branche, die Qualität des Managements, die Gewinnsituation, der Grad und die Struktur der Verschuldung mit einbezogen (siehe Tabelle 13).

Die Bonitätsnoten der drei großen Ratingagenturen Standard & Poor's, Moody's und Fitch sollen dabei helfen, die Kreditwürdigkeit eines Schuldners einzuschätzen. Dass diese Bonitätsratings auch Schwächen haben, zeigt vor allem die Pleite des ehemals so renommierten Investmenthauses Lehman Brothers. Bis August 2008 bewerteten S & P und Moody's Lehman Brothers immerhin mit einem Single A bzw. A2, was immerhin noch einer mittleren bis guten Schuldnerqualität entspricht. Kurze Zeit später war das Investmenthaus insolvent und die Anleihen wertlos. Die Ursache für diese Fehlbewertungen liegt im Rating dieser Agenturen, bei dem historische Ausfallwahrschein-

Tabelle 13: Bonitätsratings im Überblick

Moody's	Standard & Poor's	Fitch	Beschreibung
Aaa Aa1 Aa2 Aa3	AAA AA+ AA AA–	AAA AA+ AA AA–	höchste Kreditqualität bis sehr hohe Kreditqualität
A1 A2 A3	A+ a A–	A+ A A–	wirtschaftliche Gesamtlage ist zu beachten bis hohe Kreditqualität
Baa1 Baa2 Baa3	BBB+ BBB BBB–	BBB+ BBB BBB–	Schuldner mittlerer Güte, gute Kreditqualität, niedrigstes Investment Grade
Ba1 Ba2 Ba3	BB+ BB BB–	BB+ BB BB–	sehr abhängig von der wirtschaftlichen Gesamtlage, spekulativ
B1 B2 B3	B+ B B–	B+ B B–	finanzielle Situation ist notorisch wechselhaft, hochspekulativ
Caa Ca	CCC+ CCC CCC– CC C	CCC+ bis C	spekulative Bonds, niedrige Einnahmen des Schuldners bzw. Ausfall wahrscheinlich
C	D	D	Zahlungsverzug bzw. Zahlungsausfall (Bankrott)

lichkeiten eine wichtige Rolle spielen. Der »Blick zurück« reicht aber oft nicht aus, um eine Aussage über die zukünftige Entwicklung des Marktes zuzulassen. Die Ratingmethoden der großen Agenturen sind deshalb durchaus unter »normalen« Marktbedingungen brauchbar und verlässlich. Kommt es aber zu außergewöhnlichen Marktturbulenzen, stoßen sie an ihre Grenzen.

Was Sie beachten sollten!

Die Finanzkrise hat gezeigt, wie wichtig es ist, die Bonität des Schuldners zu prüfen und, einmal mehr, auf Diversifikation zu setzen. Selbst bei guter Bonität sollten verschiedene Anleihen im Depot sein, um einen möglichen Zahlungsausfall besser verkraften zu können.

Neben unterschiedlichen Emittenten finden sich auch verschiedene Verzinsungsmöglichkeiten für Anleihen:

Verzinsungsmöglichkeiten für Anleihen

- Standardanleihen (Festzinsanleihen, Straight Bonds, Plain-Vanilla-Bonds): Sie bieten eine feste Verzinsung über die gesamte Laufzeit.
- Anleihe mit variablem Nominalzins: Hier wird die Verzinsung während der Laufzeit angepasst.
- Nullcouponanleihe (Zerobond): Die Zinsen werden nicht jährlich ausgezahlt, sondern angesammelt und bei Fälligkeit ausgezahlt.
- Stufenzinsanleihen: Der Zins steigt während der Laufzeit.
- Anleihe mit Step-Up-Coupon: Die Zinshöhe ändert sich mit dem Rating.
- Inflationsgebundene Anleihe (Inflation-Linked-Bond): Der Zins passt sich der Inflationsrate an.

Anleihen werden in der Regel an der Börse gehandelt, am sogenannten Rentenmarkt. Hier können Anleger/innen ihre Anleihen auch verkaufen, wenn sie beispielsweise Geld benötigen.

Aber dabei gilt es, einige Zusammenhänge zu beachten. Denn auch bei Anleihen können Kursschwankungen auftreten. Eine Anlegerin oder ein Anleger, die oder der 2007 eine Anleihe mit einer zehnjährigen Laufzeit und einem festen Zinssatz von 3 % jährlich erworben hat, würde zum Ende der Laufzeit ihr/sein investiertes Kapital, nämlich 10.000 Euro wieder zurückerhalten. Wenn sie oder er aber im Jahr 2010 diese Anleihe an der Börse verkaufen möchte und der Marktzins dann 2 % betragen würde, könnte sie/er sich über einen Kursgewinn von etwa 700 Euro freuen. Wären die Zinsen hingegen auf 5 % gestiegen, müsste sie/er einen Kursverlust von circa 1.400 Euro realisieren, da ihr/ihm niemand den Einstandspreis für ein Wertpapier, das eine geringere Verzinsung als marktüblich aufweist, zahlen würde. Das bedeutet: Auch in Zeiten steigender Zinsen fallen die Renditen der festverzinslichen Wertpapiere und umgekehrt steigen die Renditen in Zeiten fallender Zinsen.

Was Sie beachten sollten!

Wer also plant, eine lang laufende Anleihe zu kaufen, sollte unbedingt prüfen, in welcher Zinssituation sich der Markt befindet. Sind die Zinsen auf einem sehr niedrigen Punkt angelangt, wie im Augenblick, sollte man vermeiden, lang laufende Wertpapiere zu erwerben, da diese später in Zeiten steigender Zinsen Kursverluste aufweisen werden. Umgekehrt ist es ratsam, in Zeiten hoher Marktzinsen lang laufende Anleihen zu erwerben, um sich einerseits die hohen Zinsen zu sichern und andererseits Kursgewinne einfahren zu können.

Nachhaltige Anleihen

Anleihen von Schuldnern mit erstklassiger oder sehr guter Bonität können die Sicherheit eines Depots erhöhen. Sie bieten darüber hinaus regelmäßige Zinszahlungen und sind liquidierbar. Anlegerinnen und Anleger, die bei der Auswahl ihrer Anleihen nicht nur auf Bonität und Zinsen, sondern auch auf Nachhaltigkeit achten, finden mittlerweile ein reichhaltiges Angebot. Das ist darauf zurückzuführen, dass einige renommierte Research Agenturen über viele Jahre hinweg Anleihen im Hinblick auf ihre Nachhaltigkeit analysiert haben.

oekom research beispielsweise stellt nach Meinung vieler Experten/Expertinnen mit seinem »Country Rating« die fundierteste und umfassendste Bewertung von Ländern nach ökologischen und sozialen Kriterien dar. Seit seiner Erstauflage im Jahre 2001 konnte sich das Rating deshalb als eines der führenden auf dem nachhaltigen Rentenmarkt etablieren.

In Zusammenarbeit mit Experten aus Wissenschaft und Forschung hat oekom research 150 Indikatoren für das Country Rating identifiziert. Mit ihrer Hilfe werden die institutionellen Rahmenbedingungen und die Performance eines Landes in sechs sozialen und ökologischen Bereichen bewertet:

- Social Rating: Institutionen und Politik, Sozialbedingungen und Infrastruktur sowie

- Environmetal Rating: Institutionen und Politik, Umweltbestand und Umweltbelastungen.

Nach Angaben von oekom research liefern zahlreiche renommierte Organisationen, Institutionen oder Nichtregierungsorganisationen die umfassenden Informationen für das Country Rating. Dabei wird zwischen einem Positiv-Screening und Ausschlusskriterien differenziert. (siehe Kasten).

Country Rating

1. Positiv-Screening

Social Rating

Institutionen und Politik

- Politisches System und Grundrechte
- Internationale Abkommen
- Öffentliche Ausgaben
- Nicht-staatliche Organisationen
- Politische Stabilität, Korruption & Geldwäsche

Sozialbedingungen

- Gleichberechtigung
- Gesundheit
- Bildung
- Arbeit & Einkommen
- Sicherheit
- Bevölkerungsveränderung

Infrastruktur

- Basisinfrastruktur
- Medizinische Einrichtungen
- Bildungseinrichtungen
- Zugang zu Information

Environmental Rating

Institutionen und Politik

- Institutionen
- Politisches Programm
- Internationale Abkommen

Umweltbestand

- Boden & Landnutzung
- Wasser
- Biodiversität

Umweltbelastung

- Boden
- Wasser
- Biodiversität
- Luftemissionen
- Energie
- Abfall

2. Ausschlusskriterien (Exclusionary Screening)

Sozial

- Arbeitsrechtsverletzungen
- Atomwaffenbesitz
- Autoritäre Regimes
- Euthanasie
- Geldwäsche
- Kinderarbeit
- Korruption
- Menschenrechtsverletzungen
- Rüstungsbudget
- Todesstrafe

Umwelt

- Atomenergie
- Mangelhafter Klimaschutz
- Walfang

Abbildung 19a: Schweden im Rating

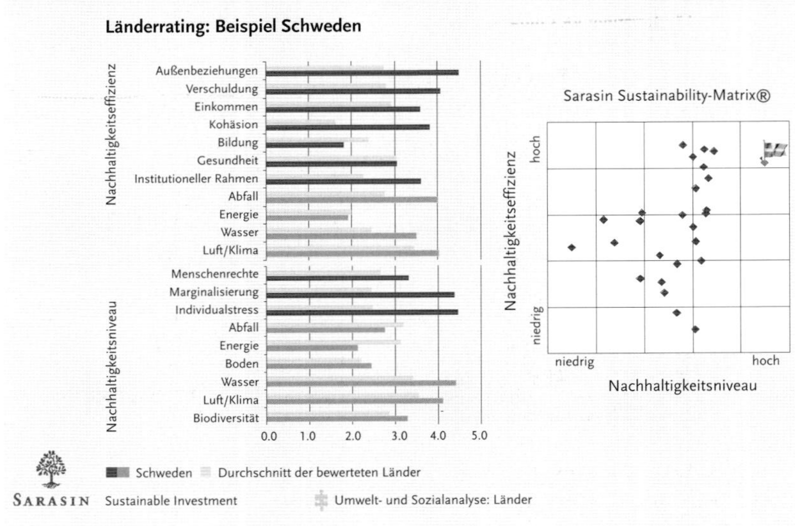

Auch das Bankhaus Sarasin versucht, durch Bildung verschiedener Kriterien die aus ihrer Sicht nachhaltigsten Kandidaten für Staatsanleihen herauszufiltern. Dabei werden einerseits die Nachhaltigkeitseffizienz und andererseits das Nachhaltigkeitsniveau geprüft. Zu den Nachhaltigkeitsniveaukriterien gehören

- die sozialen Kriterien: Individualstress, Marginalisierung und Menschenrechte;
- die ökologischen Kriterien: Energie, Luft/Klima, Wasser, Boden, Abfall und Artenvielfalt.

Zu den Nachhaltigkeitseffizienzkriterien gehören

- die sozialen Kriterien: institutioneller Rahmen, Gesundheit, Bildung, Kohäsion, Einkommen, Verschuldung, Außenbeziehungen;
- die ökologischen Kriterien: Energie, Luft/Klima, Wasser, Boden, Abfall.

Den Abbildungen 19a und 19b kann entnommen werden, wie unterschiedlich die beiden Länder Schweden und China bei diesem Rating bewertet werden.

Entscheiden sich Anlegerinnen und Anleger für Staatsanleihen von Ländern, die sehr gute Nachhaltigkeitsratings aufweisen, fördern sie Län-

Abbildung 19b: China im Rating

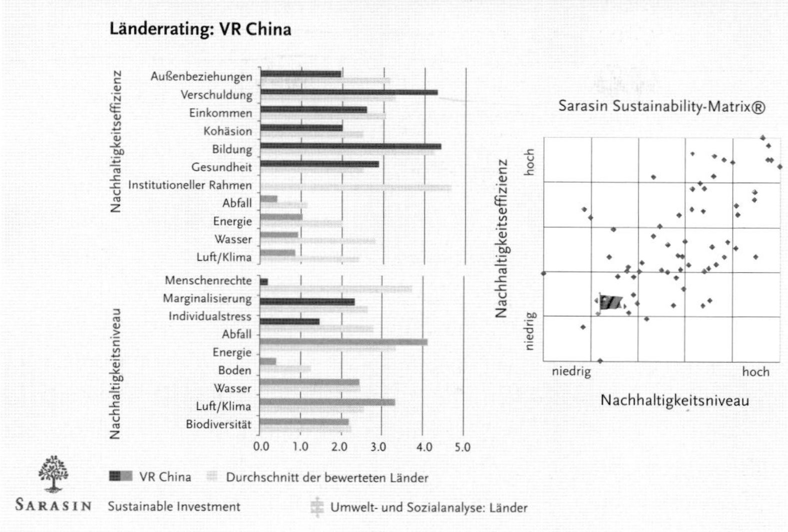

der, die sich ökologisch und sozialverträglich verhalten. Darüber hinaus können sie aber auch einen weiteren Gewinn erzielen. oekom research beispielsweise konnte die These belegen, dass »sich die Nachhaltigkeitsperformance eines Landes signifikant auf dessen wirtschaftliche Leistungsfähigkeit auswirkt«. (oekom research: Zusammenhang von Nachhaltigkeitsperformance und finanzieller Bonität von Staatsanleihen am Beispiel des Country Ratings der oekom research AG. www.oekom-research.com)

Was Sie beachten sollten!

Somit haben Anlegerinnen und Anleger die Möglichkeit, nicht nur die klassischen Bonitätsratings (Standard & Poor's, Moody's und Fitch) bei der Auswahl einer geeigneten Anleihe heranzuziehen, sondern daneben auch die Nachhaltigkeitsratings. Damit vergrößern sie die Sicherheit ihrer Anlagen. Neben den Länderratings finden interessierte Anlegerinnen und Anleger auch Nachhaltigkeitsratings für Pfandbriefe und Unternehmensanleihen, sodass eine breite Auswahl besteht.

Am Beispiel zweier Fonds, die ihre Daten von oekom research und Sarasin beziehen, soll verdeutlicht werden, welche Anleihen für ein nachhaltig orientiertes Depot in Betracht kommen: Der ÖKOTREND BONDS aus dem Hause Ökoworld ist ein Rentenfonds, der ausschließlich in verzinsliche Staatsanleihen investiert. Berücksichtigt werden nur Anleihen solcher Länder, deren Bonität von einer anerkannten Ratingagentur mit mindestens »AA« (oder entsprechend) bewertet wurde. Währungsrisiken werden grundsätzlich abgesichert. Investiert wird vornehmlich in kurz- bis mittelfristige Euro-Anleihen. Staaten mit einer besonders sozial, ökologisch und ethisch ausgerichteten Politik werden bevorzugt für Investitionen genutzt. Der Grad der Nachhaltigkeit wird von einem unabhängigen Anlageausschuss bewertet. Anhand umfangreicher Daten und Informationen, die von oekom research zur Verfügung gestellt wurden, untersucht der unabhängige Anlageausschuss die Staaten nach ihrer ökologischen, ethischen und sozialverträglichen Politik und bewertet dieses mit »1« bis »5« anhand verschiedener Kriterien. Aktuell sind folgende Anleihen als sogenannte Top Holdings im Fonds vorhanden:

- Neuseeland Zins: 6 % Laufzeit: 11/11
- Schweiz Zins: 1,75 % Laufzeit: 11/09
- Norwegen Zins: 5,5 % Laufzeit: 05/09
- Deutschland Zins: 5,25 % Laufzeit: 07/10
- Österreich Zins: 4 % Laufzeit: 07/09
- Österreich Zins: 5,25 % Laufzeit: 01/11
- Finnland Zins: 5,75 % Laufzeit: 02/11
- Niederlande Zins: 5 % Laufzeit: 07/11
- Dänemark KG Zins: 3,125 % Laufzeit: 10/10

So konnte der Fonds mit einem Wertzuwachs von 6,58 % in den vergangenen zwölf Monaten (Stand: 30. Januar 2009) überzeugen. Während viele konventionelle Rentenfonds auf Staatsanleihen aus Osteuropa und den USA setzten und damit in der Finanzkrise Schiffbruch erlitten, scheint das Konzept aus der Kombination konventioneller Ratings mit Nachhaltigkeitsratings aufgegangen zu sein. Auch der Sarasin Sustainable Bond EUR, der in erstklassige, ausschließlich auf Euro lautende, variabel- und festverzinsliche Anleihen, deren Emittenten (Länder, Organisationen und Unternehmen) einen Beitrag zu einer nachhaltigen Wirtschaftsweise leisten, investiert, konnte mit einem Wertzuwachs von 5,28 % im Jahre 2008 überzeugen. Die Auswahl der in Betracht kommenden Anleihen basiert auf dem vorgestellten Sarasin-Rating. Aktuell sind in diesem Fonds folgende zehn größten Positionen enthalten:

- Germany Zins: 4,250 % Laufzeit: 07/18
- Bundesimmo Gesellschaft Zins: 4,375 % Laufzeit: 09/13
- OEBBInfrastruktur Bau Zins: 3,500 % Laufzeit: 10/20
- Nederl. Watershapsbank Zins: 5,125 % Laufzeit: 04/11

- Instituto de Creditio Oficial Zins: 4,375 % Laufzeit: 05/12
- Storebrand Kredittforetak Zins: 5,000 % Laufzeit: 05/10
- UBS London Zins: 6,250 % Laufzeit: 09/13
- Österreichische Kontrollbk. Zins: 3,625 % Laufzeit: 12/13
- Kommunalkredit Austria Zins: 4,500 % Laufzeit: 09/13
- LB Baden-Württemberg Zins: 4,750 % Laufzeit: 12/15

Bei den Länderanleihen handelt es sich vorwiegend um nordeuropäische Staaten. Die USA beispielsweise fehlen in allen Fonds. Menschenrechtsverletzungen wie Folter, die Todesstrafe, hohe Ausgaben für Militär und die Ablehnung internationaler Klimaschutzabkommen machen die Wertpapiere für nachhaltig orientierte Investoren unattraktiv. Derzeit rangieren die USA im Ranking vier Plätze vor Russland (44), zwischen Mexiko (39) und der Türkei (41); Spitzenreiter sind wie in den vergangenen Jahren Norwegen, Schweden, Finnland und Dänemark. Allerdings, so stellt Oliver Rüdel, Research-Direktor, im aktuellen Länderrating von oekom research (2009/01/28) fest: »Wenn Präsident Obama ernst macht mit seinen Ankündigungen, dann werden Anleihen der USA auch für nachhaltig orientierte Investoren zunehmend interessant.« Doch bei aller Zuversicht zeigt sich oekom research skeptisch, dass die Vereinigten Staaten das Nachhaltigkeitsniveau von Europa noch während der Amtszeit von Barack Obama erreichen werden. Dennoch: »Obama kann heute wirksame Hebel in Bewegung setzen, die die Weichen hin zu einer zukunftsfähigen Entwicklung in den USA stellen.«

Außerbörsliche Unternehmensanleihen

In der Regel werden Unternehmensanleihen über die Börse gehandelt. Ein recht kleiner Anteil wird jedoch außerbörslich gehandelt. Diese Anleihen werden häufig von kleineren und mittleren Unternehmen angeboten, die über diesen Weg versuchen, an Fremdkapital zu gelangen. Unter diesen außerbörslichen Papieren findet sich ein hoher Prozentsatz an Anleihen, die nachhaltigen Unternehmen zugeordnet werden können. Wer jedoch sein Geld einem Unternehmen leiht, sollte auch vorher geprüft haben, ob sie oder er das Geld zum Ende der Laufzeit zurückerhalten kann.

Ein Beispiel dafür, dass eine ausführliche Prüfung unabdingbar ist, kann die im Jahr 2005 angebotene EECH »Euro Anleihe Solar« verdeutlichen. »Wer von privaten Anlegern Geld haben will, sollte sehr transparent darstellen, was er mit dem Geld plant. Die EECH – European Energy Consult Holding AG aus Hamburg – hat das Emissionsvolumen ihrer »Euro Anleihe Solar« um 10 Millionen Euro auf stolze 30 Millionen Euro erhöht. Aber wo soll das Geld hinfließen? ECOreporter.de hat bei EECH-Vorstand Michael Bode versucht, Antworten zu Investitionen zu bekommen. Beispielsweise zu zwei, wie es die

EECH beschreibt, »aussichtsreichen Solar-Projekten in Andalusien«. Dabei soll es sich um ein 1,3 MW-Photovoltaik-Projekt in Los Cabezos handeln und zum anderen um ein »bedeutendes Solarthermie-Vorhaben von 50 MW in Palma del Rio«. Außerdem steht nach Aussage von EECH der Investitionsbeginn für ein Photovoltaik-Projekt in der Nähe von Dresden an, die Grundstücke sollen gesichert sein, Baugenehmigungen vorliegen«, so nachzulesen im ECOreporter vom 14. April 2005.

Da die EECH die Fragen des ECOreporters nicht in vollem Umfang beantworten konnten, wird folgende Warnung herausgegeben: »Anleger sollten daher aus Vorsicht erst einmal davon ausgehen, dass Murphys Law auch hier gilt: Was schiefgehen kann, geht auch schief. Die ECOreporter.de-Empfehlung: Nicht in diese Anleihe investieren, solange nicht alle Fragen beantwortet sind.« Am 29. Juli 2008 fand in Hamburg nun die erste Gläubigerversammlung im Insolvenzverfahren über das Vermögen der EECH European Energy Consult Holding AG statt. 7.300 Gläubiger warten auf ihr Geld. Es handelt sich dabei um Forderungen in Höhe von insgesamt 67 Mio. Euro. Damit ist den Anlegerinnen und Anlegern ein großer Schaden entstanden, denn den größten Teil des Geldes dürften sie nicht zurückerhalten.

Ein anderes Unternehmen, das außerbörslich gehandelte Unternehmensanleihen anbietet, ist die ENERTRAG AG, die eigens dafür eine Firma gegründet hat. »Die ENERTRAG EnergieZins GmbH ist ein Beteiligungsunternehmen. Der derzeitige Tätigkeitsbereich der ENERTRAG EnergieZins GmbH ist die Ausgabe von Genussrechten sowie Anleihen und die anschließende Investition des eingeworbenen Kapitals in Projektgesellschaften der ENERTRAG Aktiengesellschaft, welche sich mit der Erzeugung erneuerbarer Energie beschäftigen.« Die Zeichnungsfrist für die »Energieanleihen ENERTRAG EnergieZins 2010, 2012 und 2017« endete am 19. Oktober 2006. Danach wurden keine weiteren Anleihen mehr angeboten, sondern nur noch Genussrechte (www.enertrag.com). Die Anleihe war nach drei Monaten platziert. Diese Anleihe scheint zu funktionieren und das Kapital der Anleger/innen arbeitet ökologisch wirksam (Weber, Jörg. Nachhaltige Anleihen, S. 289).

Was Sie beachten sollten!

Vor allem Firmen aus der Branche der erneuerbaren Energien versuchen, durch die Ausgabe von Anleihen Geld bei Privatanlegerinnen und Privatanlegern einzusammeln. Trotz der hohen ökologischen Wirksamkeit dieser Investition sollten interessierte Anleger/innen vorher genau prüfen, ob sie ihr Geld zurückerhalten können. Im außerbörslichen Segment gibt es keine Ratingagenturen oder staatliche Kontrollen. Bei einigen Angeboten gilt die Anlagedevise »glauben, beten, hoffen«.

Zwischen Anleihe und Aktie: Genussscheine und Wandelanleihen

Genussscheine sind eine Mischform aus Aktie und Anleihe. Die Inhaber/innen eines Genussscheines haben, ähnlich wie bei der Anleihe, üblicherweise Anspruch auf Rückzahlung ihres Kapitals zum Nennbetrag bei Fälligkeit des Scheines. Außerdem steht ihnen jährlich eine Ausschüttung zu. Die Ausschüttungen werden aber im Gegensatz zur Anleihe aus dem Unternehmensgewinn bezahlt. Bei Unternehmensverlusten müssen Genussscheininhaber/innen jedoch ganz oder teilweise auf Ausschüttungen verzichten. Auch bei Fälligkeit des Papiers kann es zu Ausfällen kommen und man bekommt nur einen Teil oder schlimmstenfalls nichts mehr vom eingesetzten Kapital zurück. Denn sämtliche Genussscheine würden im Falle einer Insolvenz nachrangig gegenüber Forderungen anderer Gläubiger bedient. Dieses Risiko soll in der Regel dadurch wettgemacht werden, dass höhere Renditen winken. Im Gegensatz zu Aktionären und Aktionärinnen haben Genussscheininhaber/innen jedoch keine Stimmrechte.

Selbst wer auf erstklassige Emittenten, wie beispielsweise deutsche Banken, gesetzt hat, musste in der aktuellen Finanzkrise herbe Verluste einstecken. Ein Beispiel dafür ist der Cominvest Genussscheinfonds, der vor allem in Genussscheine deutscher Unternehmen (Emittenten) mit guter bis sehr guter Bonität investiert hat. Der Fonds erhielt wegen seiner attraktiven und konstanten Renditen in der Vergangenheit Spitzenbewertungen durch verschiedene Agenturen. Da diese Papiere meist von Banken ausgegeben werden, sind sie in der Finanzkrise stark unter Druck geraten. Der Cominvest Genussscheinfonds P war vor dem Zusammenbruch der amerikanischen Investmentbank Lehman Brothers noch 300 Millionen Euro schwer. Im Moment beträgt das Fondsvermögen nur noch 115 Millionen Euro, so der Sprecher von Cominvest. Um einen weiteren Aderlass zu vermeiden, wurde die Anteilscheinausgabe und -rücknahme mit Wirkung zum 03. März 2009 bis auf Weiteres ausgesetzt.

Dieses Beispiel mag verdeutlichen, dass alle Anleihen, die höhere Renditen als Staatsanleihen erstklassiger Bonität (beispielsweise Bundesanleihen) aufweisen, auch mit deutlich höheren Risiken aufwarten können. Diese kommen vor allem in extremen Finanzkrisen zum Tragen und können zu erheblichen Einbußen führen. !

Trotz der Risiken haben Genussscheine bei den nachhaltigen Geldanlagen in den vergangenen Jahren an Bedeutung gewonnen. Vor allem sogenannte Genussrechte werden angeboten. Ein Genussrecht ist ein Vertrag, mit dem sich Anleger/innen verpflichten, dem Emittenten des Genussrechtes für eine bestimmte Laufzeit Kapital zur Verfügung zu stellen. Dafür verpflichtet sich der Emittent, den Anlegern und Anlegerinnen Vermögensrechte zu gewähren, wie etwa eine gewinnabhängige Vergütung. Im Gegensatz zu den Genussscheinen werden Genussrechte nicht verbrieft und sind damit keine Wertpapiere im eigentlichen Sinne (Weber, Jörg. Nachhaltige Anleihen, S. 290). Vor allem kleinere Unternehmen aus den Bereichen der nachhaltigen Energieerzeugung bieten gerne Genussrechte an. Die GLS Bank bietet ihren Kunden und Kundinnen das »Genussrecht Solaranlage Rickelshausen II« mit einer Verzinsung von 5 % an, die auf 6,25 % ansteigt. Es wird ein Volumen von mehr als 2 Mio. Euro platziert. Als Risikoprofil für die Anleger/innen wird von fünf möglichen Risikoklassen die Klasse 3 angegeben. Die UmweltBank bietet auf ihrer Internetseite neben den eigenen Genussscheinen und -rechten derzeitig neun verschiedene sogenannte Projektgenussscheine an. Diese reichen von Biomasseherstellern über Windparkbetreiber bis zum Umweltvermögen-Genussschein. Auf der Internetseite ECOreporter.de finden sich stets aktualisierte Informationen über nachhaltige Genussrechte und -scheine. Auch hier ist das Angebot beachtlich. Allerdings sollten Anlegerinnen und Anleger das Risiko einer solchen Investition nicht aus den Augen verlieren. Im Falle eines Falles stehen sie nämlich mit ihren Forderungen hinten an.

Wandelanleihen (auch Wandelobligationen oder convertible bonds genannt) gibt es seit mehr als einhundert Jahren. Dabei handelt es sich um Schuldverschreibungen, die den Gläubigern das Recht einräumen, die Anleihe in Aktien desselben Unternehmens umzuwandeln. Die Wandelanleihe vereinigt die Vor- und Nachteile der festverzinslichen Wertpapiere mit denen der Aktien. Sie besitzt alle Eigenschaften einer Anleihe wie feste Verzinsung und Kapitalrückzahlung, so lange, bis sie in eine Aktie getauscht, oder bis sie fällig wird. Der Börsenkurs der Wandelanleihe wird überwiegend vom Kurs der Aktie bestimmt. Steigt der Kurs der Aktie, steigt auch der der Wandelanleihe. Die Umwandlung in Aktien erfolgt zu einem im Voraus festgelegten Umwandlungsverhältnis während einer bestimmten Frist und einer unter Umständen erforderlichen Zuzahlung. Für diese Umtauschmöglichkeit zahlen die Anleger/innen ihren Preis. Sie erhalten nämlich niedrigere Zinsen als bei einer vergleichbaren klassischen Anleihe. Die Unternehmen oder Banken, die Geld benötigen, wählen deshalb gerne den Weg über Wandelanleihen, da sie dort geringere Zinsen zahlen müssen. Ein Beispiel für eine nachhaltige Wandelanleihe ist die der Berliner Solon AG für Solartechnik. Sie wurde vor mehr als einem Jahr mit einem Volumen von 200 Millionen Euro platziert. Mit einer Stückelung von 1.000 Euro ermöglicht sie auch Privatanlegern und Privatanlegerinnen den Einstieg. Die Anleihe erreicht ihre Fälligkeit am 6. Dezember 2012. In Frankfurt betrug der Briefkurs für die zum Kurs von 100 Euro ausgeteilten Stücke am 13. März 2009 lediglich 42 Euro. Risikobereite Anleger/innen könnten jetzt für 42 Euro in das Papier einsteigen und bei der Fälligkeit in vier Jahren 100 Euro kassieren. Hinzu kommen jährliche Zinszahlungen. Die nächste erfolgt am 6. Dezember 2009. Der nominale Zins beträgt 1,375 % pro Jahr, beim aktuellen Kurs von 42 Euro beträgt die laufende Verzinsung 3,27 %. Wenn Solon die Wandelanleihe 2012 bedienen kann, kommen Anleger/innen auf eine jährliche Rendite in Höhe von 28,67 %. »Sie kann zur Kapitalverdoppelung führen – aber auch zum Totalverlust.« (www.ecoreporter.de)

Zertifikate

Zertifikate sind nach der Pleite von Lehman Brothers und dem damit einhergegangenen Werteverfall zu einer der meist diskutierten Anleiheklassen geworden. Galten diese Papiere vor Ausbruch der Finanzkrise als Verkaufsrenner, so bleiben sie mittlerweile »im Regal liegen«. Zertifikate sind zunächst einmal Anleihen. Doch anders als bei den bereits vorgestellten Staats- und Unternehmensanleihen ist die Konstruktion dieser Papiere für die meisten nicht durchschaubar. Bei einer klassischen Anleihe erhalten die Anleger/innen während der vereinbarten Laufzeit ihre Zinsen und am Ende das Kapital in Höhe des Nennwertes zurück. Bei Zertifikaten werden der Gewinn und die Rückzahlung jedoch an bestimmte Bedingungen geknüpft, beispielsweise an die Entwicklung eines Aktienindex. Unabhängig von der Entwicklung des Aktienindex tritt jedoch ein weiteres Risiko für die Anleger/innen auf, nämlich das Emittentenrisiko. Geht der Emittent in Insolvenz, können Anleger/innen ihr ganzes Geld verlieren, unabhängig davon, ob der dem Zertifikat zugrunde liegende Aktienindex hoch geschnellt ist oder nicht, und auch unabhängig davon, ob der Emittent einem Einlagensicherungsfonds angehört oder nicht. Denn Anleihen sind nicht über einen Einlagensicherungsfonds abgesichert. Die Einlagensicherung gilt, wie der Name schon sagt, nur für Einlagen, wie etwa Girokonten, Sparbücher oder Tagesgelder usw. Fonds beispielsweise sind Sondervermögen, die im Falle der Insolvenz der Bank oder Kapitalanlagegesellschaft geschützt sind.

Dennoch konnten Zertifikate Investmentfonds im Hinblick auf ihr Volumen überholen. Mittlerweile gibt es mehr als 100.000 verschiedene Zertifikate. Vor Ausbruch der Finanzkrise achteten die wenigsten darauf, dass es sich um Anleihen handelt, die im Falle von Marktverwerfungen stark in Mitleidenschaft gezogen werden können. Zu schön klangen die Begriffe Garantiezertifikat, Bonuszertifikat und ähnliche. Die Banken boten diese Papiere allen an, sodass selbst sicherheitsorientierte Anleger/innen, die bislang nur Sparbriefe und Bundesschatzbriefe kannten, als Über-Siebzigjährige noch Besitzer/innen von Zertifikaten wurden, deren Funktionsweise sie nicht einmal ansatzweise verstanden. Die bekanntesten Zertifikate sind:

Indexzertifikate

Diese bilden einen Index ab. Anleger/innen partizipieren proportional an der Entwicklung des dem Zertifikat zugrunde liegenden Index. Vor allem Zertifikate auf einen sogenannten Performance Index wie dem DAX können interessant sein, da zum einen die Dividenden berücksichtigt werden und zum anderen Kostenvorteile gegenüber Fonds auftreten können. Indexzertifikate sind interessant für Anleger/innen, die keine aktive Aktienauswahl treffen möchten und kostengünstig einen Index in ihrem Depot abbilden wollen. Für nachhaltig orientierte Anleger/innen bieten Zertifikate auf Nachhaltigkeitsindizes interessante Anlagemöglichkeiten. Das Endlos-Indexzertifikat FTSE4Good EUR 50 bildet die Gesamtheit der ausgewählten Unternehmen und ihre Entwicklung an der Börse ab. Basiswert ist der FTSE4Good EUR 50-Index und Emittentin die UBS AG, Niederlassung London. Das Open-End-Zertifikat der Westdeutschen Landesbank ist an die Entwicklung des Dow Jones Euro STOXX Sustainability Index gekoppelt. Die Dow Jones Sustainability Indizes (DJSI) basieren auf einer Methode zur Erkennung der weltweit führenden Unternehmen, die den Sustainability-Gedanken umsetzen.

Basketzertifikate

Diese bilden die Wertentwicklung von Aktienkörben ab. Diese Körbe können unterschiedlich viele Aktien beinhalten. Es können weniger als zehn aber auch mehr als zwanzig Aktien sein. Diese Zertifikate weisen ein etwas höheres Risiko auf als die Indexzertifikate, da ihnen ein eingeschränkteres Anlageuniversum zugrunde liegt. Sie können für Anleger/innen interessant sein, die gezielt auf einen bestimmten Trend oder eine bestimmte Branche setzen wollen. Ein Beispiel für ein solches Zertifikat war das von der Züricher Bank Julius Baer emittierte Klimazertifikat auf den JB SAM Climate Change Basket. Die Vermögensverwaltungsgesellschaft SAM teilte mit, dass sich der Basiskorb aus 16 Aktien der Bereiche saubere Technologie, natürliche Ressourcen, Mobilität und Schadensbegrenzung zusammensetzen würde. Mit einer Gewichtung von je 6,25 % sind darin enthalten: Emerson Electric Co., Gamesa Technologica SA, Q-Cells AG, Verbund Oest-Elektr. Wirtsch. AG, Georg Fischer AG, Roper Industries Corp., Teijin Ltd., Toyota Motor Corp., Ecolab Inc., Johnson Controls Inc., Mobile Mini Inc,. Munters AB, Abengoa SA, Aracruz Celulose SA, ITT Corp., Novozymes A/S (www.ecoreporter.de).

Discountzertifikate

Mit diesen Zertifikaten kauft man einen Index, eine Aktie oder einen Basket – aber mit Rabatt. Diese Wertpapiere sind so konstruiert, dass ihr Preis zum Verkaufszeitpunkt unter dem Basiswert liegt, der dem Papier zugrunde liegt. Wer etwa ein Indexzertifikat auf den DAX beim Stand von 7.000 gekauft hat, hätte dafür beispielsweise 70 Euro zahlen müssen. Bei einem Discountzertifikat hingegen hätte man nur 50 Euro zahlen müssen. Erst wenn der DAX unter 5.000 Punkte fiele, würden die Anleger/innen Verluste machen. Das Indexzertifikat hätte beim Stand von 5.000 schon satte Verluste verzeichnet. Das Discountzertifikat ist bis dato noch im Plus. Dieses reduzierte Verlustrisiko müssen Anleger/innen in Discountzertifikaten aber mit geringeren Gewinnchancen bezahlen. Sie profitieren zwar von der Steigerung des Basiswertes, aber nur bis zu einer Höchstgrenze (dem Cap). Discountzertifikate ließen sich gut an risikoscheue Anleger/innen verkaufen, denen geringe Risiken versprochen wurden. Nachdem der DAX und andere Indizes aber fast alle Begrenzungen nach unten durchbrochen haben, müssen Anleger/innen erkennen, dass ihr Netz nicht gehalten hat. Wer Aktien im Depot haben möchte, sollte auch tatsächlich am Aktienmarkt orientierte Anlagen kaufen und nicht versuchen, irgendwelche »Airbags« einzukaufen. Diese kosten nur Geld und für den Fall, für den sie halten sollen, reichen sie in der Regel nicht aus.

Bonuszertifikate

Diese bieten eine Zusatzchance auf einen Bonus, wenn sich der Basiswert innerhalb einer vorab festgelegten Bandbreite bewegt. Steigt der Basiswert gar über die festgelegte Höchstgrenze, steigt zwar auch der Wert des Zertifikates, aber einen zusätzlichen Bonus gibt es nun nicht mehr. Fällt das Papier unter die Untergrenze des Basiswertkorridors, ist der Bonuswert verloren. Auch bei diesen Zertifikaten dürften viele Anleger/innen noch lange auf ihre Boni warten.

Expresszertifikate

Bei diesen wetten die Anleger/innen darauf, dass ein zuvor festgelegtes Ereignis zu einem im Voraus festgelegten Zeitpunkt eintritt. Tritt dieser Fall ein, erhält man das eingesetzte Kapital und eine Zinszahlung. Wird der erhoffte Wert nicht überschritten, läuft das Zertifikat ein Jahr weiter und hat dann wieder die Chance, den anvisierten Wert zu überschreiten. Wenn bis zur Fälligkeit des Papiers der Wert immer noch nicht erreicht wurde, erhält man nur das eingesetzte Geld ohne die erhofften Zinsen zurück. Das gilt dann, wenn der Emittent bis zu dem Zeitpunkt noch zahlungsfähig ist.

Garantiezertifikate

Diese Zertifikate dürften zu den Lieblingsprodukten deutscher Bankberater/innen gehören, passt doch das Wort Garantie so gut zur deutschen Anlagementalität. Der Emittent garantiert in diesem Fall, dass bei Fälligkeit mindestens das eingezahlte Geld zurückerstattet wird. Manche garantieren den Anlegern und Anlegerinnen sogar eine Mindestverzinsung, andere hingegen nur 90 % des Nennwertes. Allerdings gilt die Garantie nur am Ende der Laufzeit. Muss ein solches Zertifikat zwischenzeitlich verkauft werden, können trotz Garantieversprechen Verluste auftreten. Da Zertifikate in der Regel mit hohen Kosten belegt sind, kann man sich ausrechnen, dass bei der Kombination stattliche Kosten anfallen und die Verzinsung verhältnismäßig gering ausfällt.

Neben diesen vorgestellten Arten von Zertifikaten gibt es noch eine Reihe anderer, die mit fantasievollen Namen wie Hebelzertifikate, Sprintzertifikate, Double-Change-Zertifikat, Impactzertifikat, Airbagzertifikat, Outperformance-Zertifikat, Alphazertifikat, Sportzertifikat und so weiter aufwarten. Umso komplexer das Zertifikat konstruiert ist, umso schwieriger wird es, dieses zu durchschauen. Bei komplexen Zertifikaten sollte man sich vor Augen führen, dass die Konstruktion im Hause der Bank erfolgt ist. Sie gibt diese Anlageprodukte in Form einer Anleihe heraus und möchte daran in erster Linie verdienen. Ist der Basiswert leicht nachvollziehbar, weil es sich beispielsweise um einen transparenten Index handelt, sind die Kosten des Zertifikats erkennbar. Die Erfahrung zeigt, dass die Anleger/innen in der Regel nicht gewinnen und die Gewinne bei den Banken und die Risiken bei den Anlegern und Anlegerinnen landen.

Was Sie beachten sollten!

Der komplexe Markt der Zertifikate hält einige interessante Anlagen für nachhaltig orientierte Anleger/innen in Form von Indexzertifikaten und ausgewählten Basketzertifkaten bereit. Die meisten anderen Zertifikate sind aufgrund der Intransparenz und der Kostenstrukturen für Privatanleger/innen unattraktiv.

»Das höchste Ziel des Kapitals ist nicht,
Geld zu verdienen,
sondern der Einsatz von Geld
zur Verbesserung des Lebens.«
Henry Ford, 1863–1947

Krisentauglich? – Grüne Aktien

Auf einen Blick

Nachhaltig orientierte Anlegerinnen und Anleger, die ihren Aktienanteil im Gesamtdepot über ein Direktinvestment in Aktien oder über Indizes aufbauen möchten, können erleichtert aufatmen. Ihre Ansprüche an Unternehmen im Hinblick auf Ökologie, Soziales und Humanität müssen nicht mit Renditeverlusten erkauft werden.

Das Gegenteil scheint der Fall zu sein. Vor allem die nach strengen Kriterien ausgesuchten Unternehmen konnten in Krisenzeiten gut bestehen. Die einfachste Handhabung einer solchen Anlage stellt der Kauf eines Fonds oder eines Zertifikates auf einen nachhaltigen Index dar.

Aktien werden neben Gold und Immobilien den sogenannten Sachwerten zugeordnet. Bei Sachwertanlagen steht die Rendite im Allgemeinen nicht fest, da es – anders als etwa bei einem festverzinslichen Wertpapier – keine vorher vereinbarten Zinszahlungen gibt. Sachwertanlagen werden gekauft, weil man entweder auf Wachstumschancen (zum Beispiel bei Aktien) oder auf Werterhalt (Immobilien, Gold) im Falle hoher Inflationsraten setzt. Allerdings bergen diese Chancen auch Risiken. Der Wert der Anlage unterliegt ständig Angebot und Nachfrage. Wirtschaftliche Unsicherheiten oder gar Finanzkrisen wie die aktuelle verursachen Kursverluste und Wertminderungen. Alle Sachwertanlagen können entweder direkt oder indirekt, beispielsweise über Fondslösungen, erworben werden.

Gold ist eine Sachwertanlage, die keinerlei laufende Erträge wie etwa Dividenden bei Aktien oder Mieterträge bei Immobilien abwirft, sondern bei der nur auf Werterhalt und -zuwachs gesetzt werden kann. In der Regel wird Gold vor allem in Krisenzeiten in starkem Maße nachgefragt. Die Menschen hoffen, sich durch Gold vor Währungsreformen, Inflationen oder anderen Gefahren schützen zu können. Gold wird daher auch als »Angstwährung« bezeichnet. Es wird vorwiegend in den sogenannten Schwellenländern abgebaut. Schlagzeilen wie »Kinderarbeit in mongolischen Goldminen«, »Das Schicksal der Goldschürfer im Kongo«, »katastrophale Arbeitsbedingungen in sibirischen Goldminen«, »Gewerkschafterstreik in einer Goldmine auf den Fidschi-Inseln« machen deutlich, dass Gold für Anleger/innen, die ihr Geld nach ethischen und sozialen Gesichtspunkten investieren möchten, keine Anlagealternative darstellen kann (siehe Abbildung 20).

Eine Aktie ist ein Wertpapier, ein Anteilsschein am Kapital einer Aktiengesellschaft. Der/Die Inhaber/in einer Aktie ist Miteigentümer/in am Vermögen einer Aktiengesellschaft und damit am Gewinn, aber auch am Verlust dieser Gesellschaft beteiligt. Mit der Ausgabe von Aktien verschaffen sich Aktiengesellschaften Eigenkapital. Der Wert einer Aktie wird durch Angebot und Nachfrage gebildet, wobei die Gewinnaussichten des Unter-

Abbildung 20: Systematik der Sachwerte

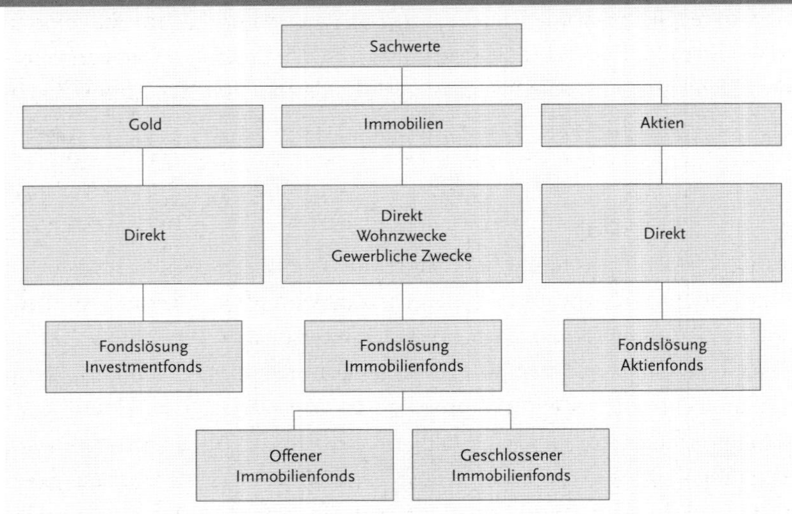

nehmens einen entscheidenden Einfluss auf den Kurs haben. Neben den Gewinnaussichten bestimmt aber auch der Börsentrend den Kurs. Die besten Gewinnaussichten nutzen wenig, wenn sich die allgemeine Börsenstimmung auf einem Tiefpunkt befindet. Anlegerinnen und Anleger können eine Aktie beliebig lang halten, es gibt keine Laufzeiten, solange es die Aktiengesellschaft gibt. Aktien lassen sich in der Regel börsentäglich verkaufen, wenn genügend Nachfrage nach der Aktie besteht. Neben Kursgewinnen, auf die Anleger und Anlegerinnen hoffen, werden auch Dividenden an die Aktionäre und Aktionärinnen ausgeschüttet, wenn es die Unternehmenslage zulässt. In der Regel dürfen die Aktionäre und Aktionärinnen an den jährlich stattfindenden Hauptversammlungen des Unternehmens teilnehmen und stimmen dann über den Jahresabschluss, die Entlastung von Vorstand und Aufsichtsrat, die Gewinnverteilung und eventuelle Kapitalerhöhungen ab. Gerade auf den Hauptversammlungen haben kritische Aktionäre und Aktionärinnen die Möglichkeit (wenn auch nur im bescheidenen Maße), Einfluss zu nehmen.

Für Menschen, die mit monatlichen Zahlungen ihre private Altersvorsorge aufbauen möchten, eignen sich Aktien nur ganz bedingt. Wer beispielsweise monatlich 50 Euro sparen möchte und dafür Aktien des Unternehmens Solarworld kaufen will, erhält bei einem Kurs von 17,47 Euro (Kurs am 6. Februar 2009) gerade einmal zwei Aktien. Für diesen Kauf müssen dann in der Regel noch einmalige Mindestgebühren gezahlt werden, sodass sich ein solches Investment kaum lohnen dürfte. Eine Streuung des Risikos ist beim Erwerb weniger Aktien eines Unternehmens auch kaum möglich. Aktien eignen sich deshalb in der Regel nur für Anleger/innen, die eine größere Summe langfristig anlegen möchten und bereit sind, »ihre« Aktien regelmäßig zu beobachten, um größere Kursverluste zu vermeiden. Wertvolle Informationen für Direktanleger/innen bieten die beiden Newsletter ÖkoInvest und ECOreporter. Hier finden sich neben den tagesaktuellen Informationen auch Hintergrundinformationen, ohne die ein Aktieninvestment nicht durchgeführt werden sollte.

Nur wenige Ratingagenturen, wie die amerikanische E. Capital Partners, hatten frühzeitig Alarmsignale erkannt. Diese hatte in den Jahren 2005 und 2006 die amerikanischen Finanzkonzerne Bear Stearns, AIG, Morgan Stanley und Citigroup aus ihrem Anlageuniversum ausgeschlossen. Die Süddeutsche Zeitung zitiert am 5. März 2009 Karl-Heinz Nagel von E. Capital Partners: »Die Unternehmen haben immer Ausgleichszahlungen zugestimmt, um Gerichtsverfahren zu vermeiden.« Diese Unternehmen gehörten dann zu den ersten, die während der Finanzkrise in die Schieflage gerieten. Doch diese Weitsicht ist die Ausnahme. Im gleichen Zusammenhang zitiert die Süddeutsche Zeitung Christoph Butz, Nachhaltigkeitsexperte des Schweizer Bankhauses Pictet: »Es ist illusorisch zu glauben, dass man sich als nachhaltiger Anleger einem derartigen Abschwung entziehen kann. In einer Krise verlieren alle.« Dennoch ist nach Meinung von Butz eine nachhaltige Anlage sinnvoll. »Die Lösung liegt darin, dass künftig eine viel größere Zahl Anleger konsequent nachhaltige Kriterien berücksichtigt.« Das führe dann dazu, dass nicht nachhaltig wirtschaftende Unternehmen immer mehr verdrängt würden.

Einkaufszettel für grüne Aktien: Aktienindizes

Für Anlegerinnen und Anleger, die sich bislang noch wenig mit dem Thema nachhaltiger Aktien beschäftigt haben, ist es sehr schwierig, unter einer Vielzahl von Aktien diejenigen zu finden, die ethischen und ökonomischen Anforderungen genügen. Die wenigsten privaten Anleger/innen haben Zeit und Geld, eine eigene »Research-Abteilung« aufzubauen, die es ihnen ermöglicht, alle Aktien auf ethische, ökologische und nachhaltige Kriterien zu prüfen. Wer dennoch in Aktien investieren möchte, kann für das eigene Depot auch die in den verschiedenen Nachhaltigkeitsindizes vertretenen Aktien erwerben.

Der Natur-Aktien-Index

Der Natur-Aktien-Index (NAI) beispielsweise wurde am 1. April 1997 als Gradmesser für den ökonomischen Erfolg von ökologisch wirtschaftenden Unternehmen ins Leben gerufen. Damals waren an der Entwicklung verschiedene Institutionen beteiligt. 2003 trennte sich das Entwicklungsteam und fortan gab es zwei Indizes: den NAI und den Ökoinvest-Index nx-25. Der NAI wurde durch SECURVITA und den NAI-Ausschuss weiterentwickelt. Der Ausschuss entscheidet über die Zusammensetzung des Index, während das Institut für Markt-Umwelt-Gesellschaft GmbH (imug) aus Hannover Research und Rating liefert. Die Lizenz- und Markenrechte liegen bei der SECURVITA, Hamburg. Die Zahl der im Index vertretenen Aktien wurde im Jahr 2003 von damals 20 auf heute 30 Werte erhöht. Die folgenden Informationen finden sich auf der Internetseite www.nai-index.de.

Der NAI soll Grademesser für den ökonomischen Erfolg von Unternehmen sein, die global zur Entwicklung ökologisch und sozial nachhaltiger Wirtschaftsstile beitragen. Der NAI ist so konzipiert, dass durch einen Vergleich mit eingeführten internationalen Aktienindizes die relativen Chancen nachhaltiger Anlagen sichtbar werden. Der NAI setzt sich aus 30 Titeln zusammen, die

- nach Ländern und Branchen gestreut sind,
- zu mindestens 75 % Unternehmen mit mehr als 100 Mio. Dollar Jahresumsatz gehören,

- bis zu 25 % auf Unternehmen entfallen, die die Entwicklung ökologisch innovativer Produkte betreiben, aber (noch) keinen Jahresumsatz von 100 Mio. Dollar erreichen (Pioniere) und
- als langfristig ertragreich eingeschätzt werden.

Auf keinen Fall werden Unternehmen in den NAI aufgenommen, die ein Negativ-Kriterium erfüllen, wie etwa Atomenergie, Waffenproduktion, Diskriminierung von Frauen, Diskriminierung von sozialen oder ethnischen Minderheiten, Kinderarbeit, Tierversuche, Gentechnik in der Lebensmittelproduktion, Erzeugung von ausgesprochen umwelt- oder gesundheitsschädlichen Produkten und andere. Die Unternehmen im NAI müssen mindestens zwei der folgenden vier Positiv-Kriterien erfüllen:

1. Das Unternehmen bietet Produkte oder Dienstleistungen an, die einen wesentlichen Beitrag zur ökologisch und sozial nachhaltigen Lösung zentraler Menschheitsprobleme leisten, wie beispielsweise regenerative Energieerzeugung, biologische Landwirtschaft, effiziente Wassertechnik, sozial-ökologisch orientierte Forschung, Finanzierung und Beratung, Armutsbekämpfung.
2. Das Unternehmen ist Branchenvorreiter im Hinblick auf die Produktgestaltung, wie etwa Lebensdauer und Nutzungseffizienz, Produktsicherheit, Recyclingfähigkeit, Ersatz gefährlicher Stoffe.
3. Das Unternehmen ist Branchenvorreiter im Hinblick auf die technische Gestaltung des Produktions- und Absatzprozesses, wie zum Beispiel Minimierung des Energie- und Rohstoffverbrauchs, Umweltverträglichkeit als Unternehmenspolitik, ständige und nachhaltige Verbesserung der Umweltleistungen.
4. Das Unternehmen ist Branchenvorreiter im Hinblick auf die soziale Gestaltung des Produktions- und Absatzprozesses, wie etwa Schaffung von Ausbildungs- und Arbeitsplätzen, Sicherheit und Gesundheitsschutz am Arbeitsplatz, überdurchschnittliche Weiterbildungsmöglichkeiten, besondere Sozialleistungen, Förderung von Frauen, ethnischen Minderheiten und sozialen Minderheiten.

Der NAI-Ausschuss überprüft, ob die im NAI vertretenen Unternehmen die NAI-Kriterien erfüllen. Der Ausschuss besteht zurzeit aus sechs Experten und Expertinnen, die für ihre Entscheidungen die Research- und Ratingergebnisse des Instituts für Markt-Umwelt-Gesellschaft GmbH (imug) nutzen (siehe Tabelle 14, Seite 102).

Dass sich Nachhaltigkeit auszahlt, schlägt sich im ökonomischen Erfolg dieses Index nieder (siehe Abbildung 21, Seite 103).

Auch, wenn der NAI nicht von der Finanzkrise verschont blieb, entwickelte er sich doch deutlich besser als konventionelle Indizes:

Tabelle 14: Die Unternehmen im NAI

Unternehmen	Land	Branche	ISIN-Nr.	seit
Aixtron	Deutschland	Halbleiteranlagen	DE0005066203	2005
Bio-Treat Technology	China	Abwasserbehandlung	BMG112401010	2007
Boiron	Frankreich	Homöopathie	FR000061129	1997
BWT	Österreich	Wasseraufbereitung	AT0000737705	2004
Canadian Hydro Developers	Kanada	Wasserkraft	CA13605E1016	2007
East Japan Railway Company	Japan	Schienenverkehr	JP3783600004	2004
Ecolab	USA	Reinigungsmittel	US2788651006	2008
Energy Conversion Devices (ECD)	USA	Energiespeicherung	US2926591098	2003
Galam	USA	Ökoprodukte	US36268Q1031	2001
Höganäs	Schweden	Metallverarbeitung	SE0000231275	2004
Insituform	USA	Wasserrohrsanierung	US4576671030	2007
Interface	USA	Bodenbeläge	US4586651063	2002
Kadant	USA	Papierrecycling	US48282T1043	2004
Kurita Water Industries	Japan	Wassermanagement	JP3270000007	2003
Mayr-Meinhof Karton	Österreich	Verpackung	AT0000938204	1997
Molina Healthcare	USA	Krankenversicherung	US60855R1005	2007
Ormat Technologies	USA	Geothermie	US6866991021	2007
Ricoh	Japan	Büromaschinen	JP3973400009	2003
Shimano	Japan	Fahrradkomponenten	JP3358000002	1997
Solar Millennium	Deutschland	Solarthermie	DE0007218406	2008
Solarworld	Deutschland	Fotovoltaik	DE0005108401	2003
Starbucks	USA	Einzelhandel	US8552441094	2003
Steelcase	USA	Einrichtungsgegenstände	US8581552036	2003
Steico	Deutschland	Dämmstoffe	DE000A0LR936	2008
Svenska Cellulosa	Schweden	Papier	SE0000112724	2003
Tomra Systems	Norwegen	Pfandflaschengeräte	NO0005668905	1997
Triodos Groenfonds	Niederlande	Umweltfinanzierung	NL0000440204	1998
United Natural Foods	USA	Bio-Lebensmittel	US9111631035	2007
Vestas Wind	Dänemark	Windturbinen	DK0010268606	2004
Westpac	Australien	Banken	AU000000WBC1	2006

»Nach einer Studie des Zentrum für Europäische Wirtschaftsforschung (ZEW) und der Universität Stuttgart liegt die Performance von SRI-Fonds oder Zertifikaten in der Regel nicht niedriger als die herkömmlicher Produkte. Das ZEW fand sogar heraus, dass die Performance tendenziell steigt, je strenger die Fonds die Unternehmen für ihr Portfolio auswählen. Der Natur-Aktien-Index (NAI), der rigoros Firmen ausschließt, selbst wenn nur die Konzernmutter den Nachhaltigkeitskriterien nicht genügt, entwickelte sich in den vergangenen Jahren meist deutlich besser als andere Nachhaltigkeitsindizes.«
(Financial Times Deutschland, 22. November 2008)

Abbildung 21: Entwicklung des Natur-Aktien-Index 2004–2009

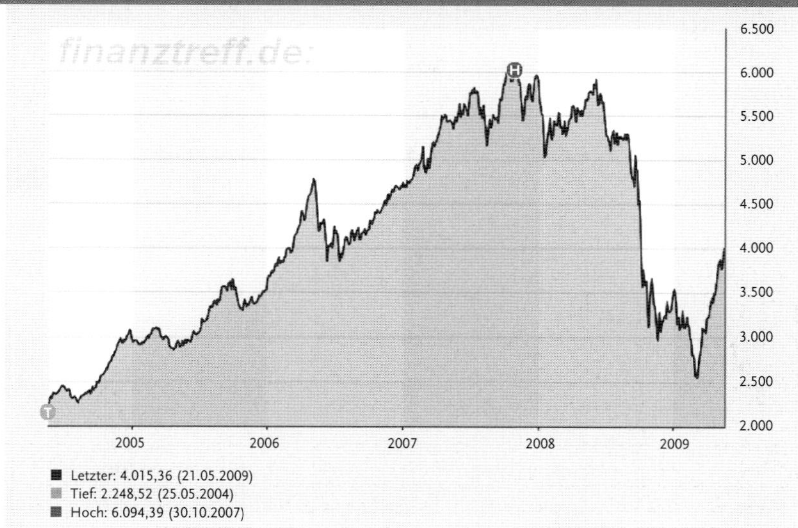

Der ÖkoInvest-Index nx-25

Der seit 2003 als selbstständig laufende Index nx-25 wurde durch die Wiener Verlagsgesellschaft Öko-Invest unter Max Deml kreiert. Der Ökoinvest-Index nx-25 investiert ähnlich wie der NAI. Allerdings lehnt sich der nx-25 an die Standards der internationalen »Börsen-Gewichtsverteilung« an. Dementsprechend haben Aktien aus den USA einen besonders großen Anteil am Index. Auch hier werden hohe Ansprüche an ökologische und ethische Kriterien gelegt. Tabelle 15 (Seite 104) zeigt, dass sich einige Aktien in beiden Indizes wiederfinden.

Tabelle 15: Der nx-25			
Land	Gewichtung	Unternehmen	Branche
Frankreich	4,56 %	Boiron	Homöopathie
Österreich	2,35 %	BWT AG	Wasseraufbereitung
USA	10,31 %	Energy Conversion Devices	Energiespeicherung
USA	2,15 %	Galam	Ökoprodukte
Schweiz	4,42 %	Geberit AG	Sanitärtechnik
Italien	2,34 %	Geox S.P.A.	Schuhe/Bekleidung
USA	3,59 %	Green Mountain Coffee	Kaffee
Niederlande	4,24 %	Grontmij	Consulting
USA	4,04 %	Herman Miller Inc.	Möbel
Deutschland	3,99 %	INIT Innovation in Traffic Systems AG	Telematik (ÖPNV)
USA	3,21 %	Interface Inc.	Bodenbeläge
USA	6,15 %	Kansas City South.	Eisenbahnbetreiber
Japan	4,90 %	Kurita Water Ind.	Umwelttechnik
Österreich	2,98 %	Mayr-Meinhof Karton	Verpackung
Schweiz	3,28 %	Precious Woods AG	Holzwirtschaft
Japan	3,55 %	Ricoh	Büromaschinen
Großbritannien	3,57 %	Severn Trend	Wasserversorgung
Japan	4,75 %	Shimano	Fahrradkomponenten
Deutschland	3,79 %	SolarWorld	Solarenergie
Kanada	2,33 %	SunOpta	Lebensmittel
Norwegen	4,50 %	Tomra Systems	Pfandautomaten
USA	3,92 %	Ormat Technologies	Technologie
Deutschland	3,42 %	UmweltBank AG	Bank
Dänemark	5,76 %	Vestas Wind Systems	Windturbinen
USA	1,90 %	Whole Foods Market	Naturkosteinzelhandel

Auch der nx-25-Index konnte ähnlich gute Entwicklungen aufweisen wie der NAI und den klassischen MSCI Word »outperformen«, das heißt, er zeigte eine deutlich bessere Wertentwicklung.

Die Dow Jones Sustainability Index Familie

Neben diesen beiden nach sehr strengen ökologischen und ethischen Kriterien ausgerichteten Indizes wurde 1999 ein deutlich weiter gefasster Index aufgelegt: der Dow Jones Sustainability Group Index. Die in Zürich ansässige SAM Sustainability Group startete mit dem amerikanischen Indexanbieter Dow Jones die Dow Jones Sustainability Group Index Familie (DJSI). Anders als bei den beiden Indizes NAI und nx-25 werden keine Ausschlusskriterien angelegt. Stattdessen werden die jeweils führenden Unternehmen eines Branchensegments nach dem Best-in-class-Ansatz herausgesucht. Das sogenannte Investmentuniversum (d.h. alle Firmen, die für eine Aufnahme infrage kommen) umfasst je nach betrachtetem Index die 2.500 größten im Dow Jones Global Index (DJGI World) beziehungsweise alle im Dow Jones STOXX vertretenen Unternehmen. Der Vorteil an dieser engen Verknüpfung mit bestehenden Aktienindizes liegt in der damit einhergehenden guten Vergleichbarkeit. Wenn über die Rentabilität nachhaltiger Anlagen gesprochen wird, werden in der Regel die beiden Indizes DJGI World und DJSI herangezogen. Nach einer Vorauswahl werden dann die Unternehmen in 57 Branchen eingeteilt. Die besten 10 % jeder Branche, gemessen an der Nachhaltigkeitsperformance, werden nach dem sogenannten Best-in-class-Ansatz schließlich in den DJSI aufgenommen. Es gelten weltweit für alle Unternehmen dieselben Kriterien, Fragen, Gewichtungen und Methoden. Es findet also keine geografische Unterscheidung statt. Allerdings werden die Kriterien und deren Gewichtungen im Zeitverlauf verändert und neuen Gegebenheiten angepasst. Insgesamt machen die branchenübergreifenden Kriterien 43 % des gesamten Fragebogens aus, der Rest setzt sich aus den branchenspezifischen Kriterien zusammen. Davon entfallen 18 % auf wirtschaftliche, 3 % auf ökologische und 22 % auf soziale Kriterien. Für die Erhebung aller relevanten Daten ist die SAM Group zuständig. Wer mehr über die Dow Jones Sustainability Index Familie erfahren möchte, sollte einen Blick auf die Internetseite: www.sam-group.com werfen (siehe Tabelle 16, Seite 106).

Die Tabelle zeigt: Vor allem Großkonzerne sind in diesem Index vertreten. Besonders nachhaltige mittlere oder kleine Unternehmen sind nicht vertreten. Da dieser Index die im konventionellen Index vertretenen Unternehmen als Basis hat, werden auch keine Branchen ausgeschlossen, sodass durchaus auch Rüstungsunternehmen oder Unternehmen, die Atomkraftwerke betreiben, vertreten sind.

Der Best-in-class-Auswahlprozess

Am Beispiel des Auswahlprozesses der Bank Sarasin & Cie., Basel, soll erläutert werden, wie nach dem sogenannten Best-in-class-Prinzip Aktien ausgewählt werden (siehe Abbildung 22, Seite 106).

Tabelle 16: Die Top Holdings im Dow Jones Sustainability World Index (Januar 2009)	
BP PLC	2,53 %
Nestle S.A.	2,51 %
International Business Machines Corp.	2,35 %
General Electric Co.	2,29 %
Total S.A.	2,00 %
Novartis AG	1,92 %
GlaxoSmithKline PLC	1,90 %
Roche Holding AG Part.Cert.	1,87 %
Vodafone Group PLC	1,87 %
Toyota Motor Corp.	1,83 %

Das Best-in-class-Prinzip stellt den Versuch dar, aus den jeweiligen Branchen die besten (nachhaltigsten) Unternehmen auszuwählen. Das Bankhaus Sarasin, dem bescheinigt wird, einen der besten Investmentansätze und ein sehr gutes Research-/Managementteam im Bereich nachhaltiges Investment zu führen, hat dazu die sogenannte Sarasin Sustainability Matrix entwickelt. Am Beispiel der Nahrungsmittelbranche ist gut erkennbar, wie ein solcher

Abbildung 22: Die Sarasin Sustainability Matrix

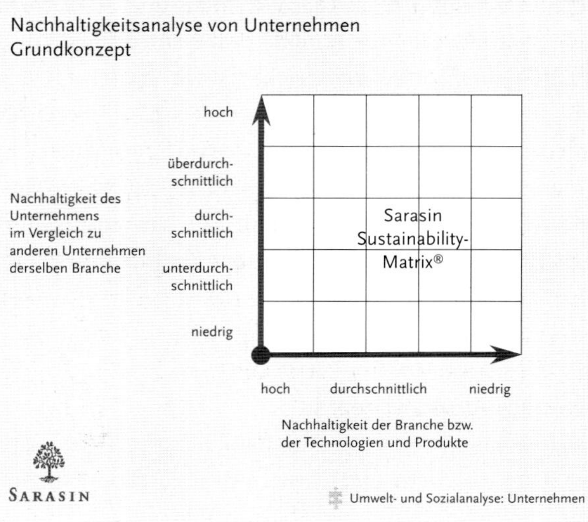

Auswahlprozess abläuft. Das selbst entwickelte Beurteilungssystem stützt sich auf verschiedene internationale Richtlinien:

- Umwelt: World Business Council for Sustainable Development (WBCSD), ISO 14001 und andere;
- Soziales: WBCSD, UN Global Compact, Declaration of Human rights, ILO Standards, SA 8000, Global Reporting Inititative.

Das Gewichtungsschema basiert auf der sektorspezifischen Bedeutung von Umwelt- und Sozialthemen. Sarasin nimmt sowohl ein Branchenrating als auch ein Unternehmenssrating vor.

Branchenrating: Welche branchenspezifischen Umwelt- und Sozialrisiken und -chancen im Sinne einer nachhaltigen Entwicklung bestehen? Umweltkriterien beim Branchenrating sind der Ressourcenverbrauch und Emissionen. Die Sozialkriterien umfassen interne und externe Konfliktpotenziale.

Für die Nahrungsmittelindustrie sieht das Branchenrating dann wie in Tabelle 17 gezeigt aus:

Tabelle 17: Branchenrating: Das Beispiel Nahrungsmittelindustrie

	Phasen im Produktlebenszyklus		
Kriterien	Vorproduktion	Produktion	Gebrauch und Entsorgung
Ressourcenverbrauch	●●●		
Emissionen	●●		
interne Konfliktpotenziale	●●●●	●●	
externe Konfliktpotenziale	●●	●	●

● Ausmaß der Bedeutung für eine nachhaltige Entwicklung

Beim Unternehmensrating geht Sarasin der Frage nach: Wie geht ein Unternehmen mit den branchenspezifischen Umwelt- und Sozialrisiken und -chancen im Sinne einer nachhaltigen Entwicklung um? Bei der Umweltbewertung legt die Bank das sogenannte Lebenszykluskonzept zugrunde und bei der Sozialbewertung das sogenannte Anspruchsgruppenkonzept. Tabelle 18 (Seite 108) zeigt, wie die Umweltbewertung am Beispiel der Nahrungsmittelindustrie aussieht, Tabelle 19 (Seite 108) fasst die Sozialbewertung zusammen:

Tabelle 18: Umweltbewertung: Das Beispiel Nahrungsmittelindustrie

	Elemente		
Kriterien*	Produktions-vorleistungen	Produktion Leistungserstellung	Produkte & Dienstleistungen
Energieintensität	●●	●●	
Materialintensität	●●		●●
weniger Toxizität	●●●		●●
Revalorisierung		●●	
erneuerbare Ressourcen	●●●●		●●
Dauerhaftigkeit			
Dienstleistungsanteil			

● Ausmaß der Bedeutung für eine nachhaltige Entwicklung
* Ziele des WBCSD

Tabelle 19: Sozialbewertung: Das Beispiel Nahrungsmittelindustrie

	Anspruchsgruppen					
Kriterien*	Lieferan-ten	Öffentlich-keit	Kapital-geber	Mitarbei-ter/innen	Konkur-rent/innen	Kunden/ Kundinnen
Gesundheit	●●●	●●●		●		●●●●●
Partizipation	●●	●	●	●●	●	●
Wohlstands-verteilung	●●●●	●	●	●●	●	●●
Wissen	●	●●		●		●
kontroverse Aktivitäten		●●●				

● Bedeutung und Gewicht der Kriterien und Anspruchsgruppen
* basierend auf Konzepten des WBSCD, UN Global Compact, OECD, EFQM, GRI u. a. m

Nach Auswertung und Gewichtung aller Faktoren finden sich die analysierten Unternehmen in der sogenannten Sarasin-Matrix wieder. An den Beispielen der beiden Nahrungsmittelunternehmen Unilever und Whole Foods Market wird dieser Prozess gut sichtbar (siehe Abbildung 23).

Abbildung 23: Der Auswahlprozess

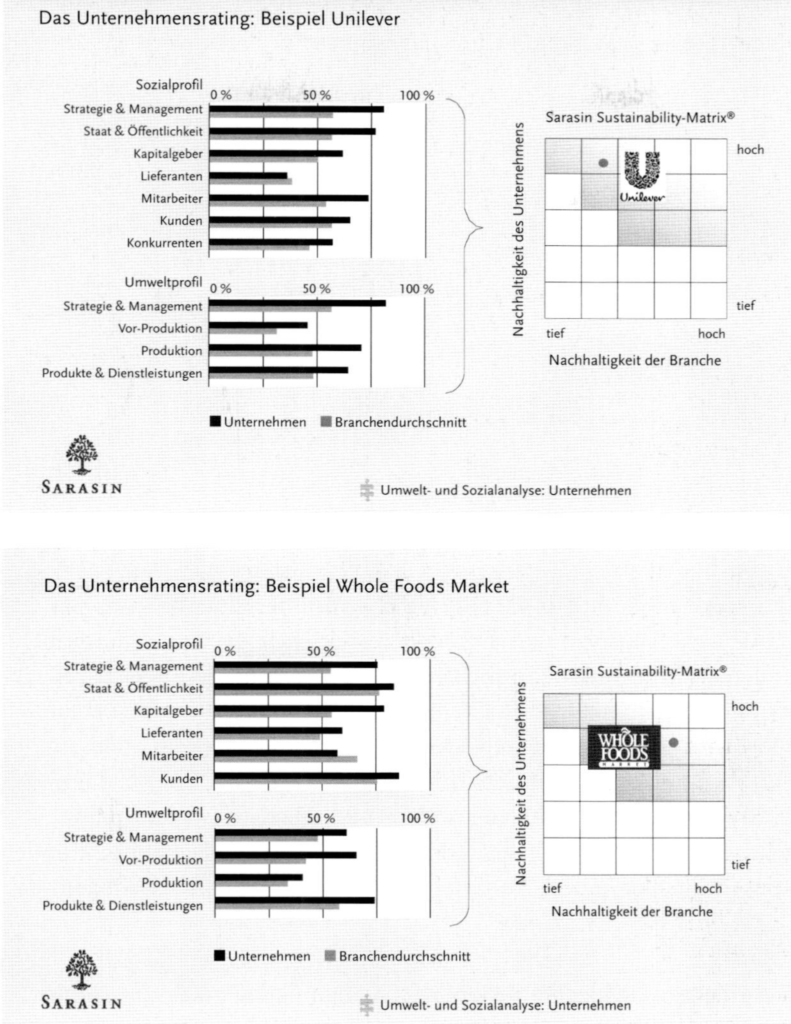

Durch diesen Auswahlprozess können aus einer Grundgesamtheit von Unternehmen diejenigen herausgefiltert werden, die in ihrer Klasse die besten Ergebnisse im Hinblick auf Nachhaltigkeit aufweisen. Damit werden Unternehmen zunächst unter dem Aspekt Nachhaltigkeit und dann erst unter dem Blickwinkel Rentabilität geprüft. Abbildung 24 (Seite 110) verdeutlicht diesen Zusammenhang mit verschiedenen Branchen.

Abbildung 24: Unternehmen im Sarasin-Auswahlprozess

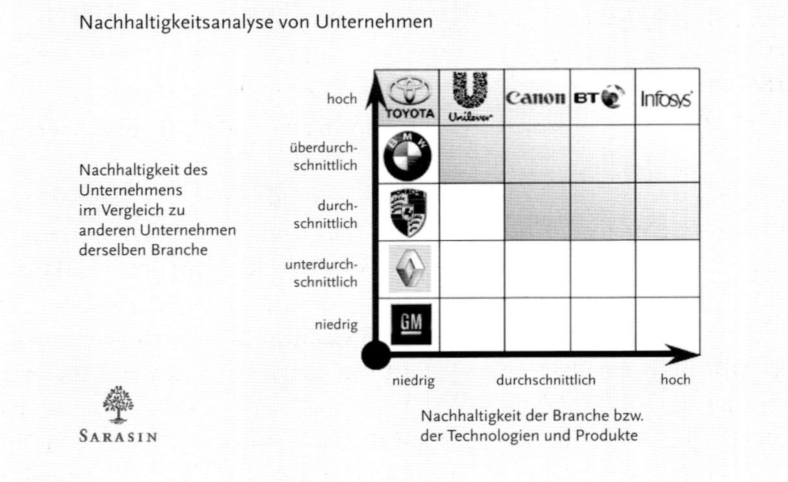

Das sogenannte Best-in-class-Prinzip wird unterschiedlich angewendet, da einige Investmenthäuser aus allen Branchen die Besten auswählen, andere aber bestimmte Branchen von vornherein ausschließen. Letztgenanntes Verfahren stellt den Versuch eines Kompromisses zwischen den Vertretern und jenen des ethischen Investmentansatzes (die sehr strenge Kriterien anlegen und immer mit Ausschlusskriterien arbeiten) und den Vertretern des nachhaltigen Investmentansatzes (die häufig ohne Ausschlusskriterien lediglich die nachhaltigsten Unternehmen über alle in den konventionellen Indizes vertretenen Unternehmen berücksichtigen) dar.

Gute Zeiten – schlechte Zeiten: nachhaltige Aktienindizes im Vergleich

Bemerkenswerterweise hat diese breite Auswahl aber nicht dazu geführt, dass dieser Index eine bessere Rendite als der NAI mit seinem sehr eingeschränkten Universum eingefahren hat.

Der durch den ECOreporter erstellten Grafik kann entnommen werden, dass im Zeitraum Juni 2003 bis Juni 2008 sowohl der NAI als auch der DJSI World Index besser performten als die beiden konventionellen Indizes DAX und MSCI World. Dabei wies der NAI-Index mit einer Wertentwicklung von 363 % ein deutlich größeres Wachstum aus als der DJSI Index mit einem Plus von 84 %.

Der UmweltBank-AktienIndex (UBAI) der Nürnberger UmweltBank stellte mit einem Plus von 426 % alle anderen Indizes in den Schatten. Dieser Index bildet die Wertentwicklung deutscher Umweltaktien ab und umfasst insgesamt 41 börsennotierte Unternehmen. Ausgeschlossen sind darunter Unternehmen, die Waffen, Militärgüter, umweltschädliche Produkte und Technologien produzieren oder damit handeln (siehe Abbildung 25).

Da im Jahre 2003 der weltweite Börsenaufschwung begann, ist es nicht weiter verwunderlich, dass alle Indizes deutlich im Plus liegen.

Doch wie verhalten sich die Indizes in volatilen oder gar fallenden Börsen (siehe Abbildung 26, Seite 112)?

In dieser Zeit schaffte nur ein einziger Aktienindex ein Plus, der von der britischen Financial Times (FT) und der Londoner Börse aufgelegte Fuzzy4Good-Index legte um 7,5 % zu. Vor allem der UmweltBank-Aktien-Index scheint mit den volatilen Märkten nicht gut zurechtzukommen, er verlor zwischen Juni 2007 und Juni 2008 stattliche 27 %. Insgesamt musste der UBAI Index in 2008 einen Verlust von –64,6 % verzeichnen. Auch das neue Jahr 2009 fing nicht gut an und mit Stand 7. Februar 2009 musste seit Jahresbeginn ein weiterer Verlust von 10,1 % verbucht werden. Der nx-25-Index lag dagegen 2008 »nur« mit 44,1 % im Minus, rund 2 Prozentpunkte hinter dem MSCI World (–42,1%). Seit Anfang 2009 liegt er 1,9 % im Minus, rund 3,5 Prozentpunkte besser als der MSCI World (–5,4 %). Mit diesen Zahlen kann widerlegt werden, dass sich strenge Ausschlusskriterien und hohe Anforderungen an Unternehmen mit guten Renditen nicht vertragen. Im Gegenteil, vor allem in Krisenzeiten scheinen sich diese strengen Maßstäbe zu bewähren, da sich sowohl der NAI als auch der nx-25 in der Krise besser behauptet haben als Indizes mit einem breiteren Anlageuniversum. !

Abbildung 25: Entwicklung ausgewählter Nachhaltigkeitsindizes zum 30. Juni 2008

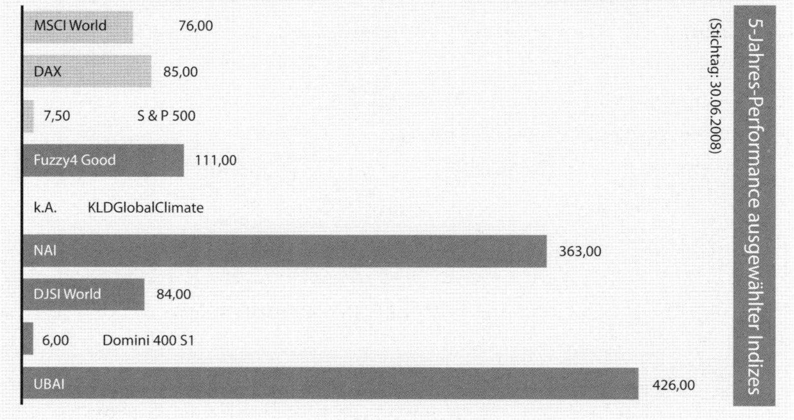

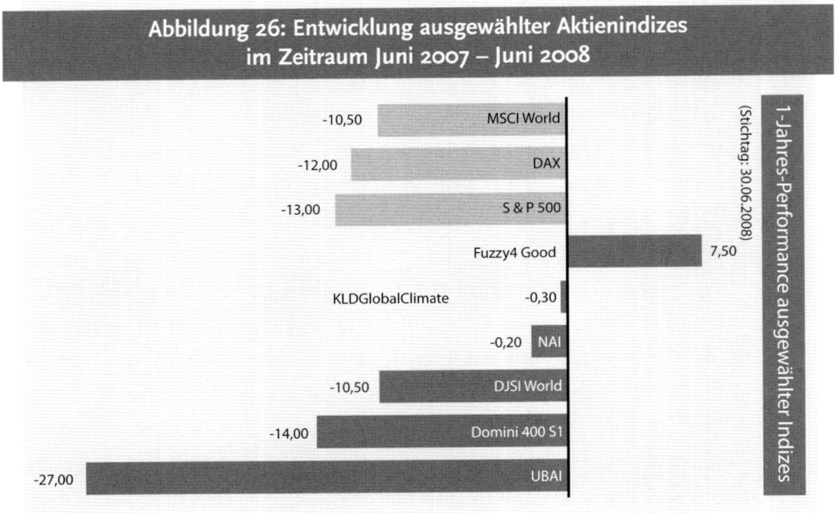

Anleger und Anlegerinnen, die mit Aktieninvestments auch in Krisenzeiten gut aufgestellt sein möchten, können also beruhigt hohe Anforderungen stellen. Interessierte können entweder diese Indizes in ihrem Depot selbst abbilden, indem sie die Aktien in der gleichen Zusammensetzung kaufen, wie sie der Index selbst abbildet. Sie können aber auch den Weg über Investmentfonds gehen, der GreenEffects beispielsweise nimmt in seinem Fondsuniversum ausschließlich Fonds aus dem NAI auf. Eine andere Möglichkeit stellt der Kauf eines Zertifikates auf einen Aktienindex dar. Beispielsweise bietet die WestLB das Open End Dow Jones Euro Stoxx Sustainability Index Zertifikat an und die UBS das Endlos-Indexzertifikat auf FTSE-4-GOOD EUROPE 50. Seit Dezember 2008 können Umweltaktienindizes auch als sogenannter Exchange-traded fund (ETF) an der Deutschen Börse gekauft werden.

»Verbunden werden auch die Schwachen mächtig.«
Stauffacher/Wilhelm Tell,
Friedrich von Schiller

Sparen im Kollektiv: Investmentfonds

Auf einen Blick

»Grüne Fonds« haben den Sprung aus der Nische mittlerweile geschafft. Anleger/innen können zwischen 274 nachhaltigen Fonds, in denen 21 Mrd. Euro verwaltet werden, wählen. Das Krisenjahr 2008 haben die Fonds besser meistern können als konventionelle Fonds. Im Zeitraum Januar 2008 bis Januar 2009 haben sie sich mit einem Verlust von 37 % besser geschlagen als der Durchschnitt aller Investmentfonds. So haben nachhaltige Investmentfonds im betrachteten Zeitraum im Bereich Aktienfonds 3 % und bei den Mischfonds 2 % weniger verloren als konventionelle Fonds. Nachhaltige Rentenfonds konnten sogar mit einem Plus von fast 1 % abschließen, anstatt fast 6 % zu verlieren. Weiterhin waren die Fonds weniger stark durch Mittelabflüsse betroffen. Alles in allem können sich nachhaltige Fonds also bestens sehen lassen.

Bei der Auswahl des geeigneten Fonds stehen Anleger/innen vor einer Vielzahl von unterschiedlichen Fondsstilen und Bezeichnungen. Es stehen zur Auswahl Nachhaltigkeitsfonds, Ethikfonds, ethisch-ökologische Fonds, Umwelttechnologiefonds und Alternativenergiefonds. Die Themenfonds rund um das Thema Umwelt befassen sich nicht nur mit diesem Thema allgemein, sondern auch mit Themen wie Klimaschutz und Wasser. Nicht nur die Anlageschwerpunkte sind recht unterschiedlich, auch die Auswahlkriterien. Nicht alle Fondsgesellschaften legen Ausschlusskriterien zugrunde, sodass in manchen angeblichen Nachhaltigkeitsfonds durchaus Firmen vertreten sind, die ihr Geld unter anderem mit der Herstellung von Rüstung verdienen. Auch die Frage, was

Automobilhersteller oder Fluggesellschaften in Nachhaltigkeitsfonds zu suchen haben, dürfte manchen beschäftigen. Kritiker/innen sprechen in diesen Zusammenhängen dann gerne von »Etikettenschwindel«. Anlegern und Anlegerinnen, die ökologische, soziale und ethische Anforderungen an ihre Geldanlage stellen, kann es also nicht reichen, aus der großen Liste der Nachhaltigkeitsfonds diejenigen mit den besten ökonomischen Kennzahlen auszuwählen. Sie müssen zunächst erst einmal die Fonds im Hinblick auf ihre Auswahlprozesse und -kriterien prüfen, um dann in einem zweiten Schritt den finanziell ertragreichsten Fonds zu wählen.

Die ersten Investmentfonds wurden bereits Mitte des 19. Jahrhunderts in England gegründet. 1868 konnte im Gründungsprospekt des ersten Investmentfonds Folgendes nachgelesen werden: »Das Ziel der Gesellschaft ist es, den kleinen Sparern dieselben Vorteile zu verschaffen wie den Reichen, indem das Risiko durch Streuung der Kapitalanlage auf eine Anzahl verschiedener Aktien vermindert wird.« Ein Investmentfonds (den man auch als Pool oder Topf bezeichnen kann) sammelt das Geld verschiedener Anlegerinnen und Anleger mit dem Ziel, einerseits die Verwaltung des Vermögens durch Profis zur Erzielung einer Rendite zu gewährleisten und andererseits das Risiko durch eine breite Streuung der Anlagen zu minimieren.

Eine Kapitalanlagegesellschaft (Investmentgesellschaft) legt das Geld der Anleger/innen im eigenen Namen für gemeinschaftliche Rechnung an. Dieses Vermögen wird als Sondervermögen auf einem gesperrten Depot bei einer unabhängigen Depotbank verwahrt. Die Fondsanleger/innen erwerben Anteile, die das Miteigentumsrecht am Fonds verbriefen. Börsentäglich wird durch die Depotbank für jeden Investmentfonds der sogenannte Rücknahmepreis, der dem Anteilswert entspricht, ermittelt. Bei dieser Ermittlung wird der Gesamtwert des Fonds durch die Zahl der ausgegebenen Investmentzertifikate geteilt.

Ein Beispiel: Bei einem Fondsvermögen von 200 Millionen Euro, das in zwei Millionen Anteilsscheine gestückelt ist, beträgt der Rücknahmepreis 100 Euro. Der Preis der Fondsanteile richtet sich also nicht nach Angebot und Nachfrage, sondern ausschließlich nach dem Wert der im Fondsvermögen enthaltenen Wertpapiere oder Immobilien. Bei steigender Nachfrage geben die Gesellschaften neue Anteilsscheine aus. Zwischen dem Rücknahmepreis, der den echten Wert der Fondsanteile darstellt, und dem Ausgabepreis besteht eine Differenz. Im Ausgabepreis sind die Ausgabeaufschläge, die einmalig anfallen, enthalten. Neben dem Ausgabeaufschlag, der zwischen 0 und über 6 % liegen kann, fallen weitere Gebühren an: Während die Depotgebühren für die Verwahrung im Depot in der Regel jährlich dem Guthaben belastet und damit für jeden sichtbar sind, sind die internen Fondsgebühren nur den Fondsprospekten und anderen Publikationen zu entnehmen. Die Investmentgesellschaften berechnen den Anlegerinnen und Anlegern für ihren Service in der Regel eine jährliche Verwaltungsgebühr in Höhe von 0,5 % bis 2 %, die jedoch dem Fondsvermögen entnommen wird und deshalb auf keinem Depotauszug erscheint.

Seit 2004 haben Anlegerinnen und Anleger die Möglichkeit, über die sogenannte TER (»Total Expense Ratio«) die Gesamtkostenquote zu erkennen. Die Gesellschaften müssen dafür die Summe der wesentlichen Kosten, die in einem Geschäftsjahr für die Verwaltung eines Fonds angefallen sind, ins Verhältnis zum durchschnittlichen Fondsvermögen setzen. In der TER werden also bestimmte Einzelkosten – von Aufwendungen für die Verwaltung und das Fondsmanagement über Kosten für die Rechtsberatung, Druck und Veröffentlichung von Rechenschaftsberichten bis hin zu den Ausgaben für die Wirtschaftsprüfer – zu einer Zahl zusammengefasst. Was sich zunächst sehr transparent anhört, ist es aber nur bedingt. Denn Größen wie Ausgabeaufschläge, Managementvergütungen und vor allem erfolgsabhängige Gebührenbestandteile, die immer häufiger bei Fonds zu finden sind, fließen nicht in die TER ein. Dennoch bietet die TER wenigstens einen ersten Anhaltspunkt, um Fonds im Hinblick auf ihre internen Kosten zu vergleichen.

Investmentfonds werden in der Regel von einem/einer professionellen Fondsmanager/in oder einem Managementteam verwaltet. Sie entscheiden, welche Wertpapiere (Aktien, Anleihen, Zertifikate) und/oder Immobilien für den Fonds gekauft oder verkauft werden. Danach gibt das Fondsmanagement der Depotbank Nachricht, wann welche Stückzahl an Wertpapieren ge- beziehungsweise verkauft werden soll. Die Depotbank wickelt mit den Mitteln des Fonds den Kauf oder Verkauf von Wertpapieren oder Immobilien für das Fondsdepot ab. Fonds können als Ausschüttungsfonds gekauft werden, dann erhält der oder die Anleger/in einmal jährlich die Erträge ausbezahlt. Handelt es sich aber um einen thesaurierenden Fonds, dann werden die Erträge nicht ausgeschüttet, sondern im Fonds wieder angelegt.

Kostensensitive Anleger/innen finden häufig in dem sogenannten Exchange-traded fund (ETF) eine gute Anlagealternative. Hierbei handelt es sich um einen Investmentfonds in Form eines Sondervermögens, der an der Börse gehandelt und meist passiv verwaltet wird. In der Regel bildet ein ETF einen zugrunde liegenden Index ab. Der Vorteil liegt darin, dass ETFs jederzeit wie Aktien an der Börse und zu den für Aktien üblichen Spesen (also ohne den bei Investmentfonds üblichen Ausgabeaufschlag) gehandelt werden. Diese günstige Kostenstruktur macht sie attraktiv. Es gibt unter den ETFs reine Indextracker, die nur den Index abbilden, wie auch aktiv gemanagte Baskets, die jedoch in der Regel nicht unter dem Begriff ETF vertrieben werden. Das passive Nachbilden eines Index kostet die Fondsgesellschaft wesentlich weniger als ein aktives Fondsmanagement, sodass die laufenden Verwaltungsgebühren meist deutlich geringer sind.

Fonds für jeden Geschmack

Wer sich zum ersten Mal mit Fonds beschäftigt, wird von einer Flut verschiedener Fondsarten überrollt. Unter einem Aktienfonds können sich die meisten noch etwas vorstellen. Auch bei einem Renten- oder Immobilienfonds und einem gemischten Fonds muss noch niemand kapitulieren. Doch was ist der Unterschied zwischen einem Total-Return-Fonds und einem Absolute-Return-Fonds?

Grundsätzlich werden all diese Fonds zunächst nach der Art der Konstruktion unterschieden. In Deutschland dominieren die sogenannten offenen Fonds. Kennzeichnend für diese ist die unbegrenzte Zahl der ausgegebenen Anteile. Bei zunehmendem Mittelaufkommen werden laufend neue Anteile ausgegeben. Wenn Anleger/innen aussteigen wollen, werden in der Regel die Anteile zurückgenommen und die Anleger/innen erhalten den Gegenwert ausgezahlt. Es kann aber auch schon einmal zu einem Aussetzen des Rückkaufs kommen, wie aktuell bei den offenen Immobilienfonds.

Neben offenen Fonds gibt es auch sogenannte geschlossene Investmentfonds. Sie sind die älteste Form des Investmentsparens und rechtlich anders konstruiert als die offenen. Geschlossene Wertpapierfonds sind in der Rechtsform einer börsennotierten Aktiengesellschaft aufgelegt und haben bei ihrer Gründung eine bestimmte, von vornherein festgelegte Anzahl von Anteilsscheinen ausgegeben. Sind alle Anteile verkauft, wird der Fonds geschlossen und die Fondsanteile werden an der Börse gehandelt.

Die nebenstehende Abbildung 27 zeigt: Es gibt für jedes Risikoprofil passende Fonds.

Sicherheitsorientierte Anleger/innen, die nur ein geringes Risiko in Kauf nehmen wollen, sich aber auch mit weniger Rendite zufrieden geben, können einen sogenannten Geldmarktfonds erwerben. Dieser investiert das Geld in kurz laufende Geldmarktpapiere. Im Gegensatz dazu können risikobereite Anleger/innen mit Aktienfonds, die ihr Geld in Aktien aus den sogenannten Schwellenländern investieren, vergleichsweise hohe Renditen erzielen, müssen dafür aber große Schwankungsbreiten in Kauf nehmen.

Abbildung 27: Fonds für jeden Geschmack

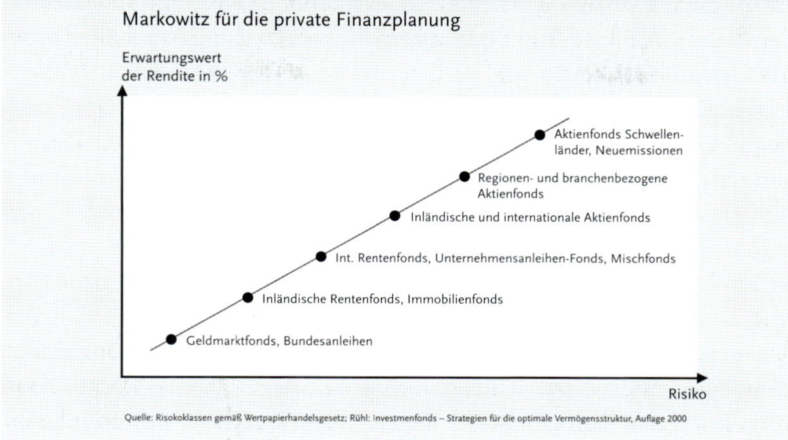

Bei den offenen Fonds gibt es eine recht unübersichtliche Anzahl von Varianten. Häufig wird nach Anlagebereichen unterschieden. Dabei bilden Wertpapierfonds (die in Aktien, festverzinslichen Wertpapieren und anderen Wertpapieren anlegen) die größte Gruppe. Bei Aktienfonds wird das Vermögen, wie der Name schon sagt, ausschließlich oder überwiegend in Aktien angelegt. Die Anlagepolitik kann dabei stark variieren. Neben Länder- und Branchenfonds gibt es Small-Cap-, Mid-Cap- und Large-Cap-Fonds. Es gibt international angelegte Aktienfonds mit unterschiedlichen Investmentstilen (Value- und Growth-Stil). Aktienfonds bieten sicherlich eine gute Möglichkeit, an den heimischen oder internationalen Aktienmärkten investiert zu sein, ohne sich mit der Analyse einzelner Aktien befassen zu müssen, allerdings sind diese Anlagen nicht ohne Risiken. Kurse von Aktienfonds bewegen sich nicht nur nach oben, sondern wie die Jahre 2001 und 2002 und nun die aktuelle Finanzkrise gezeigt haben, können empfindliche Kursrückschläge von bis zu 90 % möglich sein. Über lange Zeiträume erzielen diese Fonds jedoch fast immer höhere Wertsteigerungen als Fonds mit festverzinslichen Wertpapieren oder Immobilien. Wer das Geld langfristig anlegen möchte, kann mit einem guten Aktienfonds auch langfristig sehr gute Erträge erzielen.

Rentenfonds legen das Geld in festverzinslichen Wertpapieren (= Rentenpapiere) an. Die Ergebnisse der Rentenfonds sind in engem Zusammenhang mit der künftigen Entwicklung des Kapitalmarktes, insbesondere der Zinssituation zu sehen. Der Kauf von Rentenfonds ist vor allem dann empfehlenswert, wenn das Zinsniveau relativ hoch ist und Zinssenkungen bevorstehen. Ein Rentenfonds kann sich nämlich in einer Hochzinsphase mit hochrentierlichen, lang laufenden festverzinslichen Wertpapieren eindecken. Sinkt dann der Marktzins, kann der Rentenfonds Kursgewinne einstreichen.

Gemischte Fonds können sowohl in Aktien als auch in Anleihen investieren. Das Interessante an dieser Anlage ist, dass man sich keine Gedanken darüber machen muss, zu welchen Teilen das Geld in Aktien- und Rentenpapiere aufgeteilt wird. Man entscheidet nur beim Kauf, ob man eher den konservativ orientieren Mischfonds (die Aktienquote ist dabei in der Regel kleiner als 30 %), den ausgewogenen oder den dynamischen Mischfonds mit einer Aktienquote von über 70 % wählen möchte.

Wer das Vermögen mit der Anlage in Immobilien aufbauen möchte, kann einen offenen Immobilienfonds erwerben. Diese Fonds investieren vorzugsweise in Bürohäuser, Kaufhäuser, Supermärkte und Einkaufszentren. Bevorzugte Standorte sind attraktive Innenstadtlagen in Ballungsgebieten, denn die Qualität der Immobilien wird weitgehend von der Lage bestimmt. Auf Konjunktur- und Börsenschwankungen reagieren die Preise von Immobilienfonds deutlich weniger als Aktien oder Renten. Das Ziel der offenen Immobilienfonds besteht vor allem darin, langfristig einen kontinuierlichen Wertzuwachs zu erwirtschaften. Die Anlagepolitik ist daher sehr konservativ. Spekulationsgeschäfte mit Grundstücken sind ausgeschlossen.

Neben den vorgestellten Fonds, die das Geld direkt in Aktien, Renten oder Immobilien investieren, stehen auch noch Dachfonds zur Auswahl. Diese Fonds investieren statt in Wertpapiere in Investmentfonds. Aus Gründen der Risikostreuung dürfen Dachfonds maximal bis zu 20 % des Sondervermögens in Anteilen an einem einzigen Investmentfonds anlegen. Außerdem dürfen höchstens 10 % der Anteile eines anderen Fonds erworben werden. Dachfonds dürfen darüber hinaus keine Anteile an anderen Dachfonds erwerben. Damit bieten sie eine noch breitere Streuung als klassische Fonds, erheben aber doppelte Gebühren: die internen Verwaltungsgebühren für den Dachfonds und darüber hinaus die Gebühren der sogenannten Zielfonds, in die investiert wird. Beim Dachfonds ist aufgrund der höheren laufenden Gebühren die Qualität des Fondsmanagements, ganz besonders wichtig.

Für die Altersvorsorge eignen sich Fonds vor allem in Form von Sparplänen. Über Daueraufträge oder Einzugsermächtigungen können ab 25 Euro monatlich Fonds bespart werden. Mit dem Gegenwert des Sparbeitrages werden Anteile oder Bruchteile des gewünschten Fonds gekauft und wachsen so über die Jahre zu vielen Anteilen zusammen. Vor allem die große Flexibilität dieser Sparform macht sie so attraktiv. Anlegerinnen und Anleger können den Sparplan jederzeit unterbrechen, über das Guthaben verfügen oder auch die Raten erhöhen und Einmaleinzahlungen vornehmen. Ein weiterer Vorteil dieser Form des Sparens ist der sogenannte Cost-Average-Effekt. Da die Anteilspreise abhängig vom Börsengeschehen schwanken, werden mit festen monatlichen Einzahlungen unterschiedliche Anteile erworben. Läuft die Börse gut und der Anteilspreis des Fonds erhöht sich, verringert sich im Gegenzug die Anzahl der erworbenen Anteile. Sinkt jedoch der Anteilspreis, erwirbt man im Gegenzug eine entsprechend höhere Anzahl an Anteilen und kauft damit »billig ein«. Insgesamt gesehen wird dadurch, wie die Tabelle 20 zeigt, ein ausgewogener Durchschnittspreis erzielt.

Tabelle 20: Vergleich: Einmalanlage und Sparplan

		Jeden Monat werden 100 EUR angelegt		Einmalanlage von 1.200 EUR	
Monat	Ausgabepreis des Fonds (€)	erworbene Anteile	Sparrate (€)	erworbene Anteile	Anlage (€)
Januar	100	1,000	100	12	1.200
Februar	75	1,333	100		
März	63	1,587	100		
April	97	1,031	100		
Mai	112	0,893	100		
Juni	108	0,926	100		
Juli	100	1,000	100		
August	81	1,235	100		
September	89	1,125	100		
Oktober	107	0,925	100		
November	111	0,901	100		
Dezember	102	0,900	100		
Durchschnittspreis	100				
Summe		12,944	1.200	12	1.200
Depotwert im Dezember	102		1.320		1.244

Nachhaltige Investmentfonds

Ethisches Investment ist keine Modeerscheinung. Bereits 1928 wurde in den USA mit dem heute immer noch sehr erfolgreichen Pioneer Fonds der erste Ethikfonds aufgelegt. Er kaufte keine sogenannten »sin stocks«(»sündige Aktien«), also Aktien von Unternehmen, die ihr Geld mit »sündigem« Glücksspiel, Alkohol und Tabak verdienten. Eine Erweiterung des Begriffes Ethik nahm dann der 1971 gegründete Pax World Fonds vor. Initiatoren waren zwei Methodisten-Pfarrer aus den USA. Beide waren erklärte Gegner des Vietnamkrieges und hatten ethische Ansprüche hinsichtlich einer Friedensstiftung und schlossen Firmen, die in Aktien und Rüstung investierten, aus. 1984 wurde der Stewardship Unit Trust aus dem renommierten Fondshaus Friends Provident als erster europaweit agierender ethischer Investmentfonds aufgelegt. Dieser Fonds investierte ausschließlich in britische Unternehmen, die einen Beitrag zur gesellschaftlichen Entwicklung leisteten und überdies gute Arbeitsbedingungen boten und Umweltschutzmaßnahmen ergriffen.

In Deutschland konnten ethische Fonds nicht zugelassen werden. 1984 verweigerte das damalige BaKred (Bundesaufsichtsamt für Kreditwesen) Ethikfonds die Zulassung mit der Begründung: »Ethik ist ein interpretationsbedürftiger und moralischer Begriff, unter dem jeder etwas anderes versteht.« Ethische Fonds wurden deshalb in erster Linie als Aktienfonds, die auf Umwelttechnik setzten, angeboten. Doch der Erfolg blieb aus. Vier der etwa ein Duzend zwischen 1989 und 1992 aufgelegten Umweltfonds wurden mangels Volumen wieder geschlossen. Auch in der Presse fanden diese Fonds wenig Gnade.

1994 kam die Schweizer Bank Sarasin mit einem neuen Konzept an den Markt. Ihr OekoSar war weltweit der erste Fonds, dessen Gelder nach Ökoeffizienzkriterien angelegt wurden. Das bedeutet, dass aus fast allen Branchen die Unternehmen ausgesucht wurden, die möglichst umweltschonend wirtschaften. Einige Jahre später wurde das Konzept dann noch um soziale Kriterien erweitert und aus dem Ökoeffizienzfonds wurde ein Nachhaltigkeitsfonds. Erst nach 1996 konnten nachhaltige Fonds überhaupt nennenswerte Geldzuflüsse verzeichnen, da nun endlich auch ein positiveres Börsenumfeld zu finden war. Vor allem 1999 und 2000 brachte einen sprunghaften Anstieg.

Mittlerweile sind diese Nachhaltigkeitsfonds aus ihrem Nischendasein ausgebrochen. »Nachhaltigkeitsfonds als neue Verkaufsschlager«, so betitelt die »Welt am Sonntag« vom 11. Januar 2009 den Boom im Bereich nachhaltiger Fonds. Nach Informationen des Sustainable Business Institute (SBI) waren am 31. Dezember 2008 insgesamt 274 nachhaltige Fonds in Deutschland, Österreich und der Schweiz zum Vertrieb zugelassen. In diesen Fonds befanden sich zu diesem Stichtag 21 Mrd. Euro (siehe Abbildung 28).

Abbildung 28: Volumen und Anzahl nachhaltiger Publikumsfonds in Deutschland, Österreich und der Schweiz

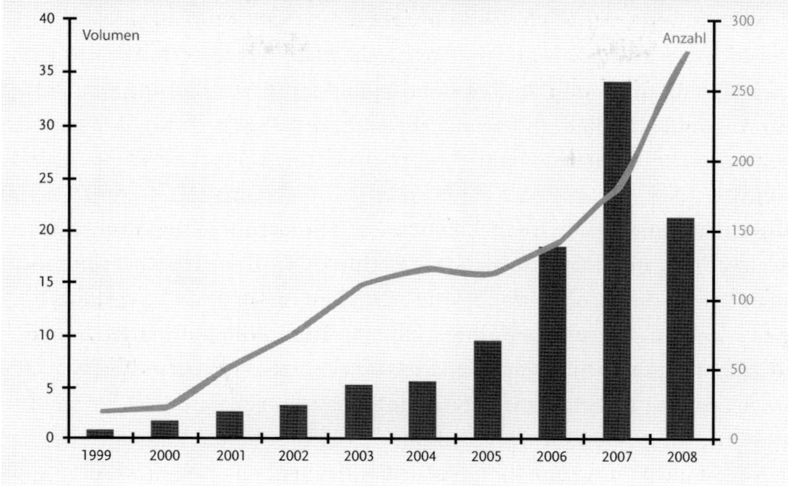

Als Vorboten der Abgeltungssteuer, die zum 1. Januar 2009 eingeführt wurde, konnte man 2008 eine stattliche Zahl von Neuzulassungen verzeichnen. Insgesamt wurden 50 Fonds mit einem Volumen von circa 900 Millionen Euro im vergangenen Jahr zugelassen. Davon waren 30 Aktienfonds, zwölf Mischfonds, vier Rentenfonds, drei Dachfonds und ein sogenannter Exchange-traded fund (ETF). Im Gegenzug wurden acht Fonds geschlossen, beziehungsweise mit anderen Fonds zusammengefasst. Neben die Neuzulassungen kamen weitere 51 Fonds mit einem Volumen von immerhin circa 2 Mrd. Euro hinzu, die entweder bereits in anderen Ländern zugelassen waren oder die neuerdings Nachhaltigkeitskriterien berücksichtigen. In den 170 Aktienfonds waren Ende 2008 insgesamt 14,31 Mrd. Euro investiert. Diese Fonds hatten, wie konventionelle Fonds auch, durchweg stattliche Wertverluste zu verzeichnen. Diese lagen 2008 zwischen –8,25 % und –79,66 %. In den 38 Rentenfonds waren 3,31 Mrd. Euro investiert. Hier konnten einige der Fonds positive Erträge vorweisen, andere hingegen mussten Wertverluste verkraften, die Performance lag zwischen +10,97 % und –25,12 %. Die 46 Mischfonds verwalteten ein Volumen von circa 3 Mrd. und auch hier gab es große Performanceunterschiede. Die Ergebnisse lagen zwischen –1,70 % und –43,46 %. Die mittlerweile 12 Dachfonds kamen auf ein Volumen von 95,5 Mio. Euro und deren Performance lag zwischen –11,34 % und –45 %. Beim Vergleich der Misch- und Dachfonds ist zu berücksichtigen, dass der Aktienanteil recht unterschiedlich hoch ist –

mit entsprechenden Auswirkungen auf Rendite und Risiko. In den beiden MicrofinanceFonds waren Ende 2008 350 Millionen Euro investiert. Die Performance lag zwischen +5,6 % und +6,88 % (v. Flotow, Paschen: Sustainable Business Institute (SBI), Februar 2009, www.forum-ng.de).

Bei der Suche nach geeigneten Fonds stehen Anleger/innen vor einer Vielzahl von unterschiedlichen Fondsstilen und Bezeichnungen. Es stehen zur Auswahl Nachhaltigkeitsfonds, Ethikfonds, ethisch-ökologische Fonds, Umwelttechnologiefonds und Alternativenergiefonds. Die Themenfonds rund um das Thema Umwelt befassen sich nicht nur mit diesem Thema allgemein, sondern auch mit Themen wie Klimaschutz und Wasser. Waren die ersten »grünen Fonds« noch reine Aktienfonds, so sind nach und nach auch Rentenfonds, Mischfonds und schließlich auch noch Dachfonds hinzugekommen. Einen nachhaltigen offenen Immobilienfonds mit energieeffizienten Immobilien gibt es jedoch bis dato noch nicht.

Anlegerinnen und Anleger, die einen Fonds suchen, der zu ihren ökologischen und/oder sozialen und/oder ethischen Vorstellungen passt, stehen vor einem Berg wohlklingender Namen:

- Adviser I Funds – Meridio GreenBalance,
- AGIF – Allianz RCM GLOBAL SUSTAINABILITY – A – EUR,
- CAAM Funds Aqua Global-AC,
- CAAM Funds Clean Planet-AC,
- Dexia Sustainable EMU C,
- DWS Invest Climate Change A2,
- DWS Invest Responsibility NC,
- ESPA VINIS Stock Europe (T),
- F&C Stewardship International (A),
- FORTIS L FUND Equity SRI Europe C,
- Hornet Infrastructure – Water Fund II,
- ING (L) Invest – Sustainable Growth P Dis.,
- Invesco Umwelt und Nachhaltigkeits Fonds,
- JPM Global Socially Responsible A (dist.) – USD, KBC Eco Fund Water (auss.),
- LBBW Global Warming Strategie BWI,
- Living Planet Fund – Equity A,
- PF(LUX)-Clean Energy-P Cap-EUR,
- Parvest Global Environment C,
- Sarasin New Power Fund B.

Doch welcher Fonds ist der richtige? Einheitliche Definitionen für grüne Fonds gibt es nicht. Die Verbraucherinitiative warnt deshalb vor dem Missbrauch »wohlklingender Begriffe«. Sie fordert, dass zentrale Begriffe im

Bereich »prinzipiengeleiteten Investments« so definiert werden müssen, dass damit eine irreführende Verwendung dieser Begriffe verhindert werden kann. Das Positionspapier der Verbraucherinitiative kann unter www.verbraucher.org eingesehen werden.

Das Freiburger Öko-Institut teilt die Aktienfonds beispielsweise in fünf Kategorien:
- Ökofonds,
- Öko-Pionierfonds,
- Ethikfonds,
- Umwelttechnologiefonds und
- Nachhaltigkeitsfonds.

Ökofonds legen ihr Geld unter ökologischen Gesichtspunkten an. Sie arbeiten mit sogenannten Ausschlusskriterien wie beispielsweise Kernkraft, Chlorchemie, Menschenrechtsverletzungen, Gen-/Bio-Technologie, Tierversuchen oder Kinderarbeit. Beispiele für diese Fondskategorie sind der Swisscanto (CH) Equity Fund Green Invest und der SEB Invest ÖkoLux.

Die Öko Pionierfonds investieren vorzugsweise in kleinere und mittlere Unternehmen, die sich durch ihre innovative Umwelt- und sozialverträgliche Technologie auszeichnen. Beispiele für diese Fondskategorie sind der Sarasin OekoSar Equity und der ÖkoWorld ÖkoVision Classic.

Bei den Ethikfonds dagegen wird neben strengen ethischen Ansprüchen das Hauptaugenmerk auf die sozialen Kriterien des Unternehmens gelegt, der ökologische Gesichtspunkt spielt dabei erst in zweiter Linie eine Rolle. Auch hier werden Ausschlusskriterien zugrunde gelegt. Beispiele für diese Fondskategorie sind der LIGA-Pax-Cattolico-Union-Fonds und der Kepler Ethik Aktienfonds.

Umwelttechnologiefonds kann man den sogenannten Branchenfonds, wie beispielsweise Internetfonds oder Telemedienfonds, zuordnen. Sie investieren in bestimmten Branchen, wie beispielsweise der Filtertechnik, der Abwasserreinhaltung, der Abfallbeseitigung oder Windkraftnutzung. Problematisch für nachhaltig interessierte Anleger/innen werden diese Fonds, wenn sie keine Negativ-Kriterien berücksichtigen, sondern lediglich die Branchen definieren. In solchen Fällen könnten in dem Fonds Aktien eines Unternehmens vertreten sein, das sowohl Filteranlagen als auch Rüstung herstellt. Hier gilt es, vorher genau den Fondsprospekt zu prüfen. Eigentlich kann man sowohl die Umwelttechnologiefonds wie auch Wasserfonds und Erneuerbare-Energien-Fonds als grüne Varianten normaler Themenfonds bezeichnen. Beispiele für diese Fondskategorie sind der BlackRock New Energy Fund und der Pictet Funds Clean Energy, die keine Ausschlusskriterien aufweisen.

Zu guter Letzt gibt es noch die sogenannten Nachhaltigkeitsfonds, die ihre Unternehmensauswahl sowohl nach sozialen als auch nach ökologischen und ethischen Aspekten vornehmen. Die Auswahlverfahren der verschiedenen Fonds sind sehr unterschiedlich sowohl in Bezug auf ihre Komplexität und ihren Aufwand als auch in Bezug auf die angewendeten Kriterien. In der Regel wird mit einer Liste von Ausschlusskriterien (Negativ-Kriterien) gearbeitet. Das heißt, dass Aktien von Unternehmen aus bestimmten ökologisch oder sozial bedenklichen Branchen ausgeschlossen werde. Daneben gibt es aber auch Positiv-Kriterien. Aktien, die diesen genügen, werden bevorzugt ausgewählt. Sowohl bei den Negativ- als auch bei den Positiv-Kriterien zählen neben rein ökologischen oft auch soziale Aspekte.

Beispiele für Negativ-Kriterien:
- Unternehmensaktivitäten in bestimmten Bereichen der Gentechnologie,
- Herstellung und Betrieb von Kernkraftwerken,
- Produktion von Rüstungsgütern,
- Missachtung der Menschenrechte.

Beispiele für Positiv-Kriterien:
- Herstellung umweltfreundlicher Produkte,
- Anwendung umweltfreundlicher Technologien,
- gutes Umweltmanagement,
- humane Arbeitsbedingungen (vgl. Bundesministerium für Umwelt, Naturschutz und Reaktorsicherheit. Mehr Wert: Ökologische Geldanlagen. Dezember 2002).

Die Tabellen 21a (Seite 125) und 21b (Seite 126) vermitteln einen Überblick darüber, welche Auswahlverfahren ausgewählte Fondsanbieter anwenden.

Es wird deutlich, dass einige Gesellschaften nicht nur ein internes, sondern auch externes Research in Anspruch nehmen. In diesem Fall stellen Ratingagenturen Informationen über mögliche Investitionskandidaten zusammen und bewerten deren umwelt-, sozial- beziehungsweise nachhaltigkeitsbezogene Performance. Es sind zwei Ansätze vertreten:
- Ratingagenturen, die ein eigenes Konzept zur Befragung und Bewertung von Unternehmen entwickelt haben und dieses dann an die Gesellschaften (Fondsgesellschaften, Banken etc.) verkaufen.
- Ratingagenturen, die von den Auftraggebern vorgegebene Bewertungskriterien nutzen oder diese zusammen mit ihnen erarbeiten.

Tabelle 21a: Anbieter und ihre Nachhaltigkeitsansätze im Überblick

	Dexia Asset Management	KBC Investment Management
Praktizierte Ansätze/ Prozedere	Nachhaltigkeitsansatz mit 2 Filtern: 1) SRI-Filter für Screening nachhaltiger Kriterien 2) Finanzorientierter Filter (interne Analyse). Zum Einsatz kommt primär Best-in-class-Ansatz. In einem ersten Schritt wird das traditionelle Anlageuniversum intern einer sozialen und ökologischen Analyse unterzogen, an die eine Finanzanalyse anschließt. Danach werden die Titel ausgewählt und die strategische Asset Allocation erfolgt. Während für Retailkunden so ein nachhaltiges Anlageuniversum erstellt wird, können Institutionelle sich ihre SRI-Universen maßschneidern lassen.	2 Nachhaltigkeitsstrategien: 1) Best-in-class (breitere Fonds) in Kombination mit Ausschlusskriterien 2) Pioneer-Ansatz (Themenfonds). Der Ansatz folgt einem mehrstufigen Modell: ein internes automatisiertes Negativscreening von 2.700 Titeln, basierend auf unabhängigen Datenbanken. Im Anschluss folgt ein externes SRI-Screening, das weitere Titel ausfiltert. Im nächsten Schritt werden die selektierten Titel auf extrafinanzielle Faktoren untersucht, wobei Firmen und Länder separat gescreent werden. Vor dem letztendlichen Stockpicking erfolgt die Finanzanalyse.
Research	eigenes und externes Research	internes und externes Research
Fondsanzahl	5 Nachhaltigkeitsfonds: Aktien, Pazifik, Aktien Welt, Aktien EMU, Aktien Europa, Sustainability Green Planet	Umbrellafonds (KBC Eco Fund) mit 6 Unterfonds (Klima, 2 x Wasser, Alternative Energien, Sustainable Euroland, globale Fonds)

	SAM	Sarasin
Praktizierte Ansätze/ Prozedere	3-stufiger Screeningprozess: 1) Analyse von Makrotrends, branchenspezifischen Herausforderungen (ausgehend von 1.000 Titeln) 2) SAM Corporate Sustainability Analysis (ausgehend von 500 Titeln) 3) Bestimmung innerer Werte unter Berücksichtigung nachh. Aspekte (extrafinanz., fokussierte Analyse) Ausgehend von 200 Titeln, die auf 100 reduziert werden, aus denen sich das Anlageuniversum konstituiert.	2-dimensionales Nachhaltigkeitsrating: Untersucht Branchen und Firmen auf Nachhaltigkeit. Hierzu wird neben einer Chancen-Risiko- und Finanzanalyse auch eine Umwelt- und Sozialanalyse vorgenommen. Die übrig gebliebenen Titel werden nach dem Best-in-class-Prinzip ausgewählt. Ein unabhängiger Beirat unterstützt dabei die Titelauswahl. Die Sarasin Sustainability-Matrix® bietet dabei eine hauseigene Hilfe.
Research	nur eigenes Research	eigenes Researchteam (seit 1989)
Fondsanzahl	9 nachhaltige Fonds: Wasser, Energie, Klima, Materials, Sustainable Leaders, Gesundheit, Europa (2x), Global	6 Nachhaltigkeitsfonds (1x New Power, 4x Aktien- und 1x Rentenfonds), 2x nachhaltige Dachfonds (OekoFlex, Oeko Select), Wasserfonds in Planung

Tabelle 21b: Anbieter und ihre Nachhaltigkeitsansätze im Überblick

	Ökoworld S.A.	Pictet
Praktizierte Ansätze/ Prozedere	Der Fokus des Investmentansatzes liegt auf kleineren und mittelgroßen Firmen. Die Selektion erfolgt mittels einer Reihe von intern festgelegten Auswahlkriterien, wobei auch ein Negativscreening erfolgt. Die Analyse wird durch einen unabhängigen Anlageausschuss unterstützt. Die Finanzanalyse und das Day-to-Day-Management der Fonds werden extern vergeben.	3-stufiger Auswahlprozess: 1) Strategische Definition der Investmentthemen 2) Identifizierung Investmentuniversum 3) Portfoliokonstruktion Zwei Investmentansätze: 1) breit diversifizierte SRI-Portfolios (Best-in-class) 2) Themenansatz: Dieser erfolgt aus Sicht des Pictet Sustainable Efficient Frontier (1999 entwickelt), der die Grundidee verfolgt, die moderne Portfoliotheorie von Markowitz auf nachhaltige Anlagen anzuwenden.
Research	eigenes und externes Research	ausschließlich eigenes Research
Fondsanzahl	6 Fonds: 2x Themen: Klima, neue Energien, 2x nachhaltige Aktienfonds Europa, 1x nachhaltiger Aktienfonds global, 1x nachhaltiger Rentenfonds	4 Nachhaltigkeitsfonds (Wasser, Clean Energy, Sustainable Aktien Europa, Sustainable Aktien Schweiz)

	Swisscanto	VCH
Praktizierte Ansätze/ Prozedere	Mehrstufiges Auswahlverfahren: Ausgeschlossen sind Unternehmen, die zum Abbau der Ozonschicht und zum Rückgang der Artenvielfalt beitragen, die im Kernenergiebereich tätig sind, Gentechnik einsetzen sowie Hersteller von PVC, Vinylchlorid, Waffen, Tabak – Nachhaltigkeitsrating (6 Kriterien). Zusätzlich erfolgt eine Finanzanalyse der Titel. Innovatoren in Form von kleineren Unternehmen werden dem Portfolio gezielt beigemischt, um Alpha (Wertzuwachs) zu generieren.	Zwei Themenfonds, die auf die Nachhaltigkeitsthemen »Primäre Rohstoffe« und »Erneuerbare Energien und Wasser« setzen. Das so von vornherein eingegrenzte Titeluniversum wird beim VCH New Energy Fonds zusätzlich nachhaltig gescreent: Unter anderem werden Unternehmen ausgeschlossen, die eine mangelhafte Corporate Governance aufweisen sowie in den Bereichen Kernenergie, Glücksspiel, Prostitution, Rüstung und Waffenproduktion tätig sind.
Research	externes Research	externes Research
Fondsanzahl	3 Fonds (Klima, Wasser, Green Invest)	2 Fonds: VCH Expert Natural Resources und VCH New Energy

Erläuterungen zu Tabelle 21

Best-in-class /Best-of-class
Im Fokus stehen die jeweils besten Unternehmen einer Vergleichsgruppe, wobei keine Branche per se ausgeschlossen ist. Deshalb können sich auch kontroverse Titel aus der Öl- und Automobilbranche im Portfolio befinden. Beim Nachhaltigkeitsscreening werden jeweils branchenspezifische Parameter zugrunde gelegt.

Negativ-Screening
Dieser Ansatz schließt Branchen, Firmen und Länder aus, die bestimmte soziale, ökologische und ethische Kriterien nicht erfüllen, etwa Unternehmen, die sich im Bereich Atomkraft, Gentechnik, Glücksspiel oder Kinderarbeit engagieren. Zu den strikten Vertretern dieser Investmentphilosophie zählen Religionsfonds.

Themen-Spieler
Dieser Ansatz beschränkt sich auf ein Segment. Die populärsten Themen sind derzeit Wasser, neue Energien und Klimawandel. Kritiker monieren, dass dieser Ansatz der Nachhaltigkeit als Ganzes nicht gerecht werde, da viele Aspekte ausgeklammert seien. Zudem weisen monothematische Fonds eine erhöhte Volatilität auf.

In der Praxis bieten Agenturen heute in der Regel jeweils beide Leistungen an.

Bekannte Agenturen sind das centre info in Freiburg in der Schweiz, die imug Beratungsgesellschaft mbH in Hannover, INrate in Zürich, die oekom research AG in München und die scoris GmbH in Frankfurt a. M.

Eine weitere Möglichkeit für Anleger/innen, die Auswahlprozesse innerhalb der Fonds besser nachvollziehen zu können, besteht in den sogenannten Transparenzleitlinien von Eurosif (European Sustainable and Responsible Investment Forum). Diese wurden im Sommer 2003 von der Eurosif, dem europäischen Dachverband der Foren für nachhaltige Geldanlagen, als Pilotversion der europäischen Transparenzleitlinien für Nachhaltigkeitsfonds veröffentlicht. Dabei handelt es sich um eine wichtige Maßnahme, um die Übersichtlichkeit des ständig wachsenden Marktes nachhaltiger Kapitalanlagen zu bewahren. Damit können Anleger/innen ein besseres Verständnis der Methoden und Vorgehensweisen der Fonds gewinnen. Die Transparenzleitlinien können auf der Internetseite (www.eurosif.org) und auf der Seite des Forums Nachhaltige Geldanlagen (www.forum-ng.de), der Partnerorganisation des Eurosif im deutschsprachigen Raum, heruntergeladen werden.

Wie schwierig es ist, Nachhaltigkeitsfonds miteinander vergleichbar zu machen, zeigen auch die Bemühungen der renommierten Ratingagentur Feri, die erstmals versucht hat, ein Rating von Nachhaltigkeitsfonds zu erstellen. Feri konstatiert, dass es noch deutlicher Anstrengungen von allen Seiten bedarf, um die Transparenz weiter zu steigern. Die Unterschiede, insbesondere im Bezug auf Research und Auswahlkriterien, seien noch groß. Vergleichende Untersuchungen wie die Feri-Analyse würden zwar die Markttransparenz für die Anleger/innen erhöhen und die Entscheidungsfindung erleichtern. Jedoch könne kein Rating die Investoren und Investorinnen davon befreien, sich mit der Sinnhaftigkeit beziehungsweise »Nachhaltigkeit« des eigenen Investments selbst kritisch auseinanderzusetzen. Daher bliebe schlussendlich die Urteilsfähigkeit der Anleger/innen gefragt, wie sie selbst das Thema »Nachhaltigkeit« definieren und inwieweit dieses Thema das Investment beeinflussen solle (Feri Rating & Research AG. FondsGuide 2009 Deutschland, S. 58.).

Eine sehr wichtige und nützliche Hilfestellung auf der Suche nach dem geeigneten Fonds bietet die Internetseite des ECOreporter (www.ecoreporter.de). Hier können über den »ECOfondsreporter« Kriterien bestimmt werden, die bei der Fondssuche zugrunde gelegt werden. Die Liste der wählbaren Ausschlusskriterien reicht von Abtreibung über Drogen bis hin zur Verletzung der Tierrechte. Interessierte können aus der Liste ein oder mehrere Negativ-Kriterien auswählen und das Analysetool stellt eine Liste von Fonds zur Auswahl. Diese wiederum können nach verschiedenen Kriterien wie beispielsweise Ertrag, Matching oder Sharpe Ratio sortiert werden.

Wer sich für den Kauf von Nachhaltigkeitsfonds interessiert, stellt sich häufig die Frage, welchen Umweltnutzen diese eigentlich haben. Nebenstehender Kasten führt, die Vorteile auf, die das Bundesministerium für Umwelt, Naturschutz und Reaktorsicherheit in Nachhaltigkeitsfonds sieht.

Der Krise zum Trotz?

Die Finanzkrise hat auch nachhaltige Investmentfonds in Mitleidenschaft gezogen. Niemand konnte sich dem Abschwung entziehen. Allerdings haben sie sich gemäß der Ergebnisse des aktuellen »FER Nachhaltigkeitsreports« von Finance & Ethics Research im Zeitraum Januar 2008 bis Januar 2009 mit einem Verlust von 37 % besser geschlagen als der Durchschnitt aller Investmentfonds. So haben nachhaltige Investmentfonds im betrachteten Zeitraum im Bereich Aktienfonds 3 % und bei den Mischfonds 2 % weniger verloren als konventionelle Fonds. Nachhaltige Rentenfonds konnten sogar mit einem Plus von fast 1 % abschließen, anstatt fast 6 % zu verlieren. Weiterhin waren die Fonds weniger stark durch Mittelabflüsse betroffen. Der Saldo aus Mittelzu- und abflüssen im Verhältnis zum Fondsvermögen

Vorteile von Nachhaltigkeitsfonds

- Wie alle Investmentfonds können Ökofonds durch ihre gebündelte Nachfrage eher als einzelne Anleger Aktienkurse beeinflussen und auf diesem Wege Effekte auslösen.
- Die Anfragen von Ökofonds nach umweltbezogenen Daten zwingen Unternehmen, sich mit den Umweltauswirkungen ihrer Aktivitäten verstärkt auseinanderzusetzen.
- Ökofonds können eher als Kleinanleger umweltbezogene Themen auf Aktionärshauptversammlungen zur Sprache bringen.
- Als Großaktionäre haben die Investmentgesellschaften der Ökofonds die Chance, das Management der von ihnen gehaltenen Unternehmen im direkten Gespräch für eine Reduzierung von Umweltbelastungen zu gewinnen. Einschränkend ist hier aber festzustellen, dass bisher erst in geringem Maße Initiativen in diese Richtung ergriffen werden.
- Ökofonds schaffen Transparenz im Unternehmensbereich: In Ökofonds enthaltene Unternehmen tragen gewissermaßen ein Umweltlabel, das sie gegenüber der Konkurrenz auszeichnet.

war mit etwas mehr als –6 % geringer als beim Durchschnitt aller Investmentfonds mit knapp –11 % (Quelle: www.fea.at).

Auch die Feri Rating & Research AG kommt in ihrem Rating von Nachhaltigkeitsfonds zu dem Ergebnis, dass die Performance der besten nachhaltigen Investmentfonds auch gegenüber dem MSCI World Index überzeugen konnte, auch wenn dies teilweise unter Inkaufnahme höherer Risiken gelang (Feri Rating & Research Ag. FondsGuide Deutschland 2009, S. 57). Das Analysehaus Feri bewertet vier von 27 Investmentfonds in der Gruppe »Aktien Nachhaltigkeit/Welt« mit der besten Note, einem A. Sechs erhalten ein B-Rating, neun ein C-Rating, 8 ein D-Rating und ein Fonds erhielt lediglich ein E-Rating. Die vier mit A gerateten Fonds sind: zwei Fonds aus dem Hause Swisscanto (der Swisssanto (CH) Equity Fund Green Invest A und der Swisscanto (LU) Equity Fund Green Invest B), der Öko-Aktienfonds und der GreenEffects-NAI Werte Fonds. Auch die Stiftung Warentest hat in ihrer Ausgabe vom April 2008 Ökofonds getestet (siehe den Artikel »Ökofonds: Nicht alles ist grün«). Viele Papiere setzen neben ökologischen auch soziale oder ethische Schwerpunkte. Selbst Unternehmen wie Lufthansa oder Toyota haben ihren Platz im Portfolio. Finanztest hat 62 Anlagekonzepte von internationalen Ökofonds untersucht. Die besten waren nach Meinung der Stiftung Warentest: Pioneer Global Ecology A ND, Swisscanto (CH) EF Green Invest, Öko-Aktienfonds (DZ Bank), Swisscanto (LU) PF Green Inv. Eq. B, GreenEffects-NAI Werte, Ökoworld Ökovision Classic, Kepler Ethik Aktienfonds A, SEB ÖkoLux, Meridio Green Balance, Liga-Pax-Cattolico-Union, Raiffeisen-Ethik-Aktien A. Der ganze Testbericht kann angefordert werden unter: www.test.de (Stiftung Warentest/test.de, 25. März 2008).

Auf lange Sicht betrachtet sind nachhaltige Fonds also nicht schlechter als konventionelle und in Krisenzeiten konnten sie trotz der höheren Risiken etwas geringere Verluste ausweisen. Ein Blick auf die Auswertungen des ECOreporters soll verdeutlichen, wie sich die verschiedenen Fondsarten in den vergangenen zwölf turbulenten Monaten behaupten konnten:

Bei den Aktienfonds (siehe Tabelle 22) konnten drei Fonds der Kapitalanlagegesellschaft FFS überzeugen. Diese Fonds werden von Fondsmanager Dr. Thilo Goodall und seinem Team bei der LB Swiss gemanagt. Der Fortune Fund Services (FFS) Four Elements Fund Water der Kapitalanlagegesellschaft (KAG) FFS Fund Management Luxemburg erzielte mit –3,48 % das beste Ergebnis. Es folgen der FFS Four Elements Air mit –7,93 % und der FFS Four Elements Fund Earth, der 11,55 % einbüßte.

Tabelle 22: Reihenfolge der 10 besten von 105 nachhaltigen Aktienfonds und Umwelttechnologiefonds der letzten 12 Monate (Stand: Februar 2009)

Name des Fonds	1 Monat	12 Monate	ISIN	Währung
FFS Four Elements Fund Water	–2,00	–3,48	LU0298627968	EUR
FFS Four Elements Fund Air	–4,33	–7,93	LU0298630244	EUR
FFS Four Elements Fund Earth	–3,98	–11,55	LU0298621763	EUR
UBS (Lux) Islamic Fund – Global Equities	–7,03	–26,02	LU0108058487	USD
Pictet Funds (LUX) – Water	–8,76	–30,69	LU0104884605	EUR
Liga Pax Cattolico Union	–7,17	–33,58	LU0152554803	EUR
Espa Vinis Stock Global	–6,52	–33,62	AT0000646799	EUR
LODH Invest Alto RI Global Equity Fund	0,00	–34,66	LU0209996080	EUR
ÖkoWorld Water for Life	–5,49	–35,41	LU0332822492	EUR
First State Investments – Asia Pacific Sustainability Fund	–4,20	–35,52	GB00B0TY6V50	GBP

Daniel Häfele, Vorstand der FFS, erklärt den Erfolg der Four Elements Fonds so: »Die konstante Outperformance der vergangenen Monate beruht darauf, dass der Fondsmanager das Aktienmarktrisiko (Beta) im Interesse der Anleger abgesichert hat, trotzdem aber zu 100 % investiert ist und durch aktives Management auf Titelebene regelmäßig Alpha (Wertzuwachs) generiert.« (aus www.ecoreporter.de, 14. Januar 2009) Nach Recherchen des ECO-reporters büßte ein Fonds in den letzten zwölf Monaten fast 80 % an Wert ein, neun Fonds verloren mehr als 50 %, 45 Fonds mehr als 40 % und weitere 35 über 30 %. Es fällt auf, dass die großen, bekannten Fonds nicht in dieser Liste erscheinen und stattdessen kleinere Fonds (die FFS Four Elements Fonds weisen Fondsvolumen zwischen 1,85 und 3,36 Mio. Euro aus) den Turbulenzen der Finanzkrise trotzen konnten. Der 745,10 Mio. Euro schwere Pioneer Global Ecology verlor im gleichen Zeitraum mehr als 35 %. Der ÖkoWorld ÖkoVision (R) Classic, der 243,07 Mio. Euro verwaltet, verlor deutlich mehr als 40 %.

In den letzten drei Jahren schaffte es kein Fonds ins Plus, weniger als 20 % Minus verbuchten der First State Investments – Asia Pacific Sustainability Fund (–11,67 %), der Pictet Funds (LUX) – Water (–14,44 %), der Pioneer Funds – Global Ecology (–14,94 %) und der GreenEffects-NAI Werte Fonds (–19,77 %) (www.ecoreporter.de, 17. Februar 2009).

Was Sie beachten sollten!

Die Ergebnisse zeigen, dass nachhaltige Aktienfonds trotz eingeschränktem Anlageuniversum die Krise zwar ein wenig besser meistern konnten als konventionelle Fonds, aber das dürfte viele Anleger/innen nur wenig trösten. Denn ein Wertverlust von 40 % beispielsweise bedeutet, dass der Fonds 80 % zulegen muss, um wieder den Ausgangspunkt zu erreichen. Insofern ist nun viel Geduld gefragt und es bleibt die Erkenntnis, dass ein »Megatrend« wie der Klimawandel nicht dazu führt, dass Aktien aus diesem Trendsegment Krisen besser meistern als andere.

Bester Rentenfonds (siehe Tabelle 23, Seite 132) zwischen Februar 2008 und Februar 2009 ist der Panda Renditefonds DWS der Deutsche Bank-Tochter DWS Investment, der 13,11 % zulegte. Das Fondsvermögen des Panda Renditefonds wird breit gestreut in deutsche und internationale festverzinsliche Wertpapiere angelegt, wobei deutsche Positionen das Schwergewicht bilden. Weitere wichtige Länder sind die Niederlande und die USA. Mit dem Erwerb des Panda Renditefonds DWS wird gleichzeitig der World Wide Fund for Nature (WWF) unterstützt, der einen Teil der Managementgebühr von der DWS erhält. Der Fonds verwaltete Ende Dezember 2008 ein Vermögen in Höhe von 19,3 Millionen Euro (www.ecoreporter.de). Es zeigt sich, wie wichtig es ist, Depots durch konservativ ausgerichtete Fonds, wie es Rentenfonds in der Regel sind, vor extremen Kursverlusten zu schützen.

Tabelle 23: Reihenfolge der 10 besten von 22 nachhaltigen Rentenfonds im Februar 2009				
Name des Fonds	1 Monat	12 Monate	ISIN	Währung
ING (L) Renta Fund Sustainable Fixed Income	0,63	4,72	LU0300862447	EUR
Panda Renditefonds DWS	0,58	13,11	DE0009769844	EUR
Sarasin Sustainable Bond	0,53	2,87	LU0158938935	EUR
Sarasin-FairInvest-Bond-Universal-Fond	0,45	–0,10	DE0006623077	EUR
Dual Return Fund – Vision Microfinance	0,37	5,79	LU0236782842	EUR
Espa Vinis Bond	0,26	2,03	AT0000686084	EUR
Pro Mundo Fonds	0,22	4,67	DE0009750166	EUR
AXA World Fund Responsible Development Bonds	0,19	–6,33	LU0140866681	EUR
Parvest Euro Bond Sustainable Development	0,12	1,51	LU0265316918	EUR
Swisscanto (LU) Portfolio Fund Green Invest Income	–0,11	5,10	LU0288148447	EUR

Im Jahr 2008 konnten auch der SEB Ökorent mit einem Gesamtzuwachs von 8,05 %, der ÖkoWorld ÖkoTrend Bonds mit 7,32 % und der ESPA Bond Euro Mündelrent mit 7,32 % überzeugen. Während die meisten Rentenfonds im Plus lagen, mussten alle nachhaltigen Mischfonds Verluste verbuchen.

Bester Mischfonds (siehe Tabelle 24) der vergangenen zwölf Monate war der cominvest Wasser-Aktien Protect 2/2012, der 4,25 % an Wert einbüßte, gefolgt vom Fonds für Stiftungen INVESCO. Etliche der Mischfonds überstanden das Krisenjahr mit Verlusten deutlich unterhalb von 10 %. Damit hielt sich bei den Mischfonds das Verlustpotenzial in Grenzen und einige der Fonds können mit Recht für sich in Anspruch nehmen, dass sie das Geld der Anleger/innen breit gestreut über die Renten- und Aktienmärkte verteilt anlegen, um dadurch Schwankungen auszugleichen.

Angesichts der ab dem 1. Januar 2009 geltenden Abgeltungssteuer, die vorsieht, dass auch Kursgewinne mit dem Abgeltungssteuersatz von 25 % zuzüglich Solidaritätszuschlag und Kirchensteuer belegt werden, wurden noch »kurz vor Torschluss« sogenannte Dachfonds aufgelegt. Diese bieten den Vorteil, dass innerhalb des Fonds Kursgewinne nicht sofort, sondern

Tabelle 24: Reihenfolge der 10 besten von 32 nachhaltigen Mischfonds im Februar 2009				
Name des Fonds	1 Monat	12 Monate	ISIN	Währung
Ökoworld ÖkoVision Garant 20	0,71	–8,58	LU0332822906	EUR
cominvest Wasser-Aktien Protect 2/2012	0,63	–4,25	LU0260176028	EUR
cominvest Wasser-Aktien Protect 1/2012	0,61	–5,94	LU0261439854	EUR
cominvest Green Energy Protect 3/2013	0,20	–9,70	LU0279145436	EUR
Dr. Hoeller PRIME VALUES Growth	0,06	–12,83	AT0000803689	EUR
Fonds für Stiftungen INVESCO	–0,04	–5,58	DE0008023565	EUR
DELTA Better World Fund	–0,06		LU0348115634	EUR
Dr. Höller Prime Values Income	–0,16	–6,08	AT0000973029	EUR
Invesco Fonds für Orden und Ökumene	–0,70	–17,75	DE0009784074	EUR
LIGA-PAX-Balance-Stiftungsfond-Union	–0,73	–5,61	DE0005314215	EUR

erst am Ende beim Verkauf des Dachfonds versteuert werden müssen. Viele der Dachfonds hatten das Pech, dass sie mitten in der Finanzkrise »das Licht der Welt erblickten« und sich gleich in einem stürmischen Börsenumfeld behaupten mussten.

Das beste Ergebnis in der Zeit von Februar 2008 bis Februar 2009 erwirtschaftete bei den nachhaltigen Dachfonds (siehe Tabelle 25, Seite 134) der IAM-Fair Value Basis der Münchner Kapitalanlage (MK) Luxinvest S.A., er verlor 10,84 %. Man achte bei der Auswahl der Zielfonds, in die der Fonds investiere, auf eine Mischung von unterschiedlichen Nachhaltigkeitsstrategien und Researchansätzen, so MK Luxinvest. Generell kämen nur Zielfonds infrage, die in spezielle aus ökologischen oder sozialen Gesichtspunkten attraktive Themen und Branchen investieren, wie etwa Gesundheit, erneuerbare Energien, Umwelttechnologie, Bionahrungsmittel. Je nach Einschätzung der Marktlage kann der Fonds demnach zu 50 % in Aktienfonds, zu 100 % in Rentenfonds und zu 100 % in Geldmarktfonds sowie auch zu 100 % in Mischfonds investiert sein. Im Anlageausschuss des IAM-Fair Value Basis sitzt unter anderem Andreas Knörzer, Manager im Nachhaltigen Investment der Schweizer Bank Sarasin (www.ecoreporter.de, 15. Januar 2009).

Tabelle 25: Reihenfolge der zehn nachhaltigsten Dachfonds im Februar 2009

Name des Fonds	1 Monat	12 Monate	ISIN	Währung
GIP InvestWorld Ökoselekt	1,37		LU0262527095	EUR
Gerling Responsibility Fonds	–0,19	–22,36	DE0007248700	EUR
Warburg Zukunft Strategie Fonds	–1,03	–20,12	DE0006780265	EUR
IAM-Fair Value Basis	–1,27	–10,84	LU02755529351	EUR
ProVita world fund	–1,56	–27,10	LU0206716028	EUR
DekaSelect: Nachhaltigkeit Wachstum	–1,94		DE000DK1CJS9	EUR
Ökoworld Ökotrust	–2,73		LU0380798750	EUR
PEH Trust Green Balance	–3,50	–31,77	LU0336723571	EUR
IAM-Fair Value Zukunft	–4,36	–27,65	LU0275529435	EUR
Sarasin OekoFlex	–4,59	–21,86	LU0332259893	EUR

Was Sie beachten sollten!

Es wird sichtbar, dass die Dachfonds geringere Verluste im Krisenjahr aufwiesen als die reinrassigen Aktienfonds, aber größere als die Mischfonds. Das dürfte zum einen an den etwas höheren Kostenquoten der Dachfonds liegen, aber wohl auch daran, dass sich die neu aufgelegten Dachfonds eher als Anlagealternative zu den Aktienfonds verstehen und deshalb höhere Aktienquoten aufweisen.

Viele der schon lange am Markt befindlichen Mischfonds verstehen sich hingegen eher als konservativeres Gegengewicht zu den Aktienfonds und galten als Anlagealternative für Anleger/innen, die das komplette Aktienrisiko nicht tragen wollten. Aus dem Grund arbeiten sie mit Sicherungsstrategien oder mit geringen Aktienquoten bis 30 %. Damit sind sie auch für Stiftungen interessant, die ihr Geld nur mit sehr begrenztem Risiko anlegen dürfen.

»Aus der Mühle schaut der Müller, der so gerne mahlen will.
Stiller wird der Wind und stiller und die Mühle stehet still.
So geht's immer, wie ich finde, rief der Müller voller Zorn.
Hat man Korn, so fehlt's am Winde,
hat man Wind, so fehlt das Korn.«
Wilhelm Busch

Mit Wind und Sonne nachhaltige Gewinne erwirtschaften

Auf einen Blick

Erneuerbare Energien, die häufig als Synonym für Nachhaltigkeit oder Ökologie benutzt werden, bieten die Chancen, dem Klimawandel aktiv zu begegnen und ihn aufzuhalten. Mittlerweile beziehen wir bereits 15 % unseres Stroms aus erneuerbaren Energien. Der Anteil der erneuerbaren Energien am Stromverbrauch kann von derzeit rund 15 % bis 2020 auf gut 30 % verdoppelt und bis 2030 auf 50 % gesteigert werden. Ihr Anteil am gesamten Energieverbrauch, das heißt Strom, Wärme und Mobilität, kann bis 2020 auf 18 % und bis 2050 auf 50 % erhöht werden.

Erneuerbare Energien bieten also sonnige Aussichten und schreiten stürmisch voran. Anlegern und Anlegerinnen, die entweder einen Beitrag zum Klimaschutz leisten oder in erster Linie von den Wachstumschancen dieser Branche profitieren wollen, steht eine Vielzahl von Investitionsmöglichkeiten offen. Allerdings gilt auch hier, dass eine Beteiligung sorgfältig geprüft werden muss, bevor man sein Geld langfristig bindet. Geht die Rechnung auf, können Anleger/innen auf erfreuliche Renditen blicken und gewiss sein, einen Beitrag zum Klimaschutz geleistet zu haben.

Auch über Genussscheine und -rechte können Unternehmen aus dem Bereich erneuerbare Energien mit Geld versorgt werden. Da es sich in der

Regel um kleinere oder mittelständische Unternehmen handelt, sollte das finanzielle Engagement ebenfalls sorgfältig geprüft werden.

Bei einer Anlage in Investmentfonds handelt es sich um Sondervermögen, die nicht in Insolvenz geraten können, aber die im Fonds vertretenen Wertpapiere können starken Wertschwankungen unterliegen.

Da es sich bei vielen Unternehmen aus dem Bereich erneuerbare Energien um relativ kleine oder mittlere, dafür aber innovative Unternehmen handelt, schlägt eine Finanzkrise mehr durch als bei großen Unternehmen. Insofern mussten Erneuerbare-Energien-Fonds herbe Kursrückschläge verkraften. Anleger/innen, die mit ihrem Kapital einen Beitrag zum Ausbau erneuerbarer Energien leisten möchten, sollten sich der Risiken bewusst sein, da es sich noch um eine verhältnismäßig kleine Branche handelt. Ein ähnlicher Verlauf wie bei der Entwicklung des damaligen sogenannten Neuen Marktes ist zu erwarten. In den 90er-Jahren des vergangenen Jahrhunderts tummelten sich viele kleine, sehr innovative Unternehmen auf diesem Markt. Die Wachstumsprognosen waren beeindruckend und eine Erfolgsstory begann. Heute haben die meisten Menschen einen Internetanschluss, ein Handy, einen PC daheim und sind im »World Wide Web« zu Hause. Von den vielen Firmen sind nur wenige noch vorhanden, viele blieben auf der Strecke und einige wenige Große verdienen heute das Geld. Wenn wir davon ausgehen, dass in zehn oder zwanzig Jahren ein Großteil unseres Energieverbrauches durch erneuerbare Energien gedeckt wird, können wir annehmen, dass dieser Markt sich ähnlich etabliert haben wird wie der ehemalige Neue Markt. Auch hier werden dann wenige große Unternehmen dominieren. Auf dem Weg dahin wird es viele Veränderungen geben und viele der heute noch am Markt agierenden Unternehmen werden dann von der Bildfläche verschwunden sein. Anlegerinnen und Anleger, die in diesem Segment investieren wollen, sollten sich dessen bewusst sein und die Risiken einkalkulieren und ihre Investitionen im Auge behalten.

Energiewende, Nachhaltigkeit in der Energieerzeugung und Energienutzung, Ressourcenschonung und Klimaschutz sind die Schlüsselworte, wenn es darum geht, die Wende vom fossil-nuklearen zum solareffizienten Zeitalter einzuleiten. Erneuerbare Energien stehen dabei im Zentrum. Es handelt sich vor allem um die Nutzung der Solarenergie, der Wind- und Wasserkraft, der Biomasse und des Biogases sowie der Geothermie. In dieser Form fasst die Studie »Klimaschutz durch Nutzung erneuerbarer Energien«, die im Jahr 2000 im Auftrag des Bundesministeriums für Umwelt, Naturschutz und Reaktorsicherheit und des Umweltbundesamtes erstellt wurde, die Vielfältigkeit des Begriffes erneuerbare Energien zusammen.

Die Praxis zeigt, dass der Begriff Nachhaltigkeit häufig mit erneuerbaren Energien gleichgesetzt wird. Wie wichtig den Deutschen, denen nachgesagt wird, »Weltmeister für erneuerbare Energien« zu sein, dieses Thema ist, macht eine repräsentative Umfrage des Emnid-Instituts deutlich. Diese Umfrage wurde im Auftrag des Solar-Heizsystemherstellers Solvis durchgeführt. Knapp 70 % der befragten Deutschen möchten demnach in erneuerbare Energien investieren, um dem Klimawandel entgegenzuwirken und etwas für die Umwelt zu tun. Nur 7,5 % finden hingegen, dass sich die Investition in erneuerbare Energien überhaupt nicht lohnt. Am stärksten ausgeprägt ist die Investitionsbereitschaft in erneuerbare Energien in der Altersgruppe der 40- bis 49-Jährigen mit fast 75 % (www.solarserver.de, 12. März 2009). In seiner Mitteilung vom 15. März 2009 stellt das Umweltministerium fest, dass mit einem Anteil von rund 10 % am Endenergieverbrauch die erneuerbaren Energien ihre Rolle als tragende Säule einer nachhaltigen Energieversorgung weiter gefestigt haben. Ihr Anteil am Brutto-Stromverbrauch liegt bei 14,8 %, ihr Anteil an der Wärmeversorgung beträgt 7,7 % (siehe Abbildung 29, Seite 138).

Die Branche verzeichnete im Jahr 2008 ein deutliches Umsatzplus: Investitionen und Erlöse aus dem Anlagenbetrieb stiegen im letzten Jahr zusammen auf rund 30 Milliarden Euro – fast 4,5 Milliarden mehr als im Vorjahr. Mit fast 13 Milliarden Euro lagen dabei die Investitionen im Anlagenbau um fast 20 % über ihrem Vorjahreswert. Des Weiteren haben die erneuerbaren Energien auch 2008 ihre Bedeutung für Wachstum und Beschäftigung bewiesen. Nach den jüngsten Erhebungen stieg die Zahl der Beschäftigten in dieser Branche von 250.000 im Jahr 2007 auf knapp 280.000 – ein Plus von mehr als 10 %. Der Grund: Kräftig gestiegene Umsätze im Inland in Höhe von rund 30 Milliarden Euro im Jahr 2008 sowie eine deutlich gestiegene Strom- und Wärmeproduktion aus erneuerbaren Energien. Erneuerbare Energien sorgen nach Meinung des Ministeriums aber nicht nur für ein Beschäftigungswachstum, sondern auch für eine Reduktion der Umweltbelastung durch CO_2.

Nach den vorläufigen Abschätzungen der Arbeitsgruppe Erneuerbare-Energien-Statistik (AGEE-Stat) werden durch den Einsatz erneuerbarer Energien rund 115 Millionen Tonnen des klimaschädlichen CO_2 pro Jahr in Deutschland vermieden – davon sind alleine 57 Millionen Tonnen auf das Erneuerbare-Energien-Gesetz (EEG) zurückzuführen. Der Anteil der erneuerbaren Energien am Stromverbrauch kann von derzeit rund 15 % bis 2020 auf gut 30 % verdoppelt und bis 2030 auf 50 % gesteigert werden. Ihr Anteil am gesamten Energieverbrauch, das heißt Strom, Wärme und Mobilität, kann bis 2020 auf 18 % und bis 2050 auf 50 % erhöht werden. Das ist das Ergebnis einer neuen Studie zum Ausbau der erneuerbaren Energien, die Dr. Joachim Nitsch in Zusammenarbeit mit dem Deutschen Zentrum für Luft- und Raumfahrt (DLR) im Auftrag des Bundesumweltministeriums erstellt hat.

Abbildung 29: Anteil der erneuerbaren Energien am gesamten Endenergieverbrauch in Deutschland 2007

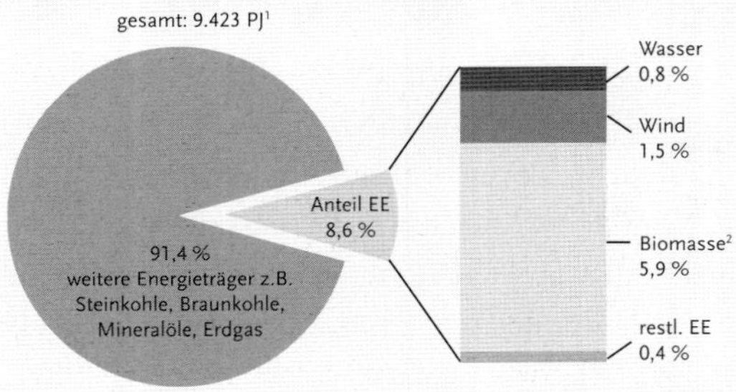

Erneuerbare Endenergiebereitstellung: rd. 224 TWh (807 PJ)
(8,6 %-Anteil am gesamten Endenergieverbrauch)

1) Endenergieverbrauch Stand 2006
2) feste, flüssige, gasförmige Biomasse, Biogener Anteil des Abfalls, Deponie- und Klärgas

EE Erneuerbare Energien

Quelle: BMU-Publikation »Erneuerbare Energien in Zahlen – nationale und internationale Entwicklung«, KI III 1, Stand Juni 2008

Sonnige Aussichten: erneuerbare Energien

Erneuerbare Energien werden weltweit genutzt. Sie dienen vor allem der Stromerzeugung (siehe Abbildung 30).

Zu sehen ist, dass erneuerbare Energien vor allem in den europäischen Ländern, in den USA und in Asien genutzt werden. Afrika, das sich als Standort für Solaranlagen anbieten würde, ist noch völlig unterversorgt. Nach der Wahl von Barack Obama zum Präsidenten der Vereinigten Staaten von Amerika ist nun auch dort mit einem deutlichen Wachstum in diesem Markt zu rechnen. In einer Videobotschaft kündigte Obama an, dass in den USA der CO_2-Ausstoß bis 2020 mit strengen Vorgaben auf das Niveau von 1990 zurückgeführt werden soll.

Auf Initiative der Bundesregierung wurde im Januar 2009 die Agentur IRENA in Bonn gegründet. Unterstützt wurde Deutschland dabei von Spanien und Dänemark. Ziel der neuen Agentur ist es, weltweit die Lücke zwischen dem enormen Potenzial der erneuerbaren Energien und deren noch relativ geringem Marktanteil am Energieverbrauch zu schließen. IRENA ist die erste internationale Organisation, die sich ausschließlich auf erneuerbare Energien konzentriert. Schwerpunkt der Arbeit wird die Beratung ihrer Mitgliedstaaten dabei sein, die richtigen Rahmenbedingungen zu schaffen, Kompetenzen aufzubauen sowie Finanzierung und Technologie- und Wissenstransfer für erneuerbare Energien zu verbessern.

Abbildung 30: Weltkarte der regenerativen Energiewirtschaft

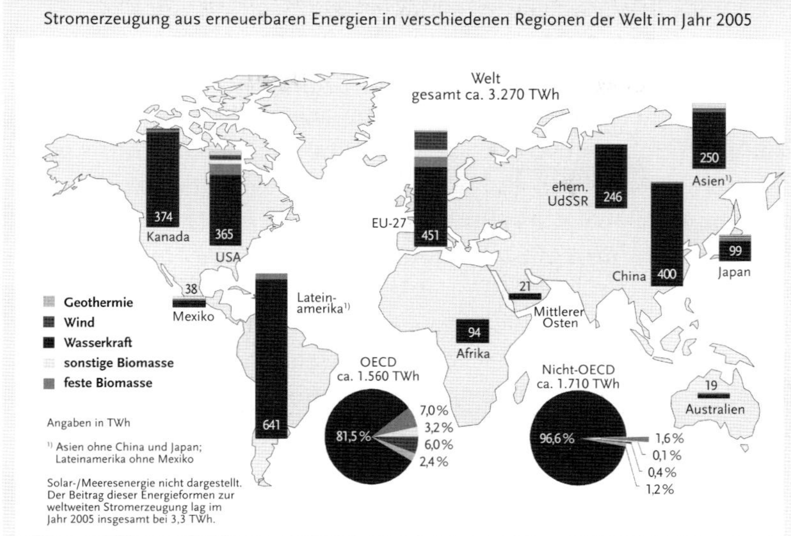

Mittlerweile sind mit Indien nun 77 Staaten der Agentur beigetreten. (www.irena.org). Damit ist ein weiterer Meilenstein für die sinnvolle Nutzung erneuerbarer Energien gelegt worden.

Energieträger Biomasse

Mit 5,9 % am Gesamtendenergieverbrauch in Deutschland liefert Biomasse den größten Beitrag der erneuerbaren Energien, gefolgt von der Energiegewinnung aus Wind und Wasser.

Unter Biomasse wird all das zusammengefasst, was durch die Lebewesen (Menschen, Tiere und Pflanzen) an organischer Substanz entsteht. Unter organischer Substanz werden sowohl die abgestorbenen Organismen als auch die organischen Stoffwechselprodukte verstanden.

Im Energiesektor bedeutet Biomasse »organische, nichtfossile Materie, die als Brennstoff im Strom-, Wärme- und Verkehrssektor eingesetzt werden kann«. In der 2001 erlassenen Biomasseverordnung (BiomasseV) wird Biomasse definiert als Energieträger aus Phyto- und Zoomasse. Hierzu gehören auch aus Phyto- und Zoomasse resultierende Folge- und Nebenprodukte, Rückstände und Abfälle. Der Begriff »Bioenergie« beschreibt die Energiebereitstellung auf Basis nachhaltig bereitgestellter Biomasse. Nicht zur Biomasse werden Energieträger wie etwa das Erdöl gerechnet. Auch Erdöl entstand zwar ursprünglich aus organischen Substanzen, allerdings erst durch Millionen Jahre andauernde geologische Prozesse. Durch diese Abgrenzung zum Erdöl kann Biomasse mit Fug und Recht zu den erneuerbaren Energien gezählt werden.

In vielen Ländern dieser Erde sind organische Substanzen traditionell wichtiger Bestandteil der Energieversorgung für die Menschen. Auch hierzulande war Holz ein sehr wichtiger Energielieferant zum Kochen und Heizen. Wenn Holz mittlerweile auch bei Privathaushalten meistens nur in dekorativen Kaminöfen als Zusatzheizmöglichkeit genutzt wird, wächst doch die Attraktivität von Biomasse zur Energiegewinnung. Sowohl als Grundsubstanz für Kraftstoff als Ausgangsmaterial für Holzpellets oder als Energieträger für Biomasse-Heizkraftwerke.

Der Bundesverband BioEnergie e.V. vermittelt einen Überblick über die Vielzahl unterschiedlicher Technologien zur Energiebereitstellung aus Biomasse, die aus festen, flüssigen oder gasförmigen Bioenergieträgern Strom, Wärme und Kraftstoffe erzeugen. Je nach Verfahren werden verschiedene Umwandlungsprozesse unterschieden:

- direkte Verbrennung,
- thermo-chemische Umwandlung (Verkohlung, Pyrolyse, Vergasung),
- physikalisch-chemische Umwandlung (Gewinnung von Pflanzenölen und Fetten durch Pressung/Extraktion) und
- biologisch-chemische Umwandlung (Umwandlung der Biomasse durch Bakterien und Pilze über Gärungsprozesse zu einem sekundären Energieträger wie zum Beispiel Biogas oder Bioethanol).

Über das Potenzial der Biomasse zur Energiegewinnung in Deutschland ist man sich nicht ganz einig. Der Bundesverband BioEnergie führt dazu aus, dass in Deutschland 2007 auf circa zwei Millionen Hektar landwirtschaftlicher Fläche Energiepflanzen angebaut wurden. Unter den oben genannten Prämissen kann diese Fläche bis 2030 auf circa vier Millionen Hektar verdoppelt werden, ohne in Konkurrenz etwa zum Nahrungsmittelanbau zu treten. Zudem ist Deutschland mit 11 Millionen Hektar Waldfläche eine der waldreichsten Regionen Europas. Jedoch werden nur 60 % des jährlichen Aufwuchses – entsprechend 74 Millionen Festmeter – stofflich oder energetisch genutzt. Der Wald wächst und das Angebot holzartiger Biomasse nimmt stetig zu. In einem vom Öko-Institut für das Bundesministerium für Umwelt entwickelten Szenario könnten bei der nachhaltigen Mobilisierung dieser verfügbaren, heimischen Biomasse 2020 jeweils rund 10 % des Strom-, Wärme- und Kraftstoffbedarfs und damit auch 10 % des Primärenergiebedarfs gedeckt werden (weitere Informationen sind zu finden unter: www.erneuerbare-energien.de und www.bee-ev.de).

Vom Winde verweht

Inzwischen stehen in Deutschland 20.301 Windenergieanlagen mit einer installierten Leistung von 23.903 Megawatt (siehe Abbildung 31). Damit hat die Windenergie einen Anteil von 7,0 % am Stromverbrauch in Deutschland und ist nun vor der Wasserkraft der größte Lieferant von regenerativem Strom. Das Potenzial der bestehenden Anlagen liegt bereits weit über 40 Mrd. kWh. Tatsächlich in das Netz eingespeist wird aber deutlich weniger, denn unterdurchschnittliche Windjahre haben bisher verhindert, dass diese Leistungsmöglichkeit voll ausgeschöpft wurde. Ende 2007 waren über 90.000 Menschen in dieser Branche beschäftigt und bis 2020 können etwa 112.000 Arbeitsplätzen allein in der Windbranche erschlossen werden.

Abbildung 31: Entwicklung der Windenergie in Deutschland

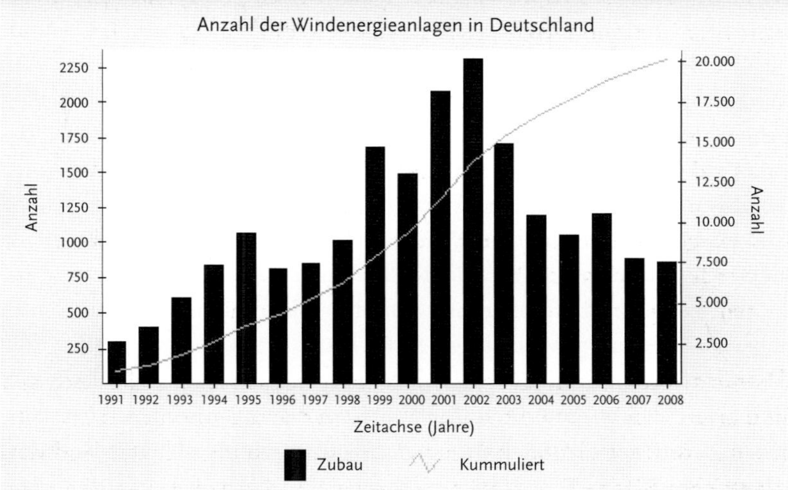

Des Weiteren soll nach Meinung der Bundesregierung bis zum Jahr 2025 der Anteil der Windenergie an der Stromerzeugung auf 25 % steigen, bezogen auf den heutigen Stromverbrauch. Dies allein würde unsere Kohlendioxidemission bereits um 20 % vermindern. Damit leistet die Nutzung von Windenergie einen bedeutenden Beitrag zum Klimaschutz. Wie die Stromversorgung mit Windenergie in der Zukunft aussehen könnte, zeigt der Ende 2008 eingeweihte Windpark »Lillgrund«, der vor Malmö liegt und rund 60.000 Haushalte mit Strom versorgen wird. Die 48 Windturbinen hat Siemens für den schwedischen Versorger Vattenfall in den Öresund gestellt. Das Handelsblatt berichtet am 1. Dezember 2008, dass weitere, größere Offshore-Anlagen folgen sollen. Auch wird berichtet, dass im Gegensatz zu Siemens der US-Konzern General Electric, weltweit die Nummer zwei in der Windenergie, mehr auf Windturbinen an Land setzt. Das dürfte daher rühren, dass in den Vereinigten Staaten deutlich mehr freie Landflächen zur Verfügung stehen als in Deutschland, wo bereits die meisten geeigneten Flächen mit Windrädern genutzt werden. Nach Meinung von Siemens wird Deutschland nach Großbritannien der zweitgrößte Markt für Windturbinen auf hoher See werden. Die Erhöhung der Einspeisevergütung für die Windenergie hat diese Energieform jetzt auch für die großen Energieversorger attraktiv gemacht. Die Finanzkrise sieht Siemens noch gelassen und das Wachstum der Windenergie auf See nur kurzfristig beeinträchtigt. Zwar gäbe es einige Verzögerungen, aber Siemens sei von der Krise nicht betroffen. Einige der größeren Versorger nutzen die günstige Gelegenheit und die Schwäche der kleineren Entwickler von Windparkprojekten, um günstig einzukaufen. Vattenfall beispielsweise erwarb Ende 2008 drei Gesellschaften in Großbritannien, die Opfer der Finanzkrise wurden. Auch EnBW hat zugegriffen und von dem Bremer Entwickler WPD Windprojekte übernommen. Es hat den Anschein, dass in der Finanzkrise einige Anbieter vom Markt verschwinden und nur die effizientesten und/oder größten übrig bleiben werden. Vattenfall beispielsweise will bis zum Jahr 2030 den Anteil des aus Wind erzeugten Stroms von jetzt 1 % auf 12 % erhöhen und der Anteil der Offshore-Anlagen wird bald bei 60 % bis 70 % liegen. Besonders Schottland und Schweden bieten gute Aussichten für diese Offshore-Anlagen, da hier der Wind stark bläst und die Küste dünn besiedelt ist.

In Deutschland scheinen es Offshore-Anlagen deutlich schwerer zu haben, als Siemens prognostiziert. So berichtet Die Welt am 17. März 2009, dass die ehrgeizigen Pläne der Bundesregierung zum Bau von Windparks auf hoher See nun unter Zeitdruck geraten. Eigentlich sollten im vergangenen Jahr bereits Anlagen mit einer Stromkapazität von 1.500 Megawatt vor den deutschen Küsten installiert sein. Bis 2020 sollen es sogar mehr als 10.000 Megawatt sein, das entspricht der Leistung von zehn Kernkraftwerken. Doch davon sind die Beteiligten weit entfernt. Bislang lag es vor allem an technischen Schwierigkeiten und der diffizilen Netzanbindung. Jetzt kommen auch noch Finanzierungsprobleme hinzu.

Die Welt führt dafür zwei Beispiele an, den »Windpark Borkum Riffgrund West« und das Pilotprojekt »Alpha Ventus«. Beim Windpark Borkum wollte die Firma Energiekontor bereits Anfang 2004 außerhalb der Zwölf-Seemeilen-Zone 458 Windkrafträder in die Nordsee bauen. Viele Anleger/innen zeichneten Anteile, doch bis jetzt steht noch kein Mast. Die Projektfinanzierung gestaltet sich angesichts der Finanzkrise schwierig. Die mittelständischen Firmen haben es deutlich schwerer als die »Multis«, diese teuren Projekte in der Nord- und Ostsee zu realisieren. Probleme gibt es auch beim Bau des Pilotprojekts Alpha Ventus 40 Kilometer östlich der

Nordseeinsel Borkum. Auch hier steht bislang kein Windrad. Der Baugrund ist schwieriger zu beherrschen als gedacht, gleichzeitig verteuern sich die Projektkosten. Der Windpark sollte zwar im Sommer 2009 fertiggestellt werden, doch damit rechnet selbst bei den beteiligten Partnern E.ON, Vattenfall und EWE keiner mehr. Das Projekt wird auf die lange Bank geschoben. Nach Ansicht der Experten und Erpertinnen droht auch anderen Projekten ähnliches Ungemach. Die Gründe dafür liegen nach Einschätzung von Banken und Firmenvertretern in den erhöhten Ansprüchen an die Eigenkapitalbasis für Offshore-Projekte. Reichte früher ein Eigenanteil von 15 % aus, um eine Fremdfinanzierung zu bekommen, verlangen Banken heute, dass ein Kreditnehmer bis zu 30 % der Kosten alleine trägt. Andere Großinvestoren ziehen sich gar ganz aus dem Markt für Windenergie zurück. Der Ölmulti Shell, der bislang mit Investitionen in erneuerbare Energien positiv auffiel, beendet nach einem Bericht des Handelsblatts vom 18. März 2009 sein Engagement in diesem Bereich und erklärt die nicht unbedeutende Windkraftsparte ebenso wie das bereits deutlich zurückgefahrene Solarenergiegeschäft zu Auslaufmodellen. Nur Projekte, deren Renditen mit Öl- und Gasinvestments mithalten können, haben noch eine Chance. Shell erklärte, dass kaum Wind- und Solarprojekte zu finden seien, die selbst unter Einschluss erheblicher staatlicher Subventionen mit den anderen firmeneigenen Investitionschancen konkurrieren könnten. Nur das Engagement im Bereich Biotreibstoffe würde beibehalten werden. Bislang war Shell mit einer installierten Energieleistung von 550 Megawatt ein bedeutender Produzent von Windenergie. Acht von elf Anlagen stehen in den USA. Aus Europas größter Offshore-Windfarm London Array, die Shell gemeinsam mit E.ON in der Themse-Mündung bauen wollte, hat sich der Konzern im Mai 2008 zurückgezogen. Die Begründung lautete schon damals, das Projekt verspreche nicht mehr die gewünschte Rendite. Bereits 2006 hatte der Konzern das Geschäft mit herkömmlichen Solaranlagen aufgegeben. Seither beteiligt sich Shell nur noch an Forschungsprojekten für neue Solartechnologien. Der Konkurrent BP nannte zwar im vergangenen Jahr noch ambitionierte Wachstumspläne für das Wind- und Solargeschäft, doch diese nur unter der Bedingung, dass sie sich wirtschaftlich rechnen.

Fließende Energie: Wasser

Früher besang man die »klappernden Mühlen am rauschenden Bach«, die in der vorindustriellen Zeit zum Antrieb von Mühlen, Säge- und Hammerwerken genutzt wurden. Die Energie einer Wasserströmung wird über ein Turbinenrad in mechanische Rotationsenergie umgewandelt und dann zum Antrieb von Maschinen oder Generatoren genutzt. Heute wird mit Wasserkraft in Deutschland fast kein Mehl mehr gemahlen, sondern ausschließlich elektrischer Strom erzeugt. Wasserkraft kann mittlerweile über eine ausgereifte Technologie genutzt werden und stellt mittlerweile 16 % des weltweit erzeugten Stroms. Für Deutschland macht das Umweltministerium folgende Angaben: Ende 2006 waren rund 7.300 Kleinwasserkraftanlagen (< 1.000 Kilowatt = 1 Megawatt) in Betrieb, die etwa 8 bis 10 % des Wasserkraftstroms produzieren. Der Rest stammt aus mittleren und großen Anlagen, von denen es 354 gibt. Nur 12 % der Anlagen sind im Besitz von Energieversorgungsunternehmen und erzeugen dennoch über 90 % des gesamten Stroms aus Wasserkraft. Die installierte Gesamtleistung liegt bei rund 4.720 Megawatt. Hiervon sind 700 Megawatt als nicht inländische Anteile der Grenzwasserkraftwerke zu werten.

In Deutschland wurden im Jahr 2007 rund 20,7 Mrd. Kilowattstunden Strom aus Wasserkraftnutzung erzeugt. Dies entspricht einem Anteil an der deutschen Stromerzeugung von 3,4 %, einem Anteil an der Stromerzeugung aus erneuerbaren Energien von 23,6 % und einer Reduzierung der CO_2-Emissionen um 22,6 Mio. Tonnen. Die wesentlichen Potenziale der Wasserkraft liegen im Ersatz, in der Modernisierung und Reaktivierung vorhandener Anlagen sowie im Neubau an bestehenden Querbauwerken. Eine deutliche Steigerung wie bei der Biomasse und Windenergie ist bei der Nutzung von Wasserkraft nicht zu erwarten. Im Hinblick auf den Beitrag der Wasserkraft zum Arbeitsmarkt bietet die jüngste Schätzung mit 9.400 Arbeitsplätzen im Jahr 2007 in Deutschland ein bescheidenes Bild, gemessen an den anderen Sektoren erneuerbarer Energien.

Von der Sonne verwöhnt

Die Sonne scheint fast immer und ihre Energie lässt sich vielfältig nutzen. Photovoltaikanlagen wandeln Sonnenlicht direkt in elektrischen Strom um. Solarthermische Anlagen eignen sich zur Erwärmung von Trinkwasser und zur Aufbereitung von heißem Wasser für die Heizungsanlage. Mit Solarthermieanlagen lassen sich auch Kälte und Prozesswärme erzeugen. Großes Potenzial liegt in der Speicherung von Solarwärme im Sommer für den Winter und der Verteilung von heißem Wasser über Nahwärmenetze.

Auf vielen Dächern von Privathaushalten können wir bereits Sonnenkollektoren sehen. Mit diesen kann das Trinkwasser erwärmt und die Heizung unterstützt werden. Eigenheimbesitzer/innen oder -erwerber/innen können dafür zinsgünstige Darlehen bei der Kreditanstalt für Wiederaufbau erhalten. Um einen weiteren Anreiz zu schaffen, wurde zum 1. Januar 2009 das sogenannte Erneuerbare-Energien-Wärmegesetz in Kraft gesetzt. Das bedeutet, dass künftig in Neubauten eine Nutzungspflicht für erneuerbare Energien in der Wärmeversorgung gilt. Genutzt werden kann auch Solarenergie, etwa mittels eigener Solarkollektoren oder durch den Bezug von Fernwärme in Kombination mit einer zentralen großen Solarwärmeanlage. Kritiker/innen erneuerbarer Energien behaupten, ohne das sogenannte Erneuerbare-Energien-Gesetz (EEG) hätten diese auf dem deutschen Markt aufgrund deutlich höherer Kosten keine Chance gehabt.

Vor allem Photovoltaikanlagen profitieren vom EEG. Es bietet feste Vergütungssätze und einen 20-jährigen Vergütungszeitraum und damit für Investoren und Investorinnen ein Höchstmaß an Planungssicherheit. Da es neben den Vergütungssätzen auch einen Anspruch auf diese Vergütung für den erzeugten Strom gegenüber dem jeweiligen Netzbetreiber, dem regionalen Energieversorgungsunternehmen gibt, waren Solarstromanbieter viele Jahre lang in einer komfortablen Situation.

Die Zukunft des deutschen Solarstromes steht nun vor einer Wendemarke, da zum 1. Januar 2009 die Vergütung für Solarstrom nach der am 6. Juni 2008 vom Bundestag beschlossenen Novelle des Erneuerbare-Energien-Gesetzes (EEG) gesenkt wurde. Das bedeutet, dass in den Jahren 2009 und 2010 die gesetzlich garantierte Solarstrom-Einspeisevergütung für Photovoltaikanlagen bis zu einer installierten Leistung von 100 Kilowatt (kWp) um jährlich 8 % sinkt und ab 2010 um 9 %. Für Anlagen größerer Leistung gelten in den Jahren ab 2009 die höheren Degressionssätze von 10 % beziehungsweise 9 %. Der Vergütungssatz wurde nun von 44,41 Cent auf 43,01 Cent je Kilowattstunde verringert. Die Solarstrombranche steht damit unter Druck, denn durch die schnellere Senkung der Solarförderung müssen die Hersteller nun die Preise für Solarkomponenten stärker senken als bisher, um den weiteren Marktausbau in Deutschland zu sichern. Das Unternehmen RWC Wirtschaftsberatung hat für den aktuellen Solar-Report (www.solarserver.de) nachgerechnet, was die neuen Regelungen für künftige Betreiber von Solarstromanlagen bedeuten, und kommt zu dem Ergebnis, dass die »Goldgräberstimmung« bei den Solarstromproduzenten bald Vergangenheit sein wird und die kritischen Stimmen hinsichtlich der erhöhten Degression wohl richtig lagen – wenn nicht deutliche Preiskorrekturen nach unten erfolgen. Aus diesem Grund muss bei jeder Investition genau nachgerechnet werden, ob und wann sich diese lohnen wird.

In völlig neuen, bislang für kaum vorstellbar gehaltenen, Dimensionen denkt ein Konsortium führender deutscher Unternehmen. Es geht um den Plan, riesige Sonnenkollektoren in der Wüste zu errichten, die Sonnenenergie einsammeln und als Strom in Pipelines nach Europa einspeisen. Diese Wüstenfabriken sollen in 15 Jahren rund 15 % des deutschen Stroms abdecken, so die Vision. Federführend ist dabei die Münchener Rück. Mit im Bunde sind Siemens, ABB, MAN Ferrostaal aber auch die Deutsche Bank. In einigen Jahren werden wir wissen, ob das Projekt »Desertec« nur ein PR-Gag oder ein ernstzunehmender Versuch einer Energiewende darstellt.

In die Tiefe gehen: Geothermie

Die Nutzung der geothermischen Energie, die aus der Erde kommt, führt in Deutschland derzeit noch ein Schattendasein. Doch sie bietet verschiedene Vorteile, da sie weder von klimatischen Bedingungen noch von der Tages- oder Jahreszeit abhängig und damit im Gegensatz zu den meisten anderen regenerativen Energien zuverlässig verfügbar ist. Bei Geothermie, auch Erdwärme genannt, handelt es sich um eine unerschöpfliche Energiequelle. Wenn man von der Erdoberfläche in die Tiefe vordringt, findet man auf den ersten 100 Metern Tiefe eine nahezu konstante Temperatur von etwa 10 °C vor. Danach steigt die Temperatur pro weiteren 100 Metern Tiefe im Mittel um 3 °C an. Diese Wärme kann man zur Energiegewinnung nutzen. Drei verschiedene Verfahren haben sich bislang bewährt: die oberflächennahe Geothermie (bis 400 Meter Tiefe), sowie geothermische Systeme, die warmes, im Untergrund vorhandenes Wasser nutzen (bis ca. 4.500 Meter Tiefe) und Systeme, die Wärme aus dem tiefen Gestein für die Stromerzeugung nutzen (in Fachkreisen auch »Enhanced Geothermal Systems« – EGS genannt) und gegenwärtig bis in 5.000 Meter Tiefe vordringen.

Der Oberrheingraben, das Molassebecken südlich von München und die norddeutsche Tiefebene gelten hierzulande als besonders geeignete Regionen für Tiefengeothermieprojekte. Das bislang größte Geothermiekraftwerk in Deutschland mit einer Strom- und Wärmeleistung von 38 Megawatt arbeitet in Unterhaching bei München. Das Umweltministerium teilte nun im Februar 2009 mit, dass zusammen mit der KfW Bankengruppe und der Münchener Rück ab sofort ein neues Kreditprogramm für den Ausbau der Geothermie in Deutschland gestartet wird. Insgesamt werden 60 Millionen Euro zur Finanzierung von geothermalen Tiefbohrungen zur Verfügung gestellt. Mit diesem Programm soll insbesondere das Fündigkeitsrisiko der Projekte gemindert werden. Denn die hohen Bohrkosten sind wegen des Risikos, in der Tiefe nicht fündig zu werden, das größte Investitionshemmnis für Tiefengeothermie-Projekte. Die kommerzielle Nutzung der Tiefenerdwärme für die Wärme- und/oder Stromgewinnung hängt nach Expertenmeinung entscheidend davon ab, ob im Untergrund ausreichende Mengen an genügend heißem Wasser vorgefunden werden. Investitionen von oft mehr als zehn Millionen Euro pro Projekt stehen im Risiko. Während bei allen anderen erneuerbaren Energien bereits zahlreiche Projekte und jahrzehntelange Erfahrungen vorliegen, wird mit der Nutzung der Erdwärme noch Neuland beschritten werden. Angesichts der nicht erschöpfenden Energiequellen bietet die Geothermie, wenn es denn gelingt, sie wirtschaftlich nutzbar zu machen, hervorragende Perspektiven.

Mit regenerativen Anlagen Geld verdienen

Die Ausführungen haben gezeigt, dass dem Markt erneuerbarer Energien große Wachstumsaussichten zugetraut werden, dass aber auch die ersten Hürden zu überwinden sind, da staatliche Förderungen geringer ausfallen werden. Die Investitionen in diesem Sektor müssen sich über kurz oder lang auch ohne staatliche Zuschüsse rechnen. Anlegerinnen und Anleger, die bewusst einen Beitrag zur Förderung erneuerbarer Energien beitragen und überdies ihr Geld vermehren wollen, bietet sich eine Fülle von Anlagemöglichkeiten. Die direkteste Form der Anlage ist die sogenannte Beteiligung. Aber auch über Genussscheine und -rechte sowie über Aktienengagements ist eine Investition in diesen Wachstumsmarkt möglich.

Drum prüfe, ... – Beteiligungen

Bei einer Beteiligung werden die Anleger/innen Mitunternehmer/innen in einer Personengesellschaft mit den damit verbundenen Chancen und Risiken. Die meisten dieser Beteiligungsfonds werden in der Rechtsform einer KG (Kommanditgesellschaft) aufgelegt. Am häufigsten vertreten ist dabei die GmbH & Co. KG. Durch diese Konstruktion sollen die Vorteile der Personengesellschaft mit den Haftungsbegrenzungen einer Kapitalgesellschaft verbunden werden. Die Anteile an der Kommanditgesellschaft werden während eines festgelegten Platzierungszeitraumes dann zum Kauf angeboten. Wenn genügend Eigenkapital vorhanden ist, wird der Fonds geschlossen. Das Eigenkapital und das zusätzliche Fremdkapital werden dafür eingesetzt, die sogenannten Anlagegüter zu erwerben. Darüber hinaus werden aus dem Eigenkapital aber auch die meist nicht unerheblichen Emissionskosten bezahlt. Abhängig von der jeweiligen Investition liegt die Fremdkapitalquote etwa zwischen 40 % und 70 %. Die Investoren und Investorinnen leisten eine feste Kommanditeinlage und erlangen damit eine Beteiligung an der Kommanditgesellschaft. In der Regel liegt die Mindesteinlage für Privatanleger/innen bei 5.000 bis 10.000 Euro. Darüber hinaus wird für gewöhnlich ein sogenanntes Agio (Ausgabeaufschlag) von bis zu 5 % erhoben. Dieses Agio fließt nicht in die Gesellschaft, sondern wird direkt an den Vertrieb weitergeleitet. Auch von der tatsächlichen Einlage werden dann weitere Gelder einbehalten, die für auftretende Nebenkosten, Vertriebskosten der Fondsgesellschaft, Verkaufsprovisionen, Steuerberatung, Prospekterstellung, Treuhänder und weiteres mehr verwendet werden. Diese Nebenkosten werden auch als Weichkosten bezeichnet. Der Anteil der Weichkosten am gesamten Fondsvolumen variiert sehr stark und liegt meist bei etwa 5 % bis 15 %. Da diese Kosten keine Substanz darstellen, schmälern sie den wirtschaftlichen Ertrag des Fonds.

Wer in einen geschlossenen Fonds investiert, muss sich auf eine langfristige Anlagedauer festlegen. Für die Dauer der Laufzeit ist man an die Beteiligung gebunden. Da es sich um unternehmerische Beteiligungen handelt, die weder einer staatlichen Aufsicht noch einem transparenten Handel unterliegen, können Anteile weder regelmäßig über die Börse verkauft werden, noch gibt es eine regelmäßige Preisfestlegung mit der Möglichkeit einer Rückgabe an den Fondsinitiator. Damit unterscheiden sie sich stark von den offenen Investmentfonds. Es gibt mittlerweile zwar einen sogenannten Zweitmarkt für den Ankauf und Verkauf von zurückgegebenen Beteiligungen – zum Beispiel an der Börse Hamburg, aber hier werden nicht alle Beteiligungen gehandelt.

Bildeten früher vor allem steuerliche Anreize die Motivation zum Erwerb einer Beteiligung, so sollte heute die Erzielung von Erträgen das Ziel sein, indem jährliche Ausschüttungen erzielt werden und am Ende der vereinbarten Laufzeit die Investitionssumme durch die Gesamterträge überschritten sein sollte. Doch für viele Anleger/innen blieb die Vermögensvermehrung ein frommer Wunsch, denn am Ende saßen sie auf großen Verlusten infolge von Insolvenzen der Initiatoren oder der Objektmieter.

Der Beteiligungsmarkt ist durch eine große, meist unübersichtliche Vielzahl von Initiatoren und Modellen gekennzeichnet und nicht alle sind seriös. In seinem Buch »Lizenz zum Bauernfang« berichtet Stefan Loipfinger sehr anschaulich von der »häufig korrupten Kaste«, die in dieser Branche unterwegs ist. »Dabei geht traditionellen Werten wie Ehrlichkeit und Seriosität schon mal die Puste aus. Denn hinter den bunten Kulissen der Seifenblasen-Spezies wuchern legale und illegale Machenschaften, jede Menge Intrigen und Geldgier pur.«

Der Verband geschlossene Fonds (VGF) veröffentlichte erstmals im Januar 2009 die offiziellen Marktzahlen für geschlossene Fonds 2008. Demnach wurden die Zahlen von 143 Fondsanbietern ausgewertet, die jeweils in den vergangenen drei Jahren kumuliert fünf Millionen Euro Eigenkapital und mindestens einen Fonds 2008 platziert haben. Diese Häuser gelten nach Aussagen des VGF als dauerhaft präsent und bilden den relevanten Markt. Konkret bedeutet das: Es gibt noch weitaus mehr als diese 143 Anbieter geschlossener Fonds, die dann als nicht dauerhaft präsent bezeichnet werden müssen. Die befragten Häuser gaben ein platziertes Eigenkapital von 8,3 Mrd. Euro für 2008 bekannt. Das Investitionsvolumen belief sich auf 15,4 Mrd. Euro. Mit diesem Volumen hat sich zwar das Ergebnis gegenüber 2007 um 25,3 % verringert, aber es ist nach Angaben des Verbandes noch besser als erwartet. Bemerkenswert bei dieser Auswertung ist auch das Alter der Investoren und Investorinnen: 24,8 % der Zeichner/innen sind zwischen 51 und 60 Jahre alt, gar 27,1 % sind zwischen 61 und 70 Jahre alt und immerhin 12,7 % sind sogar älter als 70 Jahre (www.vgf-online.de). Angesichts der langen Bindungsfristen der Beteiligungen von häufig mehr als 20 Jahren werden viele der Zeichner/innen die Rückzahlung des Kapitals wohl gar nicht mehr erleben. Laut VGF verfügten die erfassten geschlossenen Fonds 2008 über ein Bestandsvolumen von 142 Mrd. Euro, was mehr ist als das Bruttoinlandsprodukt von Tschechien und knapp doppelt so viel wie die Goldreserven der Deutschen Bundesbank. Damit gehören die Anbieter geschlossener Fonds zu den größten Assetmanagern in Deutschland.

Für dieses ganze Vermögen gibt es nur sehr rudimentäre Regelungen. Der sogenannte »graue Kapitalmarkt« ist in erster Linie vertriebsorientiert und die Durchsetzung der Überwachung und Geltendmachung von Ansprüchen gegenüber den jeweiligen Fonds obliegt ausschließlich den einzelnen Anlegern und Anlegerinnen. Mittlerweile hat sich aber der Prospektierungsstandard gemäß IDW ES4 (Institut der Wirtschaftsprüfer) durchgesetzt und seit dem 1. Juli 2005 gibt es die Aufsicht und formale Prüfung des Emissionsprospekts durch die Bundesanstalt für Finanzdienstleistungsaufsicht (BaFin). Allerdings werden hier nur die Formalien und nicht die Wirtschaftlichkeit der Anlage geprüft (siehe Tabellen 26a–26c, Seite 149 f.).

Die Übersicht zeigt, dass derzeitig vor allem Solar- und Biogasfonds im Angebot sind. Im Bereich Windkraft kann festgestellt werden, dass es fast nur noch sogenannte Zweitmarktfonds gibt, die Anteile von Privatinvestoren und -investorinnen bereits platzierter Fonds aufkaufen und in einem neuen Fonds zusammenfassen.

Tabelle 26a: Auswahl Erneuerbare-Energie-Fonds – Solarfonds

Fondsname	Initiator	Mindest-beteiligung	Laufzeit
Solarpark Tordessilla	Deutsche Solargesellschaft	13.000 EUR	bis 2033
Ecovision Solarfonds Schwerter zu Solarscharen	ecovision GmbH	ab 2.000 EUR	bis 2028
SolarKraftWerk Bad Aibling	IFE Solar Systeme GmbH	17.875 EUR	bis 2029
Solar Generation Fund I	voltwerk AG	5.000 EUR	bis 2025
Sonnenfonds Donau	Solarparc AG	10.000 EUR	bis 2025
KOGEP drei GmbH & Co. Solar Wandersleben KG	RGE Energy AG	20.000 EUR	bis 2027
SolEs 21 GmbH & Co.	VOIGT & Col. GmbH	10.000 EUR	bis 2019
Solarfonds InfraClass Energie 4	KGAL	10.000 EUR	bis 2033
Chorus CleanTech Solar	Chorus CleanTech Management GmbH	10.000 EUR	bis 2019
MainfrankenSolarfonds 3	Mainfranken Solar	10.000 EUR	bis 2027

Tabelle 26b: Auswahl Erneuerbare-Energie-Fonds – Biogasfonds			
Fondsname	Initiator	Mindest-beteiligung	Laufzeit
Biogasfonds Rogäsen	BioCon Invest Gesellschaft für unternehmerische Beteiligungen	10.000 EUR	bis 2028
Top 3 Biogas GmbH & Co.KG	UDI UmweltDirektInvest-Beratungs GmbH	5.000 EUR	bis 2009
IGB NAWARO Bioenergie	IGB Nawaro GmbH	20.000 EUR	bis 2028
Biomassekraftwerke Glienck	BioCon Invest Gesellschaft für unternehmerische Beteiligungen	10.000 EUR	bis 2028
Biogasfonds Cash Cow III	Aufwind Schmack	10.000 EUR	bis 2027
MTV IV Bioenergie	MTV Capital Invest AG	10.000 EUR	bis 2027
Deutsche Biomassekraft-werk I GmbHG	Bavaria Beteiligungsplanung	7.700 EUR	bis 2026

Tabelle 26c: Auswahl Erneuerbare-Energie-Fonds – Windkraftfonds			
Fondsname	Initiator	Mindest-beteiligung	Laufzeit
Windenergiefonds Portfolio 1	Das Grüne Emissionshaus GmbH / ee-direkt GmbH	10.000 EUR	bis 2015
Neue Energien III Zweitmarktfonds	Oekorenta AG	platziert	bis 2024
Zweitmarktfonds		10.000 EUR	bis 2025
WindLEASE Schönfeld	ENERTRAG Energieinvest GmbH	5.000 EUR	bis 2025

Der Neue Energien III Fonds, den die Oekorenta AG aufgelegt hat und der bereits platziert ist, war ein reiner Eigenkapitalfonds mit einem Volumen von 10 Mio. Euro. Nach Angaben der Oekorenta ist der Neue Energien IV Fonds schon in der Prospektierungsphase. Häufig finden sich in diesen sogenannten Zweitmarktfonds Anteile von Windparkfonds, die ihre Prognosen nicht einhalten konnten und die dann von den Privatinvestoren und -investorinnen mit deutlichen Abschlägen auf den Nennbetrag verkauft worden sind.

Die Gründe, die sich für das Ausbleiben von Ausschüttungen von Windparkfonds finden lassen, sind in nebenstehendem Kasten zusammengefasst.

Gründe für das Ausbleiben von Ausschüttungen

Verspätete Inbetriebnahme
- verzögerte Genehmigung (Einsprüche)
- Lieferengpässe bei den Anlagen
- witterungsbedingter Baustopp
- Beschränkung durch Auflagen (z.B. Schattenwurf, Nachtabschaltung)
- verspätete Netzanbindung

Finanzkonstruktion
- hohe Fremdkapitalquote
- Weichkostenanteil
- zu geringe Sicherheitsabschläge

Anlagen
- schlechte Anlagentechnik
- »Kinderkrankheiten«, häufige Reparaturen
- mangelnde Wartung, längere Stillstandszeiten
- hoher Eigenverbrauch, schlechte Netzverträglichkeit

Gutachten
- nur ein oder schlechte Gutachten (ohne Windmessung, geschönt)
- Übergewichtung windstarker Vorjahre
- zu geringe Sicherheitsabschläge
- Nichtberücksichtigung von Abschattungen

Was hatte die Anleger/innen damals dazu bewegt, in einen Windparkfonds zu investieren?

Positive Stimmung ...
- breite und gute Presse zur Windkraft
- Deutschland wird »Wind-Weltmeister«!
- Windparkbeteiligungen werden mehr verteilt als verkauft
- die Initiatoren stehen vor einem Nachfrageüberhang
- es werden zunehmend Projekte »mit heißer Nadel gestrickt«
- die Entwicklungszeiten der Anlagen werden kürzer
- der unternehmerische Beteiligungscharakter kommt zu kurz
- Steuern sparen und was für die Umwelt tun (Turbo-Tricks!)

... bis 2003 erste negative Schlagzeilen (Spiegel-Artikel) auftauchen.

Die Ausführungen geben einen guten Überblick über die Aufbruchsstimmung Anfang des Jahrtausends im Bereich Windenergie. Vor allem steuerliche Anreize führten dazu, dass Fondsanteile tatsächlich »verteilt« (mit Wartelisten) und nicht mehr nach einer eingehenden Beratung verkauft wurden. Diese »mit der heißen Nadel gestrickten« Beteiligungen wurden dann noch von mehreren schlechten Windjahren überrascht, sodass negative Ergebnisse nicht ausblieben. Einige Anbieter, wie der Itzehoer Windparkfondsanbieter Prokon mussten Liquiditätsprobleme einräumen, andere gar Insolvenz anmelden, wie beispielsweise die WindStar Energie in 2004 oder die Umweltkontor Renewable Energy AG im gleichen Jahr. Nach diesen Entwicklungen mussten Windparkfonds mit einem schlechten Image kämpfen. Von den »Goldgräberjahren« sind die Windparkbeteiligungen weit entfernt. In den angebotenen Zweitmarktfonds werden nach Angaben von Oekorenta beispielsweise nur Fondsanteile erworben, die folgende Merkmale aufweisen:

- Investition in Erneuerbare-Energien-Beteiligungen,
- ausschließlich erprobte und durch EEG gesicherte Technologien,
- Solidität und Erfahrung des Initiators und der Geschäftsführung,
- Renommee des Anlagenherstellers,
- Zielfonds seit mindestens 3 Jahren produktiv,
- vorliegende Leistungsbilanzen, Geschäftsberichte, Gesellschafterprotokolle, Wartungsberichte,
- fortgeschrittener Entschuldungsgrad,
- nur nach positiv verlaufener Prüfung sämtlicher Daten und Verträge,
- bei günstigem Ankaufspreis in Relation zur erwarteten Entwicklung
- und bei transparenter Kommunikationspolitik des Fondsmanagements.

Im Bereich Solarenergie und Biomassefonds werden weiterhin Beteiligungen offeriert. Interessierte Anleger/innen sollten das Angebot vorab aber genau prüfen, um böse Überraschungen zu vermeiden.

Der Bundesverband WindEnergie gibt interessierten Anlegern und Anlegerinnen wertvolle Tipps für die Prüfung einer Beteiligung. Auch wenn hier Hinweise für den Umgang mit einem Windparkfonds gegeben werden, können diese ebenso für andere Beteiligungen herangezogen werden (siehe nebenstehenden Kasten »Die Windehe«).

Anlegerinnen und Anleger, die noch mehr Risikobereitschaft und Vertrauen in den Zukunftsmarkt erneuerbare Energien mitbringen, können sich mittlerweile auch im Bereich »Private Equity« engagieren. Denn inzwischen sind einige geschlossene Fonds aufgelegt worden, die Kapital für junge Unternehmen mit guten Ideen, Technologien und Produkten zur Verfügung stellen. Dieses Geld sollen die Unternehmen nutzen, um die Innovationen rentierlich umzusetzen. Dies gelingt nicht immer. Von zehn Unternehmen lassen vier bis acht Profite nicht zu, einige laufen mittelmäßig und nur ein Unternehmen schafft eine Vervielfachung des Kapitals und egalisiert die Verluste der anderen neun Unternehmen nicht nur, sondern schafft ein deutliches Gesamtplus.

Die Windehe

Wer Windmüller wird, wird Unternehmer. Mit allen Chancen und Risiken!

1. *Prüfen Sie genau, auf welcher Basis das Windpotenzial für den Windparkstandort ermittelt worden ist. Greifen Sie zum Taschenrechner, um nachzuprüfen, ob der Nettoenergieertrag korrekt berechnet worden ist. Achten Sie darauf, dass der Fondsanbieter bei der Berechnung des prognostizierten Windertrages ausreichende Sicherheitsabschläge für die verschiedenen Risiken berücksichtigt hat.*
2. *Ermitteln und vergleichen Sie die sogenannten Investitionskosten des Windparkprojektes. Berücksichtigen Sie dabei alle für die Investitionen notwendigen Aufwendungen wie Agio oder sonstige Kosten der Beteiligung. Setzen Sie die spezifischen Investitionskosten des Windparks ins Verhältnis zum Nettoenergieertrag und zur installierten Leistung.*
3. *Prüfen Sie, ob der angegebene Zeitpunkt für die Inbetriebnahme des Windparks realistisch ist. Fragen Sie den Fondsanbieter nach möglichen Verzögerungsrisiken. Besonders eine Verzögerung in ein neues Kalenderjahr bringt um 2% verringerte Erlöse. Entsprechen die Betriebskosten über den Prognosezeitraum den neuesten Erkenntnissen und ist mit einer konservativen Preissteigerungsrate gerechnet worden? Betrachten Sie auch das Verhältnis der Investitions- und Betriebskosten in den verschiedenen Prospekten.*
4. *Achten Sie nicht nur auf die Rendite nach dem sogenannten internen Zinsfuß. Das so ausgewiesene Ergebnis kann durch Einzeleffekte eine zu optimisische Wirtschaftlichkeit vorspiegeln. Prüfen Sie deshalb auch die Gesamthöhe der Ausschüttungen und gegebenenfalls den Zeitpunkt, wann Sie nach den Planberechnungen des Prospekts Ihr eingesetztes Kapital zurückerhalten.*
5. *Lesen Sie den Gesellschaftsvertrag. Prüfen Sie insbesondere, welche Rechte Sie als Kommanditist haben, welche Rechte und Pflichten die Geschäftsführung hat und ob Sie Ihre Beteiligung übertragen können oder nicht. Achten Sie auf ausreichende Aufsichts- und Kontrollrechte, eventuell auch über die Gründung eines Beirates.*
6. *Fordern Sie beim Fondsinitiator eine Prospektbeurteilung durch einen Wirtschaftsprüfer nach IDW-Standard sowie aussagefähige Leistungsbilanzen (nach BWE-Standard) an. Eine Projektprüfung »due diligence« schafft zusätzliche Sicherheit.*
7. *Prüfen Sie das Gesamtkonzept insbesondere bei der Mittelverwendungskontrolle, der Eigenkapitalsicherheit, der Bonität und Erfahrung der Vertragspartner. Lassen Sie sich bei Unklarheiten vor Unterzeichnung einer Beteiligung von einem branchenerfahrenen Rechtsanwalt, Steuerberater oder Wirtschaftsprüfer auch im Hinblick auf die individuellen steuerlichen und rechtlichen Konsequenzen beraten.*
8. *Prüfen Sie den Umfang der gegebenen Garantien bei der Technik und beim Fonds!*

Wölbern Invest beispielsweise, ein renommierter Initiator geschlossener Immobilienfonds, bietet mit dem Wölbern 03 ProKlima seit Januar 2009 einen 20 Millionen Euro schweren Fonds an, der sich an sogenannten Zielfonds beteiligt, die wiederum direkt in Umwelttechnologiefirmen investieren. Bis zu 50 % des Fonds können auch direkt in Firmenbeteiligungen fließen. Nach Recherchen des ECOreporters (03/2009) hält der Fonds derzeitig Anteile an 35 Unternehmen, die in den Bereichen Solar-, Wind-, Biomasseenergie, Energieeffizienz, Wassertechnik oder Recycling arbeiten. Insgesamt will sich der Fonds an 100 Unternehmen beteiligen. Wölbern vertritt die Auffassung, dass die Finanzkrise das Verlustrisiko sogar begrenzen kann, unter anderem, weil die Preise derzeitig niedrig sind. So erklärt Sebastian Krüger, Fondsmanager des Hauses Wölbern: »Auch wenn es auf den ersten Blick ungewöhnlich klingt, aus unserer Sicht könnte die Krise zum Beschleuniger für Klimaschutz- und Umwelttechnologien werden. Momentan werden umfangreiche staatliche Konjunkturmaßnahmen auf den Weg gebracht, die insbesondere diesem Bereich zugutekommen. In den USA beispielsweise werden in den nächsten zehn Jahren 150 Milliarden Dollar im Bereich Erneuerbare Energien investiert.« (ECOreporter 03/2009, S. 6). Wer mehr als 10.000 Euro auf sehr lange Sicht festlegen kann und optimistisch für diese Zukunftsbranche gestimmt ist, hat mit dieser Anlage die Möglichkeit direkt, in Unternehmen zu investieren und möglicherweise sehr gute Gewinne zu erzielen.

Es geht auch anders: Genussscheine, Zertifikate, Investmentfonds

! Während Beteiligungen im Hinblick auf die Kosten eine teure Form der Investition in erneuerbare Energien darstellen, bieten Genussscheine oder -rechte eine Direktanlage mit deutlich geringeren Kosten. Mit den Genussrechten verleihen Anleger/innen ihr Geld direkt an ein Unternehmen und erhalten im Gegenzug dafür stattliche Zinsen, die aber gewinnabhängig sind. Im Falle einer Insolvenz des Unternehmens werden Genussrechtsinhaber/innen zwar vorrangig vor Aktionären und Aktionärinnen oder Kommanditisten und Kommanditistinnen bedient, aber nachrangig nach den Gläubigern, zu denen nicht nur die kreditgebenden Banken, sondern möglicherweise auch Anleihegläubiger/innen gehören können. Im schlimmsten Falle droht dann der Totalverlust des Geldes. Aktuell werden nach Recherchen des ECOreporters (www.ecoreporter.de) einige Genussrechte aus dem Bereich erneuerbare Energien angeboten. Beispielhaft sei an dieser Stelle das Angebot der Windwärts Energie GmbH, Hannover, angeführt. Mit der Emittierung der Windwärts-Genussrechte 2008/2009 sollen 3 Millionen Euro eingesammelt werden. Ab einem Nennwert von jeweils 1.000 Euro ist eine Investition möglich und es wird eine ergebnisabhängige Verzinsung von 7,25 % pro Jahr in Aussicht gestellt. Die Laufzeit beträgt 7 Jahre, dann erfolgt die Rückzahlung zum Nennwert. Es wird kein Agio erhoben. Eine solche Anlage ist hinsichtlich der

Kosten sicherlich deutlich günstiger als die vergleichsweise teuren Beteiligungen. Die Risiken eines Konkurses oder ausbleibender Gewinne dürfen jedoch nicht außer Acht gelassen werden.

Eine indirekte Beteiligungsmöglichkeit bietet der Erwerb von Aktien von Unternehmen aus der Erneuerbare-Energien-Branche. Wenn es sich dabei nicht um Neuemissionen handelt, sondern um Wertpapiere, die über die Börse bezogen werden, fließt das Geld nicht mehr direkt dem Unternehmen, sondern dem Verkäufer der Aktie zu.

Anlegerinnen und Anleger, die nicht nur auf einen Aktienwert eines Unternehmens setzen wollen, können entweder über ein Zertifikat oder über einen Investmentfonds einsteigen. Nach Ausbruch der Finanzkrise sind zunächst deutlich weniger neue Zertifikate emittiert worden. Deshalb seien an dieser Stelle beispielhaft zwei Zertifikate aus dem Bereich erneuerbare Energien ausgewählt. Das am 5. August 2008 emittierte WestLB Open-End New-Energy-Active-Zertifikat bietet die Beteiligung an der Wertentwicklung von insgesamt zehn Aktien aus dem Bereich der erneuerbaren Energien. Anleger/innen werden im Bezugsverhältnis 1 zu 1 beteiligt. Aktuell sind im Basket folgende Aktien enthalten: Canadian Hydro Development, First Solar Inc., Gamesa Corp. Tecnologica SA, Q-Cells SE, Renewable Energy Corp. ASA, Roth & Rau AG, Solarworld AG, TERNA ENERGY SA, Theolia, Vestas Wind System. Allerdings hat dieses Zertifikat seit August 2008 immerhin 52,06 % an Wert verloren.

Das ABN Amro Wind TR Index Zertifikat wurde im April 2006 aufgelegt und ermöglicht Anlegern und Anlegerinnen ein Investment im Markt der Energiegewinnung aus Windkraft. Mit dem Zertifikat setzt man auf einen Aktienkorb von zehn Unternehmen aus der Windkraftbranche. An der Wertentwicklung dieser Auswahl wird man im Bezugsverhältnis 1 zu 1 beteiligt. Der Index stellt die Kursentwicklung inklusive der Dividenden von Unternehmen der Windkraftenergie dar. In dem zugrunde liegenden WindTR Index sind je fünf Hersteller von Windkraftanlagen und fünf Projektierer von Windparks enthalten. Es sind dies:

Hersteller/ Projektierer	*Gewichtung*
– Gamesa Corp.	(19,73 %)
– Vestas Wind Systems	(19,12 %)
– EDF Energies Nouvelles	(17,15 %)
– REpower Systems	(12,24 %)
– Nordex AG	(11,83 %)
– Theolia	(5,59 %)
– Babcock & Brown	(5,22 %)
– Clipper Windpower	(4,16 %)
– Greentech Energy	(3,17 %)
– Japan Wind Development	(1,80 Prozent)

In seiner Analyse bescheinigte der ECOreporter am 1. Juli 2008 noch: »Das ABN Amro Wind TR Index Zertifikat baut auf eine überzeugende Auswahl von Windaktien. Es handelt sich um führende Windkraftunternehmen, die sich in aussichtsreichen Märkten viel versprechend aufgestellt haben. Es ist sehr wahrscheinlich, dass die Performance des Wertpapiers auch weiter insgesamt positiv ausfallen wird. Allerdings konzentriert sich der Aktienkorb auf eine Auswahl aus einem kleinen Marktsegment. Die Windkraft ist zudem eine vergleichsweise junge Technologie, Rückschläge sind möglich.« Diese Rückschläge traten dann auch prompt ein: In den vergangenen sechs Monaten (Stand: 23. März 2009) verlor das Zertifikat 49,89 %!

Ähnlich erging es auch den in erneuerbare Energien anlegenden Investmentfonds. 2008 konnten die acht in Deutschland zum Vertrieb zugelassenen Erneuerbare-Energien-Fonds nur Verluste aufweisen. Sieben Fonds gaben, wie auch die Zertifikate, über 50 % an Wert ab. Nur der Dezember 2008 war ein wenig besser – zwei Fonds konnten ein leichtes Plus erzielen (Tabelle 27).

Tabelle 27: Entwicklung Erneuerbare-Energien-Fonds 2008

Name des Fonds	1 Monat	12 Monate	ISIN	Währung
FFS Four Elements Fund Fire	–5,08	–33,99	LU0298621334	EUR
Vovotobel Fund – Global Trend New Power Tech	–4,81	–50,95	LU0138258404	EUR
BlackRock Global Funds (BGF) New Energy Fund	1,29	–51,69	LU0124334867	USD
SAM Smart Energy Fund	4,11	–54,07	LU0199356550	EUR
Sarasin New Power Fund – B	–0,40	–57,48	LU0288930869	EUR
New Energy Fund	–1,49	–57,81	LU0121747215	EUR
KBC ECO Fund Alternative Energy	–0,77	–57,89	BE0175280016	EUR
VCH New Energy	0,00	–58,48	LU0283850484	EUR

Was Sie beachten sollten!

Diese Entwicklungen belegen eindeutig, dass ein Investment in einer Branche, auch wenn es sich dabei um eine wachstumsstarke Branche mit sehr guten Zukunftsperspektiven handelt, immer mit hohen Risiken behaftet ist. Branchenfonds oder auch Zertifikate, die auf eine Branche oder einen Trend setzen, eignen sich nicht als Basisinvestment, sondern nur als Ergänzung in einem größeren Depot für Anleger/innen, die gezielt auf eine Branche setzen möchten.

»Unsere Kreditnehmer sollen nicht den Baum,
sondern die Mango essen.«
Muhammad Yunus

Kleines Geld, große Wirkung: Mikrofinanz

Auf einen Blick

Seit der Verleihung des Friedensnobelpreises im Jahr 2006 an Muhammad Yunus und die Grameen Bank ist der Begriff Mikrofinanzierung weltweit bekannt geworden. Mittlerweile gehört die Mikrofinanzierung zu einem verbreiteten Mittel der Armutsbekämpfung in den sogenannten Ländern der Dritten Welt, indem den ärmeren Bevölkerungsschichten ohne Sicherheiten Kleinstkredite gewährt werden. Damit haben diese die Chance, durch eigenes Engagement eine Existenz aufzubauen, mit der sie sich und ihre Familien ernähren und versorgen können. Mehr als 100 Millionen Menschen nutzen bereits die Dienstleistungen der circa 10.000 Mikrofinanzinstitute (MFI) weltweit. Nach Einschätzung von Experten und Expertinnen ist die Nachfrage ungebrochen und man geht von großen Wachstumsraten aus. Für Investoren und Investorinnen ist häufig die sehr hohe Rückzahlungsquote der ausgegebenen Kredite von fast 99 % erstaunlich, da diese Kredite vorwiegend an diejenigen vergeben wurden, die bislang als nicht kreditwürdig eingeschätzt wurden.

An diesem enormen Wachstumsmarkt können mittlerweile auch Privatanleger/innen über sogenannte Mikrofinanzfonds teilhaben. Diese Fonds bieten nicht nur den Reiz, mit dem Geld Sinnvolles zu tun, sondern auch den erfreulichen Effekt, dass diese sich nahezu unabhängig von anderen Anlageklassen – bei extrem geringen Schwankungen – entwickeln. Dennoch sollten Anleger/innen einen kritischen Blick auf die Vergabemethoden innerhalb des Fonds achten, damit sichergestellt ist, dass nur fair und seriös arbeitende Mikrofinanzinstitute die Gelder erhalten und damit nachhaltig Menschen gefördert werden können.

Unter dem Begriff Mikrofinanz fasst man spezielle Arten von Finanzdienstleistungen zusammen, vor allem die Kreditvergabe für arme Bevölkerungsgruppen durch spezialisierte Finanzinstitutionen, die man auch als Mikrofinanzinstitute bezeichnet. Das erste Mikrofinanzinstitut wurde 1969 in Togo gegründet. Damals ahnte wohl noch niemand, wie sich die Idee der Kleinstkredite entwickeln würde. Die Idee, die hinter der Vergabe dieser Kredite steckt, ist, dass auch arme, erwerbsfähige Menschen unternehmerisch handeln können und grundsätzlich kreditwürdig sind. In der Regel erhalten diese Menschen aber nur Kredite von Geldverleihern zu Wucherzinsen. Mikrokredite stellen für diese Kreditnehmer/innen eine Alternative dar, sich unter fairen Bedingungen eine eigene Existenz aufbauen zu können. Diese Kleinstkredite liegen in der Regel unter 1.000 Euro, oftmals sind es gerade einmal 50 bis 100 Dollar, die als Startkapital ausreichen.

Weltweit bekannt wurde diese Form von Entwicklungshilfe im Jahr 2006 als Muhammad Yunus und die Grameen Bank den Friedensnobelpreis erhielten. Yunus hatte erstmals 1976 einer Frau aus Bangladesch 27 Dollar geliehen und dann damit begonnen, den Gedanken der Mikrofinanzierung zu verbreiten. Mittlerweile nutzen mehr als 100 Millionen Menschen die Dienstleistungen der ungefähr 10.000 Mikrofinanzinstitute. Angesichts der Tatsache, dass fast die Hälfte der Weltbevölkerung mit ihrem Verdienst unterhalb der Armutsgrenze von zwei US-Dollar pro Tag liegt, stellt diese Form der »Hilfe zur Selbsthilfe« einen enorm wichtigen Beitrag zur Armutsbekämpfung dar. Aus der großen Nachfrage weltweit ist ein milliardenschwerer Anlagemarkt geworden. Die Weltbank gibt für 2007 ein Volumen von 5,7 Milliarden Dollar an, das von privaten und institutionellen Anlegern und Anlegerinnen an die Institute vergeben wurde. Ende 2008 waren es schon 31 Milliarden Dollar, von denen sechs Milliarden von Privatinvestoren und Privatinvestorinnen stammen, und man schätzt den Bedarf aktuell auf stolze 250 Milliarden Dollar. Damit ist das Potenzial also bei Weitem noch nicht ausgeschöpft. Zurzeit kommt der größte Teil der Gelder noch von den Regierungen, der UNO und Entwicklungsbanken wie der Weltbank und der Kreditanstalt für Wiederaufbau (KFW). Doch das Interesse der Privatinvestoren und Privatinvestorinnen wächst kontinuierlich.

Neben dem enormen Bedarf an Kleinstkrediten fällt auch die sehr geringe Ausfallquote ins Auge. Während die aktuelle Finanzkrise ihren Ausgangspunkt bei nicht zurückgeführten Immobilienkrediten in den USA fand, zahlen die Mikrokreditnehmer/innen ihre Darlehen fast immer zurück. Das ist umso verwunderlicher, da ja diese Kredite vorwiegend an diejenigen vergeben wurden, die mangels Kreditwürdigkeit bei den klassischen Banken keinen Kredit erhalten würden. Nach Recherchen von Invest in Visions wurden bei 341 befragten Mikrofinanzinstituten nur 1,43 % der Kredite weltweit nicht zurückgeführt. Auch die Rückzahlungsquote bei der Grameen Bank liegt zwischen

98 % und 99 %. Muhammad Yunus begründet dieses in einem Interview (www.fondsprofessionell.de) folgendermaßen: »Wir schaffen ein System, damit die Frauen, denen wir Kredit geben, diesen auch zurückzahlen können. Wir achten beispielsweise darauf, dass das Geld unternehmerisch verwendet wird. Die Kreditnehmerinnen müssen uns erklären, wie sie mit dem Kredit ein Einkommen für sich und ihre Familie generieren möchten. Und wir überprüfen, ob das Geld tatsächlich so verwendet wird.« Die meisten Darlehensnehmer sind Frauen. Sie haben sich als besonders verlässlich erwiesen, ihre hohe Rückzahlungsmoral ist gut für die Darlehensgeber. Darüber hinaus wird durch die Darlehensvergabe an Frauen dazu beigetragen, ihre soziale Stellung zu stärken. Sicherlich werden damit traditionelle Rollen infrage gestellt und auch Konflikte befördert. Der Nutzen überwiegt jedoch, denn Frauen können durch ihr Einkommen nun den Schulbesuch der Kinder oder Medikamente und Arztbesuche bezahlen, was der Familie vorher nicht möglich war. Damit steigt ihr Ansehen in den Familien und Gemeinschaften. Verwendet werden die Kleinstkredite, um eine selbstständige Existenz, sei es durch den Betrieb einer Garküche, den Erwerb einer Nähmaschine oder den Kauf einer Kuh, eines Esels oder anderer Nutztiere aufzubauen.

Bislang haben die Mikrofinanznehmer/innen die globale Finanzkrise noch relativ unbeschadet überstanden. Es mehren sich jedoch die Zeichen, dass Länder in Südasien oder Südosteuropa, in denen Mikrokredite vergeben wurden, vor wirtschaftlichen Problemen stehen. Die Folgen für die Mikrofinanzinstitute vor Ort sind noch nicht absehbar. Weiterhin stellen die Institute fest, dass die Refinanzierung auf dem Kapitalmarkt schwieriger geworden ist. Viele hatten sich über Anleihen refinanziert und die sind mittlerweile deutlich teurer geworden. Das Handelsblatt berichtet am 16. Februar 2009, dass Weltbank und KfW einen 500 Millionen Dollar großen Fonds zur Refinanzierung der Mikrofinanzinstitutionen gestartet haben.

Mikrofinanzierung im Überblick

Die Mikrofinanzierung umfasst ein breites Spektrum an Finanzdienstleistungen. Neben den bekannten gewerblichen Krediten, den sogenannten Mikrokrediten, werden auch Hypotheken vergeben. Auf der anderen Seite werden Sparprodukte (Microsavings), Versicherungen und Vorsorgeprodukte (Mikroversicherungen) angeboten und der Zahlungsverkehr für die Kunden und Kundinnen abgewickelt. Durch den Zugang zu diesen Finanzdienstleistungen können arme Menschen ihre ökonomische Entwicklung selbst gestalten. Thomas Werner hält in seinem Buch »Ökologische Investments« fest, dass vor allem durch Sparen und Kredite den bereits existierenden und neuen Kleinunternehmern und Kleinunternehmerinnen diverse Möglichkeiten offenstehen (siehe Seite 162).

Möglichkeiten durch Sparen/Kredite

- Investitionen zur Begründung von Geschäftsaktivitäten,
- Investitionen zur Ausweitung bestehender Aktivitäten,
- Verbesserung von Beschäftigung und Einkommen,
- schrittweiser und langfristiger Vermögensaufbau,
- Schaffung finanzieller Reserven,
- Ausgleich von Einnahmen- und Ausgabenschwankungen und
- bessere Bewältigung von Risiken und unverschuldeten Notsituationen.

Damit die Kleinstkreditnehmer/innen ihr Geld von den Mikrofinanzinstituten vor Ort erhalten können, stellen viele verschiedene bi- und multilaterale Entwicklungsbanken, politische Organisationen, aber auch professionelle Geldgeber/innen den Mikrofinanzinstituten auf Refinanzierungsbasis über die jeweiligen Mikrofinanzvehikel Kapital zur Verfügung, welches dann durch die Finanzinstitute vor Ort direkt an die Kleinstunternehmer/innen fließt. Im Gegenzug erhält der Investor Zinsen von den Unternehmern und Unternehmerinnen. Abbildung 32 veranschaulicht das Prinzip.

Mikrofinanzinstitute finden sich auf fast allen Kontinenten. Vor allem in Asien gibt es die weiteste Verbreitung. Afrika hingegen weist zwar eine große Zahl an Instituten auf, aber der Anteil der Kreditnehmer/innen fällt mit 8,8 % bescheiden aus. Ein Blick in die Tabelle zeigt auch, dass sich vor allem in Lateinamerika mit insgesamt 14,2 Milliarden Dollar die größten Kreditvolumen finden. Das liegt daran, dass die Durchschnittskredite höher sind als beispielsweise in Afrika oder Südasien. Auch in Europa und Zentralasien werden höhere Kredite vergeben (siehe Tabelle 28).

Abbildung 32: Mikrofinanz: Kreislauf des Geldes

Ein positiver Kreislauf des Geldes zur Armutsbekämpfung

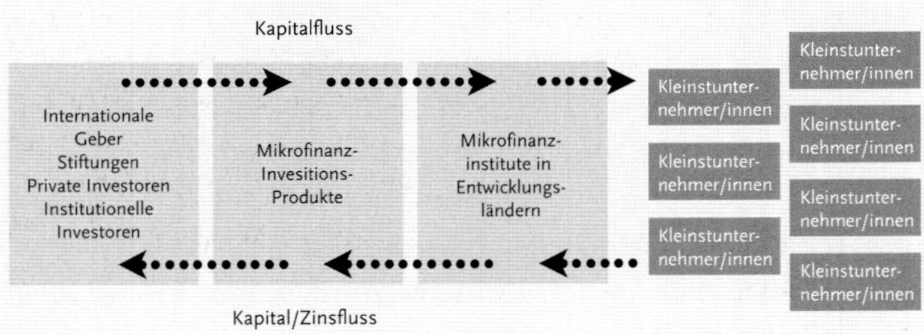

Tabelle 28: Regionale Präsenz von Mikrofinanzinstitutionen*

Region (Anzahl MFI)	Kreditnehmer/innen (in Mio.)	Anteil (in %)	Kreditportfolio (in Mrd. US-Dollar)	Anteil (in %)	Durchschnittliche Kredithöhe (US-Dollar)	Durchschnittliche Sparhöhe (US-Dollar)
Afrika (134)	6,3	8,8	2,4	7,0	386	196
Südasien (204)	37,6	52,1	3,7	10,7	99	26
Ostasien (77)	12,3	17,0	6,6	19,0	540	161
Lateinamerika und Karibik (204)	11,5	16,0	14,2	40,5	1.231	978
Nordafrika (32)	2,3	3,0	1,0	2,0	467	0
Europa und Zentralasien (76)	2,1	3,1	7,0	20,0	3.070	824
Gesamt (727)	72,1	100	34,9	100	966	364

* auf der Basis von MixMarket Daten (www.mixmarket.org) ausgewählt. Es wurden nur Institute berücksichtigt mit mehr als 5.000 aktiven Kreditkunden und Kreditkundinnen.

Längst werden durch Mikrofinanzinstitute neben den Ärmsten der Armen, für die diese Form der Kredite ja geschaffen wurde, auch Kleinunternehmer/innen gefördert. Vor allem in Osteuropa und auf dem Balkan steuerten Mikrofinanzierungen zum Aufbau und zur Stabilisierung der Region bei. Der Durchschnittskredit pro Kreditnehmer/in lag im Jahr 2006 in der Region Osteuropa/Zentralasien bereits bei mehr als 1.500 US-Dollar und war damit zehnmal höher als der Durchschnittskredit in Süd-/Ostasien.

Doch Kreditnehmer/innen gibt es auch hierzulande. Die GLS Bank beispielsweise verleiht über ihren Mikrofinanzfonds, den sie vor drei Jahren auflegte und der zurzeit geschlossen ist, ausschließlich an Kreditnehmer/-innen in Deutschland. »Das sind meist Menschen aus prekären Verhältnissen, Arbeitslose und Hilfsempfänger, die normalerweise keinen Kredit bekommen würden«, sagt der GLS-Mikrofinanzexperte Falk Zinetz in einem Interview (www.spiegel.de). Die Kredite, die sich zwischen 1.000 bis maximal 20.000 Euro bewegen, ermöglichen einen Schritt in die Selbstständigkeit. Meistens sind es Gewerbe in der Gastronomie, im Einzelhandel und in handwerks- und haushaltsnahen Dienstleistungen. Gewerbe also, die von den klassischen Banken gerne gemieden werden. In Frankreich beispielsweise werden jährlich 10.000 solcher Kreditverträge von je 5.000 Euro abgeschlossen.

Nach Schätzungen des auf Mikrofinanz spezialisierten Instituts CGAP (Consultative Group to Assist the Poor) gibt es weltweit mehr als 10.000

Abbildung 33: Große und Kleine: Mikrofinanzinstitute

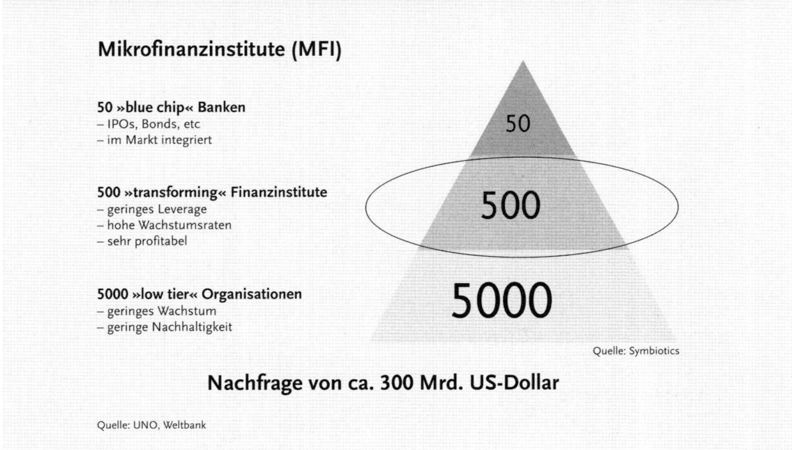

Mikrofinanzinstitute. Davon befinden sich die meisten noch in der Startphase und weniger als 5 % der Institute haben bereits eine nachhaltige wirtschaftliche Reife erlangt. Abbildung 33 gibt einen Überblick über die Struktur der Mikrofinanzinstitute.

Die Frage, welche dieser Mikrofinanzinstitute mit Geldern versorgt werden, um diese in Form von Kleinstkrediten weiterzugeben, entzweit die Fachwelt. Muhammad Yunus beispielsweise kritisiert die Produktangebote, bei denen auf die Profitabilität geachtet wird. »Unser Verständnis von Mikrofinanz ist es, den Armen zu helfen – und nicht, reich zu werden. Wenn man aus profitorientierten Gründen in Mikrofinanz investiert, wird das Streben nach Profit die Oberhand gewinnen.« (aus einem Interview in www.fondsprofessionell.de) Das sehen Investoren und Investorinnen natürlich ganz anders, da sie vom enormen Bedarf nach Krediten begeistert sind und gerne die Chancen nutzen wollen, neben den großen internationalen Organisationen wie UNO, Weltbank und KfW zu investieren.

Tabelle 29 zeigt, wie hoch der durchschnittliche Ertrag der 110 Mikrofinanzinstitute des ResponsAbility Mikrofinanzfonds und der daraus resultierende Gewinnbeitrag nach Abzug der Kosten ist.

Ein jährlicher Darlehenszins von 47 % für ein Kleinstdarlehen erscheint aus mitteleuropäischer Sicht wie Wucher, dennoch liegt dieser Zins deutlich unter dem, was die ortsansässigen Geldverleiher fordern. Astronomische Zinssätze von 1.000 % jährlich für Kreditnehmer/innen ohne Sicherheiten sind keine Seltenheit. Bei einer durchschnittlichen Darlehenszinshöhe von 37 % verbleiben dann 6 % als Gewinnbeitrag für die Anleger/innen des genannten Fonds. Diese große Zinsdifferenz ist darauf zurückzuführen, dass

Tabelle 29: Übertriebene Zinsen?

Kreditgröße	Ertrag
bis 500 US-Dollar	47%
501 bis 1.000 US-Dollar	39%
1.001 bis 5.000 US-Dollar	28%
über 5.000 US-Dollar	17%
Schnitt:	34%
	Aufwand
Kreditanalyse, Abwicklung und Überwachung	19%
Refinanzierungskosten	7%
Rückstellungsrate	2%
Gewinnbeitrag	6%

es zwischen den Anlegern und Anlegerinnen hierzulande und den Kleinstkreditnehmern und Kleinstkreditnehmerinnen vor Ort viele Zwischenstufen gibt, bei denen Zinsen »hängen bleiben«. Beispielsweise werden die Kreditzinsen nicht, wie hierzulande, monatlich vom Girokonto eingezogen, sondern regelmäßig in bar vor Ort bei den Kreditnehmern und Kreditnehmerinnen kassiert. Ganze Flotten von motorradfahrenden Zinseinsammlern werden dafür durchs Land geschickt. Auch Währungsrisiken, die bei vielen einheimischen Währungen relativ hoch sind, gilt es abzusichern. Dennoch ist der Grad zwischen angemessener Zinshöhe und Wucherzinsen schmal. Die Gefahr besteht, dass auch immer mehr von den vielen kleinen, schwer kontrollierbaren und wenig nachhaltigen Mikrofinanzorganisationen mit Geldern versorgt werden, die nicht immer eine optimale Kreditvergabe gewährleisten können. So ist auch mancherorts von rigorosen Methoden bei Zinseintreibungen zu hören.

Für Investoren und Investorinnen stellt sich nun die Frage: Wie werden aus der Vielzahl von Mikrofinanzinstituten diejenigen ausgewählt, die seriös arbeiten? Darauf gibt Michele Chevin, ResponsAbility Global Microfinance Fund, in einem Interview mit dem ECOreporter (4. Februar 2009) folgende Auskunft: »ResponsAbility arbeitet mit einem mehrstufigen Analyseprozess. Dabei werden die MFI einem Rating unterzogen, das drei Hauptkomponenten aufweist:

1. operationale Qualität der Institution – hier geht es um Aspekte wie Management, Prozesse, Kreditmethode und andere,
2. Analyse des Mikrofinanzmarktes, in dem die MFI tätig sind und
3. die politische und makroökonomische Situation des Landes.

Diese Komponenten sind wiederum in verschiedene Unterkategorien und schließlich in insgesamt rund 100 Einzelkomponenten aufgeteilt. Die Beurteilungen werden gewichtet und führen zu einem Gesamtrating. Zudem kommen Regeln auf Portfoliostufe zur Anwendung, die Risikokontrolle und einen möglichst hohen Diversifikationsgrad zum Ziel haben.«

Um sicherzustellen, dass Kreditnehmer/innen vor Ort seitens der MFI fair behandelt werden, wurde eine Initiative zum verantwortungsbewussten Umgang mit Kunden und Kundinnen lanciert (CGAP Client Protection Principles). Investorinnen und Investoren können somit prüfen, ob die Mikrofinanzinstitute vor Ort diesen Richtlinien entsprechend arbeiten. Dazu gehört auch, die MFI regelmäßig vor Ort zu besuchen und die Geschäftspraktiken zu überprüfen. Neben der Gefahr, dass sich unseriöse und unfaire Mikrofinanzinstitute, die keinerlei Nachhaltigkeit mit sich bringen, ausweiten, besteht auch die Gefahr, dass zu viel Geld in den Mikrofinanzsektor gepumpt wird und dieses dann ähnlich wie in den USA an Kreditnehmer/-innen vergeben wird, die es dann doch nicht zurückzahlen können. Ende der 1990er-Jahre musste Bolivien einen kollabierenden Mikrofinanzmarkt verkraften. Es bleibt abzuwarten, wie der Mikrofinanzmarkt die immer größer werdenden Geldflüsse verkraften wird. Neben diesen Gefahren können auch Naturkatastrophen oder politische Instabilitäten den Markt gefährden (www.fondsprofessionell.de).

Die Rendite im Blick: Mikrofinanzfonds

Ein Blick auf die Geldgeber/innen zeigt, dass es sich dabei nicht um eine homogene Gruppe handelt. Je nachdem, welche Gewinnerzielungsabsicht sich hinter der Investition verbirgt, können drei verschiedene Formen von Investitionsvehikeln unterschieden werden:

- Mikrofinanz-Entwicklungsfonds,
- Fonds mit zwei Anlagezielen und
- renditeorientierte Fonds.

Bei den Mikrofinanz-Entwicklungsfonds steht die Gewinnorientierung nicht im Vordergrund. In erster Linie sollen damit soziale Erfolge erzielt werden. In der Regel wird nur der Kapitalerhalt angestrebt. Zu den Investoren zählen hauptsächlich Stiftungen, private Spenden und Unternehmen. Bei den Fonds mit zwei Anlagezielen sollen sowohl die sozialen als auch ökonomische Ziele erreicht werden. Da das soziale Ziel aber als gleichwertig bewertet wird, sind hier die Geber/innen in der Regel bereit, sich mit einem Zins, der unterhalb des marktüblichen Durchschnitts liegt, zufriedenzugeben. Zu den Investoren und Investorinnen gehören sozial motivierte Anleger/innen und private Spender/innen. Bei der dritten Gruppe, den renditeorientierten Fonds steht vor allem die Erzielung einer finanziellen Rendite im Vordergrund. Es soll zwar ein sozialer Mehrwert erreicht werden, aber es werden auch überdurchschnittliche Renditen erwartet. Geldgeber/innen sind in diesem Falle private und institutionelle Investoren und Investorinnen, deren Mikrofinanzfonds Darlehen an Mikrofinanzinstitute für nur wenige Projekte vergeben (Werner, Thomas. Ökologische Investments, Seite 203).

Ein Beispiel für Geber/innen, die zwei Ziele verfolgen, ist sicherlich Oikocredit. 1975 wurde diese Ökumenische Entwicklungsgenossenschaft gegründet, um Kirchen und kirchlichen Organisationen ein alternatives Investitionsinstrument zur Verfügung zu stellen, das den Interessen der Armen dient. Ziel war das Investieren in Gerechtigkeit durch Darlehensvergabe an Produktivunternehmen benachteiligter Menschen. Die Hauptgeschäftsstelle wurde in Amersfoort in den Niederlanden eingerichtet. Nach eigenen Angaben ist Oikocredit eine der wenigen (wenn nicht sogar die einzige) Genossenschaften, die Mitglieder, Anleger/innen und Kunden und Kundinnen in aller Welt hat. Nach Angaben der Beratungsgruppe zur Unterstützung der Ärmsten (CGAP) der Weltbank ist Oikocredit der weltweit größte mit Privatkapital arbeitende Finanzier in der Mikrofinanz, mit der Finanzierung von etwa 476 Mikrofinanzinstitutionen in Afrika, Asien, Lateinamerika und Osteuropa.

Wichtige Merkmale für die Arbeit sind:

- Oikocredit verwendet die Rücklagen seiner Anleger/innen zur Finanzierung von Projekten, die Arbeitsplätze und Einkommen für Gruppen benachteiligter Menschen, vor allem in Entwicklungsländern, schaffen.
- Die Projekte werden nach strengen ethischen Kriterien ausgewählt: positive Auswirkungen auf die soziale Gemeinschaft, maßgebliche Beteiligung von Frauen an Leitung und/oder Umsetzung, keine negativen Umweltauswirkungen, Tierschutz, finanzielle Tragfähigkeit und angemessenes, kompetentes Management.
- Oikocredit gestaltet seine Anlagestrategie ökologisch nachhaltig und sozial verantwortlich, wie kürzlich von Ethibel bescheinigt wurde.
- Die Kommunikation mit den Anlegern und Anlegerinnen ist in jeder Hinsicht transparent.
- Die Investoren und Investorinnen profitieren zweifach: Sie können einen hohen sozialen Gewinn und (bescheidene) finanzielle Erlöse (meistens 2 %) verbuchen (www.oikocredit.org).

Mit Stand Dezember 2008 war insgesamt eine bewilligte Darlehenssumme in Höhe von 181,8 Millionen Euro zu verzeichnen. Damit wurden insgesamt 739 Projekte in 69 Ländern gefördert. Mit dem Geld wurden 15 Millionen Haushalte erreicht.

Tabelle 30: Übersicht Mikrofinanzfonds für Privatanleger/innen

Fondsname	KAG	Fondsberater	ISIN	Währung
AXA WF Responsible Development Bonds A	AXA IM	AXA IM	LU0140866178	Euro
Dexia Micro-Credit SICAV Blue Orchid	Dexia	Blue Orchard	LU0164081316	Euro
Dual Return Vision Micro-financeWallberg Global Microfinance Fund	Axxion S.A. Wallberg Kapi-tal	Absolute Port-folio Mngt., Symbiotics	LU0236782842	Euro
Wallberg Global Micro-finance Fund	Wallberg Kapi-tal	Symbiotics S.A.	LU0375612230	Euro
ResponsAbility Mikro-finanz Fonds	Credit Suisse AM	ResponsAbility	LU0180190273	Euro

Im Gegensatz dazu steht bei den Mikrofinanzfonds, die Privatanlegern und -anlegerinnen offen stehen, die Rendite eindeutig im Vordergrund. Diese Fonds versuchen Privatanleger/innen an den Chancen dieses gewaltigen Wachstumsmarktes teilhaben zu lassen. Zurzeit bieten nur eine Handvoll Fonds Zugang zur Anlageklasse Mikrofinanz.

Tabelle 30 zeigt, dass drei der für Privatanleger/innen offenen Fonds das Krisenjahr 2008 mit erfreulichen Wertzuwächsen beenden konnten. Die Ausnahme bildet der AXA WF Responsible Development Bonds Fonds. Ein Blick in den Verkaufsprospekt des Fonds offenbart, dass dieser »maximal 10 % seines Vermögens in kurzfristige, übertragbare, von Mikro-Banken begebene Wertpapiere oder Schuldtitel investiert, wenn das Ziel die Finanzierung von Projekten zur Förderung einer nachhaltigen, wirtschaftlichen Entwicklung ist. Diese Anlagen werden zusammen mit anderen nicht börsennotierten übertragbaren Wertpapieren 10 % des Nettovermögens des Teilfonds nicht übersteigen«. Der Rest des Fondsvermögens wird in »übertragbaren Schuldverschreibungen« ausgegeben, die von Regierungen und supranationalen Organisationen vergeben und an den wichtigsten Finanzmärkten der Welt notiert werden. Weiterhin wird darauf hingewiesen, dass der Fonds in erster Linie in Schuldtitel aus der Kategorie AAA aus supranationalen Anleihen investiert. Damit ist dieser Fonds kein »reinrassiger« Mikrofinanzfonds, sondern ein Rentenfonds mit Schwerpunkt Schwellenländer und einer Beimischung im Bereich Mikrofinanz.

Abbildung 34, die einen Vergleich des ResponsAbility Mikrofinanzfonds mit dem AXA WF Responsible Development Bonds Fonds bietet, zeigt sehr

Tabelle 30: Übersicht Mikrofinanzfonds für Privatanleger/innen

Auflage	Volumen in Mio.	Perform. 2008	Management-gebühr	Agio	Mindest-anlage
1/2002	9,6	6,18 %	0,90 %	5,50 %	–
4/2003	140	5,4 %	2,20 %	4,00 %	10.000 EUR
4/2006	87	5,6 %	1,25 %	3,00 %	20.000 EUR
10/2008	11,4	–	1,50 %	3,00 %	1.000 EUR
11/2008	358	6,88 %	2,20%	5,00 %	–

deutlich, dass der AXA Fonds mit Ausbruch der Finanzkrise erhebliche Wertverluste zu verzeichnen hatte, während der Mikrofinanzfonds die Krise bislang unbeschadet überstanden hat.

Dieser Zusammenhang macht auch den besonderen Reiz einer Investition in Mikrofinanzfonds für Privatanleger/innen deutlich. Neben den bereits

Abbildung 34: ResponsAbility Mikrofinanzfonds im Vergleich zum AXA Responsible Development Bonds Fonds

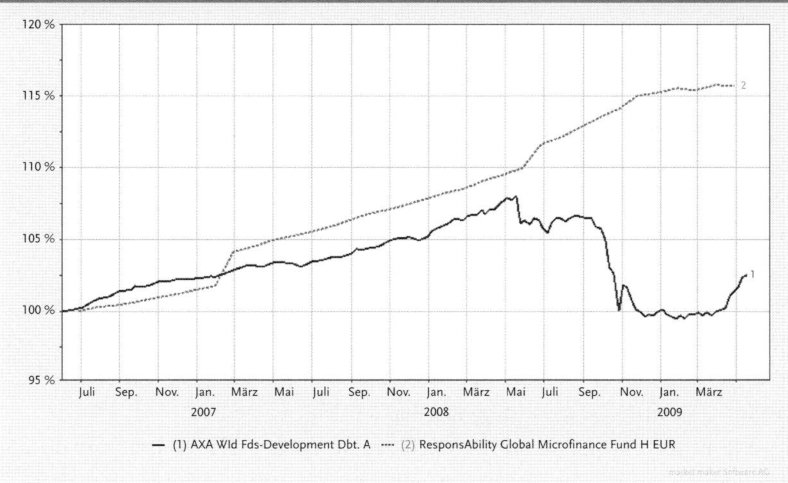

vorgestellten geringen Ausfallraten ist es vor allem die Korrelationseigenschaft, die zur Absicherung einer Anlage beiträgt. Der Korrelationsmatrix kann entnommen werden, dass Mikrofinanzfonds bislang mit Aktien und internationalen Rentenpapieren negativ oder nur sehr gering korreliert waren. Dieses wurde bislang damit begründet, dass die Lebenssituation von Kleinstunternehmen auf den verschiedenen Kontinenten nicht von der allgemeinen Wirtschaftsentwicklung abhängig ist. In der Regel ist für die Mikrokreditnehmer/innen nur wichtig, ob sie ihre Ernte oder ihre Produkte auf dem regionalen Markt absetzen können. Da sich mittlerweile aber die Nachrichten mehren, dass die Finanzkrise auch die entlegensten Winkel der Welt erreicht hat, bleibt abzuwarten, ob sich die Mikrofinanzfonds weiterhin vom allgemeinen Finanzmarkt abkoppeln können (siehe Abbildung 35).

Die Grafik verdeutlicht diesen Zusammenhang. Während alle Indizes, sowohl der MSCI Emerging Market, der die Aktien aus den sogenannten Schwellenländern repräsentiert, der MSCI World, der als Index die weltweiten Aktien repräsentiert, als auch der CSFB High Yield, in dem sogenannten Hochzinsanleihen repräsentiert sind, nach August 2008 eingebrochen sind, konnte der Mikrofinanzfondsindex völlig »losgelöst« davon weiterhin zulegen. Der SMX (Symbiotics Mikrofinance Index) wurde vom Schweizer Dienstleister Symbiotics entwickelt und soll die Entwicklung der Branche widerspiegeln. Dieser Index konnte sich in 2008 um 5,4 % nach oben entwickeln.

Abbildung 35: Sicher durch die Krise mit Mikrofinanzfonds

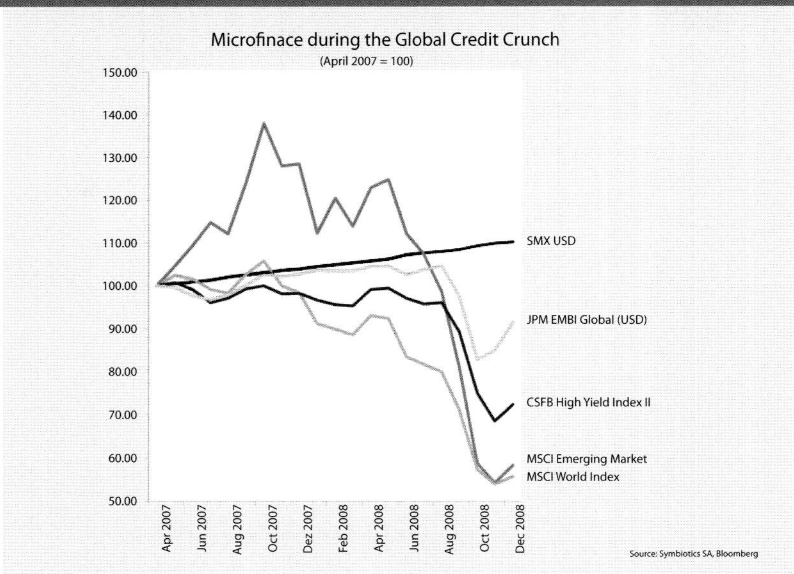

Was Sie beachten sollten!

Mikrofinanzfonds bieten für Anlegerinnen und Anleger nicht nur die Möglichkeit, ihr Geld nachhaltig und sozial förderlich anzulegen, sondern darüber hinaus können sie ihre bestehenden Geldanlagen optimal ergänzen. Allerdings ist zu beachten, dass die bislang angebotenen Mikrofinanzfonds in Deutschland nicht zum öffentlichen Vertrieb zugelassen sind. Sie können nur im sogenannten Private Placement nach ausführlicher individueller Beratung angeboten werden. Auch werden sie in hohe Risikoklassen eingestuft, da der Gesetzgeber hierzulande davon ausgeht, dass es sich um riskante »Schwellenländeranleihen« handelt. Und das, obwohl der älteste Mikrofinanzfonds bereits seit über zehn Jahren relativ stabile Erträge liefert. Eine weitere Besonderheit sind spezielle Kauf- und Verkaufsbedingungen, da diese Fonds nicht täglich geordert werden können, sondern nur monatlich oder gar vierteljährlich.

»Es ist, ihr möget wollen oder nicht, das Haus der Spiegel eurer selbst.«
Jeremias Gotthelf

Eigener Herd ... – nachhaltige Immobilieninvestments

Auf einen Blick

Von Immobilien gehen die bei Weitem höchsten Emissionen von Treibhausgasen, insbesondere von CO_2 aus. Hinzu kommt, dass Immobilien in erheblichem Maß für den Ressourcenverbrauch der Erde verantwortlich sind, da sie etwa 30 bis 40 % an Rohmaterial und Energie weltweit verbrauchen. Insofern würden nachhaltige Immobilien für Anlegerinnen und Anleger ein ideales Anlageinstrument sein, um auch positiv auf den Klimawandel einzuwirken. Wer dieses Ziel umsetzen will, bleibt aber auf sich allein gestellt, da sich fast nur die eigene Immobilie dafür anbietet. Hier können Wohnungseigentümer/innen unter einer Vielzahl von Fördermöglichkeiten wählen, die ihnen finanzielle Unterstützung bei der Umsetzung dieses Vorhabens bieten. Wer jedoch die eigene Kapitalanlage um nachhaltige Immobilienanlagen in Form von Fonds ergänzen möchte, muss lange suchen.

In offenen Immobilienfonds finden sich nachhaltige Gebäude nur vereinzelt und bei den geschlossenen Fonds ist die Auswahl auf eine Handvoll begrenzt, von denen bereits alle Fonds geschlossen sind, sodass keine weitere Investitionsmöglichkeit besteht. Es wäre wünschenswert, wenn eine Kapitalanlagegesellschaft den Mut aufbringen würde, einen solchen offenen nachhaltigen Immobilienfonds auf den Markt zu bringen. Denn »die Probleme, die es in der Welt gibt, können nicht mit den gleichen Denkweisen gelöst werden, die sie erzeugt haben«, so Albert Einstein. Demzufolge wird es auch nicht ausreichen, wenn konventionelle Fonds ab und zu eine nachhaltige Immobilie in ihr Portfolio aufnehmen.

Immobilien sind im Hinblick auf unsere Umwelt von sehr großer Bedeutung. Die zunehmende Landnahme und Bebauung mit Häusern führt zu einer Verringerung von Wald- und Weideflächen und damit zu einer Reduzierung des natürlichen Lebensraums von Tieren. Eine immer stärkere Versiegelung von Flächen durch asphaltierte Straßen, Häuser, Parkplätze et cetera hat Auswirkungen auf den Wasserkreislauf, da Regen nicht mehr großflächig versickern kann. Des Weiteren ist festzustellen, dass von Immobilien die höchsten Emissionen von Treibhausgasen, insbesondere von CO_2 ausgehen. Immerhin 40 % des weltweiten CO_2-Ausstoßes werden dadurch verursacht. Hinzu kommt, dass Immobilien in erheblichem Maß für den Ressourcenverbrauch der Erde verantwortlich sind, da sie weltweit etwa 30 bis 40 % an Rohmaterial und Energie verbrauchen. Trotz der großen Bedeutung von Immobilien für uns und unsere Umwelt haben sich die Themen Energieeffizienz und Umweltqualität beziehungsweise die Nachhaltigkeit von Gebäuden nicht zum festen Bestandteil von Investitions- und Finanzierungsentscheidungen in Deutschland entwickelt (Schäfer, H.; Grömer, C.: Nachhaltige Immobilieninvestments. Faust, Martin; Scholz, Stefan (Hg.). Nachhaltige Geldanlagen. S. 391 ff.).

Nachhaltiges Bauen bedeutet, dass Gebäude wirtschaftlich effizient, umweltfreundlich und ressourcensparend sind. Überdies sollten sie ihren Nutzern und Nutzerinnen Behaglichkeit vermitteln, sodass man sich dort wohlfühlen kann. Doch nicht nur im Inneren bieten sie Sozialverträglichkeit, sondern sie passen sich auch vom äußeren Erscheinungsbild harmonisch in ihre Umgebung ein. Auf lange Sicht gesehen können nachhaltige Gebäude ihren Wert nachhaltig steigern, denn sie weisen viele Vorteile gegenüber konventionellen Gebäuden auf (siehe Kasten).

Eine Immobilie, die nachhaltigen Anforderungen gerecht wird, müsste gegenüber anderen, konventionellen Immobilien im Hinblick auf den langfristigen ökonomischen Erfolg überlegen sein. Ein Beispiel aus der

Vorteile gegenüber konventionellen Gebäuden

- geringere Lebenszykluskosten und Versicherungsbeiträge
- höherer Immobilienwert und höhere Produktivität
- verbessertes Image
- reduzierte Risiken
- positiver Einfluss auf die Gesundheit der Bewohner/innen und Nutzer/innen
- reduzierte Effekte auf Infrastruktur, Umwelt und lokale Wirtschaftsstrukturen

Beratungspraxis vermag diesen Zusammenhang verdeutlichen. Ein Immobilieneigentümer in Köln hatte in den 1970er-Jahren ein großes Einfamilienhaus gebaut und dieses mit einem Hallenschwimmbad ausstatten lassen. In den 1980er-Jahren wurde dann das Dachgeschoss als Büro ausgebaut und dieses mit einer Klimaanlage versehen. Die Dachisolierung wurde nur mit dem damaligen Mindeststandard versehen. Das Haus sollte nun in 2008 veräußert werden. Zwei unabhängige Sachverständige gaben den Wert des Hauses mit 800.000 beziehungsweise 900.000 Euro an. Über ein Jahr lang wurden Käufer gesucht und niemand fand sich. Die Argumente der Kaufinteressenten lauteten unisono: Das Hallenschwimmbad sei im Unterhalt zu teuer und müsse zurückgebaut werden, die Klimaanlage im Dachgeschoss entsorgt und im Gegenzug die Dachisolierung komplett erneuert werden. Diese erheblichen Umbaukosten mussten natürlich beim Kaufpreis berücksichtigt werden. Zu guter Letzt konnte dieses Haus nur für 365.000 Euro verkauft werden. Ähnlich wie beim amerikanischen Autobauer General Motors, der in der aktuellen Finanzmarktkrise am Rande des Abgrundes steht, hatten die Eigentümer außer Acht gelassen, dass Energieeffizienz ein immer wichtiger werdendes Verkaufsargument ist. Häuser und Autos mit hohem Energieverbrauch »bleiben in den Regalen liegen«.

Dennoch zeigt sich in der Praxis, dass die Bemühungen um eine Integration des Nachhaltigkeitsgedankens bei der Umsetzung von Immobilienprojekten noch in den Kinderschuhen steckt. Fachleute empfehlen ein Gebäudebewertungssystem, das durch ein Zertifikat für die Eigentümer der Gebäude und deren Nutzer ausweist, dass in der Planung und Ausführung Nachhaltigkeitskriterien eingehalten wurden und das Gebäude die Zielvorstellungen des nachhaltigen Bauens anspricht, so eine Feststellung aus dem Kurzbericht der Universität Stuttgart.

Erstmals 1998 wurde in Japan die Gründung des World Green Building Council angekündigt, mit dem Ziel, die Arbeit der nationalen Green Building Bewegungen zu koordinieren. Mittlerweile besteht diese weltweite Vereinigung aus neun Mitgliedsländern. In allen gibt es verschiedene Bewertungssysteme für nachhaltige Immobilien. Neben der BREEAM Bewertung in England ist das Leed-Zertifikat aus den USA im Umlauf, CASBEE aus Japan, HQE aus Frankreich, Green Star aus Neuseeland, TGBRS TERI's aus Indien. Hinzu kommen Minergie aus der Schweiz und seit Neustem das DGNB-Siegel aus Deutschland. Jedem Zertifikat liegen andere Definitionen von Nachhaltigkeit und andere Zielwerte für die einzelnen Aspekte zugrunde. Das Deutsche Gütesiegel Nachhaltiges Bauen (DGNB) soll ein transparentes und nachvollziehbares Bewertungssystem, das aus der Praxis heraus entwickelt worden ist, darstellen. Nach Aussagen der DGNB geht das Siegel über die ökologischen Aspekte des »green building« weit hinaus (mehr dazu unter: www.dgnb.de). Im Januar 2009 wurde nun erstmalig das DNGB bei der internationalen Leitmesse BAU 2009 in München verliehen. 16 Gebäude von Hamburg über Frankfurt bis Stuttgart wurden in den Kategorien Gold, Silber und Bronze ausgezeichnet. Selbst für Gebäude, die sich noch in Planung befinden, gab es zwölf Vorzertifikate. Trotz der großen Unterschiedlichkeit der Objekte – sie weisen eine Bruttogrundfläche zwischen 600 und 130.000 Quadratmetern auf –, ist allen ihre besonders umweltfreundliche, ressourcensparende und wirtschaftliche Planung und Ausführung gemein. In die Bewertung flossen sämtliche Aspekte nachhaltigen Bauens ein. Dazu gehören ökologische und ökonomische Faktoren, aber auch soziokulturelle und funktionale Prozessqualität, technische und Standortqualität. Damit ist man in Deutschland im Hinblick auf Transparenzkriterien nachhaltigen Bauens einen sehr großen Schritt weitergekommen. Der Weg zu einem einheitlichen europäischen Zertifikat liegt jedoch noch in weiter Ferne. »Auf dem Weg zu einem europäischen Zertifikat ist zunächst ein einheitliches Verständnis des Nachhaltigkeitsbegriffes zu entwickeln, der die soziale Dimension der Nachhaltigkeit ebenso erfasst wie die ökologische und wirtschaftliche. Die Vorstellungen von dem, was eine nachhaltige Immobilie ist, gehen selbst bei den Immobilieninvestoren noch deutlich auseinander«, so Dr. Reinhard Kutscher, Vorstandssprecher der Union Investment Real Estate. Es bleibt abzuwarten, bis es ein europaweit gültiges Zertifikat geben wird.

Wie wichtig nachhaltiges Bauen sein kann, zeigen bemerkenswerterweise China und Abu Dhabi. Einerseits werden im Wüstenstaat Abu Dhabi die höchsten Wolkenkratzer der Welt gebaut, eine neue Stadt für Reiche im Wasser angelegt und gar Skisporthallen in der Wüste errichtet, andererseits wird seit Februar 2008 an der Wüstenstadt Masdar City gebaut. Rund 20.000 Menschen sollen hier einmal wohnen. In Masdar werden solarthermische Kraftwerke die künftigen Bewohner/innen umweltgerecht mit Kühlung versorgen. Die größte Solarstromanlage im Mittleren Osten, die Zehn-Megawatt-Photovoltaikanlage, erzeugt den notwenigen Strom. Windanlagen werden Pumpen antreiben und Wasser wird aus Entsalzungsanlagen, die mit Sonnenenergie betrieben werden, in die Stadt befördert. Regengewinnungsanlagen werden den Wasserverbrauch reduzieren und konventionelle Autos sind gar nicht erst zugelassen. Es sind nur staatliche Elektroautos erlaubt. Neben all diesem sehr zukunftsweisenden und futuristisch anmutenden Neuen besinnt man sich aber auch auf Altes: Die Häuser in Masdar City sollen eng an schmalen überdachten Straßen stehen, so wie in der arabischen Welt üblich. Damit werden Moderne und Tradition verknüpft. Mit diesem ehrgeizigen Projekt wollen die Vereinigten Arabischen Emirate beweisen, dass sie führend in der alternativen Energieversorgung sind. Selbst nach dem aktuellen Immobiliendebakel in Abu Dhabi –

man geht davon aus, dass Bauvorhaben im Wert von rund 450 Milliarden Euro bis auf Weiteres eingefroren sind –, wird diese »Ökostadt« weitergebaut. Schließlich geht es ums Prestige.

Konkurrenz soll diesem ehrgeizigen Projekt ein noch größeres Vorhaben in China machen. Während einerseits jährlich 500.000 Chinesen an den Folgen verschmutzten Trinkwassers sterben, jährlich 1 Million Kinder mit Missbildungen geboren werden und die Innenstädte so viel Schadstoffe bereithalten, dass Atmen nur schwer möglich ist, wird andererseits mit der Stadt Dongtan die größte Ökostadt der Welt geplant. Diese erste Null-Emissions-Stadt Asiens liegt auf einer Insel des Jangste an der Ostküste Chinas bei Schanghai. Bis 2050 sollen hier 500.000 Menschen leben. Die Volksrepublik investiert eine Milliarde Euro, um diese Idee einer energieeffizienten Stadt mit neutraler Umweltbilanz umzusetzen. Vor allem wohlhabende Chinesen werden hier wohnen wollen, um den Abgasen der chinesischen Großstadt zu entfliehen.

Diese Beispiele machen deutlich, dass wir international vor einem Paradigmenwechsel in der Bauwirtschaft stehen. Es ist nicht nur erstrebenswert, »höher, weiter, größer« zu bauen, sondern energieeffizienter. Der Gedanke, nachhaltig zu bauen, hat inzwischen selbst in den Ländern Einzug gehalten, die bislang vor allem durch Raubbau an der Umwelt auf sich aufmerksam machten.

Immobilien und Altersvorsorge

Wer mit Immobilien die private Altersvorsorge ergänzen möchte, kann dieses einerseits in Form des direkten Immobilienkaufs erreichen oder über den Erwerb eines Immobilienfonds. Damit tritt man einer Immobiliengemeinschaft, der wiederum ein Immobilienportfolio gehört, bei. Eine weitere Möglichkeit stellt der Kauf von Immobilienaktien, den sogenannten Reits (Real Estate Investment Trusts) dar. Bei den indirekten Immobilieninvestitionen, dazu gehören die Immobilienfonds, ist zwischen börsennotierten und nicht börsennotierten Anlageformen zu unterscheiden. Geschlossene Immobilienfonds oder Private Equity Fonds stellen eine nicht börsennotierte Anlageform dar. Aktien oder Anleihen von Immobiliengemeinschaften und offene Immobilienfonds hingegen werden den börsennotierten Immobilienanlagen zugerechnet.

Eine Immobilienanlage stellt eine sehr wichtige Ergänzung jeder Anlage dar. Denn Immobilien entwickelten sich bislang relativ konstant und wiesen geringe Schwankungen auf. Die Immobilienkrise in den USA hat jedoch gezeigt, dass sich in globalisierten Märkten keine Anlageklasse dem Geschehen entziehen kann. Während deutsche Büroimmobilien noch mit hohen Prozentsätzen vermietet sind, sieht die Situation in den USA und in Großbritannien ganz anders aus. In New York wurden in den ersten Monaten des Jahres 2009 bereits 400.000 qm Bürofläche von den Investmentgesellschaften (unter anderem Lehman Brothers) geräumt. Der Trend wird anhalten und Anleger/innen, die in US-Immobilienfonds investiert haben, dürften in den kommenden Jahren wenig Freude an ihrem Investment haben. Denn Immobilienanlagen entwickeln sich derzeit in die gleiche Richtung wie Aktien, nämlich nach unten. Besonders schlimm erwischt wurden die sogenannten Reits, die Immobilienaktien. Der Davis Real Estate beispielsweise, ein international anlegender Immobilienaktienfonds, musste zwischen Oktober 2008 und März 2009 ein Minus von 62 % verbuchen und gehört damit noch zu den erfolgreichsten Fonds seiner Gruppe. Eine Anlage in Fonds, die entweder direkt oder indirekt in Büro- und Gewerbeimmobilien investiert sind, konnte sich nicht von der globalen Finanzkrise abkoppeln. Lediglich einige europäische Immobilienstandorte erweisen sich zurzeit noch krisenfest.

Trotz der angespannten Lage für Immobilienaktienfonds startete am 10. Juli 2009 die Bank Sarasin aus Basel den weltweit ersten nachhaltigen Immobilienaktienfonds. Der Sarasin Sustainable Equity –Real Estate Global setzt auf Unternehmen die als Vorreiter in nachhaltigem Bauen und Bewirtschaften von Immobilien gelten. Dabei werden auch ökologische und soziale Kriterien berücksichtigt.

Die Immobilie gehört jedoch nach wie vor zum beliebtesten Vorsorgebaustein der Deutschen. Das Statistische Bundesamt ermittelte, dass 2003 nahezu jeder zweite (48,8 %) der 37,9 Millionen Haushalte in der Bundesrepublik Deutschland Haus- und Grundbesitz sein Eigen nennt (Statistisches Bundesamt, Wirtschaft und Statistik 7/2004). Der Anteil von Immobilien am deutschen Nettoanlagevermögen betrug 2007 stattliche 86 % (6.128,21 Mrd. Euro) (Statistisches Bundesamt, Statistisches Jahrbuch 2007). Dennoch liegt Deutschland einer Statistik von Euroconstruct/ifo zufolge im Ranking der europäischen Wohneigentumsquoten nur auf dem vorletzten Rang. In Spanien beispielsweise besitzen 87 % der Menschen eine eigene Immobilie. Ein Grund dafür könnte sein, dass in Deutschland Wunsch und Wirklichkeit weit auseinander zu liegen scheinen. So ermittelte PlanetHome, dass zwar 72 % der Bundesbürger/innen über den Kauf einer zusätzlichen Immobilie als Kapitalanlage für die private Altersvorsorge nachdenken, aber ein weit geringerer Prozentsatz dies am Ende auch realisiert. Ein Grund dafür mag sein, dass die Renditen dieser Form der Kapitalanlage in Deutschland bescheiden ausfallen. Einen Immobilienboom wie in den USA oder in anderen Ländern hat es hierzulande nicht gegeben. Dadurch ist den Deutschen zwar eine Immobilienblase erspart geblieben, aber im Gegenzug stagnieren die Immobilienpreise real schon seit dreißig Jahren, wie das Deutsche Institut für Wirtschaftsforschung DIW berechnet hat. Wer sich in den 1970er-

Jahren eine Immobilie zulegte und das Geld jetzt im Alter flüssig machen möchte, macht häufig keinen guten Schnitt.

Da sich in der aktuellen Finanzkrise immer mehr Staaten extrem hoch verschulden müssen, befürchten Experten, dass diese gezwungen sein werden, immer mehr Geld zu drucken, was zwangsläufig dazu führt, dass die Inflation kräftig steigt. Viele Menschen suchen deshalb ihr Heil im Erwerb einer Immobilie, da sie davon ausgehen, ihr Geld damit inflationsgeschützt angelegt zu haben. Das Institut der deutschen Wirtschaft (IW) zerschlägt diese Hoffnungen jedoch. Es kommt zu dem Ergebnis, dass auch selbst genutzte Immobilien keinen Inflationsschutz bieten. Über 25 Jahre hinweg wurde die Entwicklung der Teuerungsraten mit den Wertzuwächsen selbst genutzter Eigenheime und Eigentumswohnungen verglichen. Das Ergebnis ist wenig ermutigend: In Deutschland sind in diesem Zeitraum die Immobilienpreise im Durchschnitt um 0,2 % jährlich gestiegen, die Inflationsrate stieg jedoch um einen Prozentpunkt. Markus Demary vom IW kommt deshalb zum Ergebnis: »Real mussten die Immobilienbesitzer Kaufkraftverluste verzeichnen.« (Welt am Sonntag, 1. März 2009) Dennoch stellt die eigene Immobilie eine sehr wichtige Säule der privaten Altersvorsorge dar und zwar nicht im Hinblick auf hohe Renditen, sondern auf die Sparleistungen der privaten Haushalte. Das Institut empirica hatte im Oktober 2001 im Auftrag der LBS eine sehr bemerkenswerte Studie veröffentlicht, die diese Aussage untermauert. Die »Altersvorsorgebilanz« von Mietern und Mieterinnen und Eigentümern und Eigentümerinnen des Jahrgangs 1978 (bei gleichen durchschnittlichen Haushaltsnettoeinkommen von monatlich 3.000 bis 4.000 DM, also etwa 1.115 bis 2.020 Euro) würde im Jahre 2035 wie folgt aussehen: Die Mieter/innen verfügen über ein reales Gesamtvermögen von 300.000 DM (151.000 Euro), das sich aus dem Barwert der gesetzlichen Rentenversicherung (59 %), dem Geld auf dem »Riester-Konto« (22 %), privatem Geldvermögen (14 %) und zu einem relativ kleinen Teil, nämlich 5 % aus Immobilienvermögen (z.B. vermietete Immobilien) zusammensetzt. Im Gegensatz dazu haben aber die Wohneigentümer/innen ein reales Vermögen von immerhin 663.000 DM (334.800 Euro) aufgebaut. Es besteht zu 52 % aus Immobilien. Empirica hat ermittelt, dass durch das mietfreie Wohnen im statistischen Durchschnitt eine »Zusatzrente« von 1.200 DM (606 Euro) im Monat erzielt wird. Der Rest des Vermögens besteht zu 26 % aus der gesetzlichen Rentenversicherung, zu 10 % aus dem »Riester-Konto« und zu weiteren 12 % aus Geldvermögen. Diese Beobachtung, dass Wohneigentümer/innen bei gleicher Einkommenssituation ein Vielfaches mehr an Vermögen aufbauen als Mieter/innenhaushalte, wurde auch durch die Auswertung von EVS-Daten (Einkommens- und Verbrauchsstichprobe des Statistischen Bundesamtes) bestätigt. Dieses Phänomen ist nach Ansicht von empirica in erster Linie mit dem unterschiedlichen Spar- und Konsumverhalten beider Gruppen zu erklären. In einem typischen Eigentümerhaushalt, so die Wissenschaftler, wird weniger konsumiert und mehr gespart. Durch die stetige Tilgung von Krediten fließt am Ende viel Geld »in die eigene Tasche«. Das heißt, der ökonomische Erfolg der Wohneigentümer/innen basiert nicht auf einer hohen Immobilienrendite, sondern in erster Linie auf der persönlichen Eigenschaft »Sparsamkeit«.

Eine Studie aus dem Jahr 2004, die wiederum von empirica im Auftrag der Landesbausparkassen (LBS) durchgeführt wurde, verdeutlicht die veränderte Kostenbelastung von Mietern und Mieterinnen und Wohneigentümern und Wohnungseigentümerinnen (siehe Abbildung 36).

Abbildung 36: Verteilung der Wohnkosten

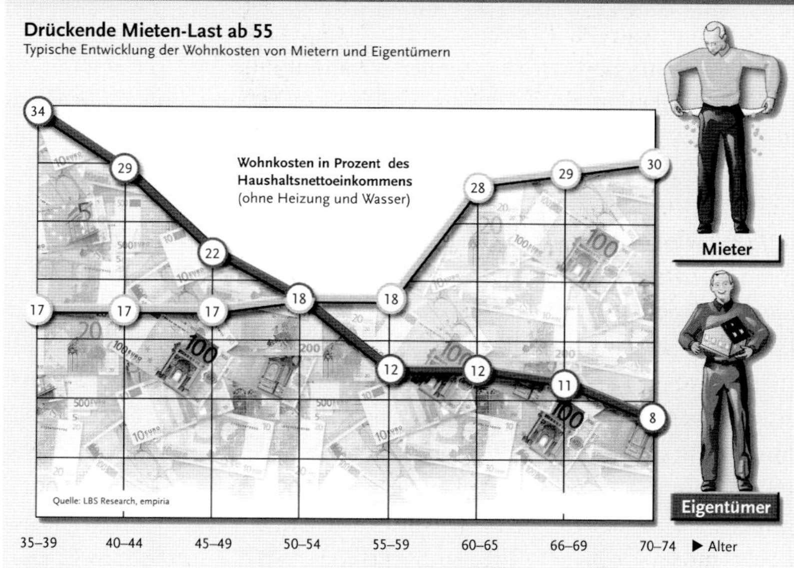

Die Grafik verdeutlicht: In jungen Jahren haben Wohneigentümer/innen deutlich höhere monatliche Belastungen zu tragen als Mieter/innen. Erst ab dem 50. Lebensjahr verändert sich das Bild und die Wohneigentümer/-innen profitieren davon, dass durch ihre regelmäßigen Tilgungen die Schuldenlast geringer wird und damit auch die regelmäßigen Belastungen sinken. Wer es dann geschafft hat, zum Rentenbeginn die eigene Immobilie schuldenfrei zu haben, kann sich an einer deutlich geringeren monatlichen Belastung erfreuen. Aus diesem Grund sehen viele Deutsche die »eigenen vier Wände« als erstrebenswerteste Form der Altersvorsorge an.

Für Menschen, die den Erwerb einer Immobilie anstreben und diese im Hinblick auf Nachhaltigkeit energieeffizient ausrüsten wollen, bietet unter anderem die bundeseigene Kreditanstalt für Wiederaufbau (KfW) verschiedene Förderprogramme an. 2009 und nochmals 2012 werden die gesetzlichen Anforderungen an die Klimaeffizienz eines Gebäudes erhöht. Um diesen Anforderungen zu genügen, sind oftmals bauliche Maßnahmen erforderlich. Damit diese Ziele erreicht und die betroffenen Eigentümer/innen nicht übermäßig stark finanziell belastet werden, legen Bund, Länder und Gemeinden in Deutschland zahlreiche Förderprogramme auf. Da sich diese ändern können, fällt der Überblick schwer. Der Verband Wohneigentum stellt auf seiner Internetseite (www.verband-wohneigentum.de) Interessierten eine umfangreiche Übersicht über die Förderprogramme für die energetische Modernisierung von Wohngebäuden zur Verfügung.

Nachhaltige Immobilienanlagefonds

Anleger/innen, die entweder bereits eine Immobilie besitzen oder keine eigene erwerben möchten, können sich auch indirekt über Immobilienfonds beteiligen. Dabei ist zwischen offenen und geschlossenen Immobilienfonds zu unterscheiden.

Offene Immobilienfonds

Kennzeichnend für den offenen Immobilienfonds ist die unbegrenzte Zahl der ausgegebenen Anteile. Bei zunehmendem Mittelaufkommen werden laufend neue Anteile ausgegeben. Wenn Anlegerinnen oder Anleger aussteigen wollen, werden in der Regel die Anteile von der Fondsgesellschaft zurückgenommen und der Gegenwert ausgezahlt. Ein offener Immobilienfonds stellt ein Grundstücksondervermögen mit mindestens 15 Grundstücken dar, welches von einer Kapitalanlagegesellschaft (KAG) betreut und verwaltet wird. Bei der KAG handelt es sich um ein sogenanntes Spezialkreditinstitut, das der Kontrolle der Bundesanstalt für Finanzdienstleistungsaufsicht (BaFin) unterliegt. Das Sondervermögen selbst ist nicht rechtsfähig, sondern wird durch die KAG vertreten. Eine von der KAG rechtlich getrennte Depotbank verwahrt die dem Fonds gehörenden liquiden Mittel und gibt die Fondsanteile aus. Offene Immobilienfonds unterliegen dem Investmentgesetz. Sie erwerben hauptsächlich Gewerbeimmobilien (meist Bürohäuser oder Einzelhandelsimmobilien) und versuchen, durch Mieterträge und Wertsteigerungen der Objekte Erträge zu erwirtschaften. Da die Fondsanteile jederzeit durch die Anlegerinnen und Anleger gekauft oder verkauft werden können, investiert das Fondsmanagement das Geld nicht nur in Gebäude und Grundstücke, sondern auch in Zinspapiere oder ähnliche schnell verfügbare Anlagen. Die Liquiditätsreserve des Fonds muss dabei mindestens 5 % des Fondsvermögens betragen, darf aber nicht über 49 % steigen. Die Kapitalanlagegesellschaft ist verpflichtet, einen Fonds zeitweilig zu schließen, wenn die Liquiditätsreserve weniger als 5 % des Fondsvermögens ausmacht.

In der Vergangenheit hatten die Fondsgesellschaften wegen hoher Mittelzuflüsse größere Probleme, die Liquidität im Fonds unter 49 % zu halten. Dies änderte sich jedoch schlagartig mit Ausbruch der Finanzkrise Ende 2008. Da bis dahin verstärkt halbinstitutionelle Anleger (beispielsweise Dachfondsmanager, Vermögensverwalter) Anteile an offenen Immobilienfonds hielten und diese dann innerhalb eines kurzen Zeitraumes an die Fondsgesellschaften zurückgeben wollten, weil sie selbst flüssige Mittel benötigten, schmolzen die Liquiditätsreserven der offenen Immobilienfonds dramatisch dahin. Im Oktober 2008 griffen die Fondsgesellschaften zum »letzten Mittel« und froren die Anteile der Anleger/innen ein. Erstmals in der Geschichte der Bundesrepublik war ein offener Immobilienfonds im Jahr 2005 geschlossen worden. Damals hatte die Deutsche Bank die Rücknahme von Anteilen am Fonds grundbesitz-invest zeitweise ausgesetzt. In der Folge gerieten zahlreiche offene Immobilienfonds unter Druck, weil die Anleger/innen massiv Geld abzogen. Doch in den guten Immobilienjahren danach konnten offene Immobilienfonds wieder mit ihren soliden Renditen überzeugen. Nachdem im Oktober 2008 verschiedene Fonds die Anteilsrücknahme für drei Monate aussetzten, folgte im Januar 2009 die ernüchternde Feststellung, dass noch immer keine Ruhe am Immobilienmarkt eingekehrt war und zwölf Fonds für weitere neun Monate geschlossen blieben. Vor allem Anleger/innen, die über sogenannte Auszahlpläne regelmäßige Entnahmen aus ihren Immobilienfonds vornahmen, um beispielsweise ihren Lebensabend zu finanzieren, stehen nun vor Problemen, da sie nicht mehr an ihr Geld herankommen. Ihnen bleibt nur der Ausweg, ihre Anteile über die Börse mit Verlust zu verkaufen. Aus den ehemals so sicheren, soliden und häufig als langweilig bezeichneten Fonds sind »Zitterfonds« geworden. Der Vertrauensverlust, der damit einhergegangen ist, kann noch nicht beziffert werden, da die Fonds ja noch geschlossen sind und der Abfluss der Gelder damit gestoppt ist.

Der Rosenheimer Fondsanalyst Stefan Loipfinger geht davon aus, »dass es in einem Jahr offene Fonds, wie wir sie heute kennen, nicht mehr geben wird«. Betroffen sind Millionen von deutschen Anlegerinnen und Anlegern, die nach Statistiken des Bundesverbands Investment und Asset Management (BVI) Ende Juni 2008 rund 87 Milliarden Euro in offenen Immobilienfonds investiert hatten. Insgesamt können offene Immobilienfonds bis zu zwei Jahre eingefroren werden. Die Gesellschaften dürfen in den ersten drei Monaten ihre Immobilien nur zum Buchwert veräußern, danach jedoch auch mit Verlust. »Im schlimmsten Fall muss der Fonds nach Ablauf der zwei Jahre schließlich komplett aufgelöst werden«, erklärt Loipfinger. Die Anleger bekommen dann ähnlich wie Gläubiger in der Insolvenz ihren Anteil am verbliebenen Gesellschaftswert, nachdem unter anderem sämtliche noch offenen Kredite bedient wurden.

Würde dieser Fall eintreten, wäre das sicherlich der »Super GAU« für die offenen Immobilienfonds. Das wird davon abhängen, ob ein großer wirtschaftlicher Abschwung mit fallenden Büromieten und leeren Büroimmobilien einhergeht. Halten sich Leerstände und sinkende Mieten in Grenzen, werden sich auch offene Immobilienfonds erholen können, bis dahin jedoch steht den Anlegern und Anlegerinnen eine Zitterpartie bevor.

Dennoch: Im Hinblick auf die Sicherheit von Anlagedepots verbessern offene Immobilienfonds das Chance-Risiko-Verhältnis. Das geht aus einer wissenschaftlichen Studie der WHU Otto Beisheim School of Management und der Ludwig-Maximilians-Universität München hervor, die vom Bundesverband Investment und Asset Management (BVI) in Auftrag gegeben wurde. Ausgehend von der Portfoliooptimierung nach Markowitz wurden die Portfolios unterschiedlicher Anlegergruppen untersucht – vom wenig risikobereiten Privatanleger über den etwas risikoorientierten Anleger bis hin zum institutionellen Investor. Durch die Beimischung von offenen Immobilienfondskönnen wenig risikobereite Privatanleger/innen bei gleicher Rendite beispielsweise das Risiko ihres Portfolios, das ohnehin bereits defensiv aufgestellt ist, um 21 % senken. Im Vergleich dazu kann der risikofreudigere Investor sein Risiko durch die Investition in offene Immobilienfonds sogar um bis zu 32 % reduzieren. »Offene Immobilienfonds können nicht nur in den defensiven, sondern auch in den eher wachstumsorientierten Portfolios eine wichtige Rolle spielen« (www.wallstreet-online.de, 26. August 2008).

In einigen Jahren wird man dann auch wissen, ob Fonds mit überproportional hohem Bestand an nachhaltigen Immobilien die Krise besser meistern als konventionelle Fonds. In den Portfolios der offenen Immobilienfonds wird der Anteil nachhaltiger Immobilien künftig deutlich zunehmen. Davon sind laut Financial Times Deutschland (3. August 2008) die Manager der Kapitalanlagegesellschaften überzeugt. »Nicht aus ökologischen, sondern aus ökonomischen Gründen werden Fonds künftig stärker in grüne Immobilien mit Gütesiegel investieren«, sagte KanAm-Sprecher Michael Birnbaum. Im ausschließlich in Nordamerika investierenden Fonds US-GrundInvest sei bereits heute der Anteil zertifizierter nachhaltiger Immobilien sehr hoch. Deshalb sei es auch nicht erforderlich, neue Fonds aufzulegen, die ausschließlich »grüne Immobilien« erwerben würden. Fonds, die ihre Bestandsimmobilien modernisieren müssten, würden dabei ohnehin auf Nachhaltigkeit achten. Ähnliche Statements geben die Fondsmanager der Häuser Union Investment Real Estate und Commerz Real ab. Bei der

Vermarktung von Immobilien würde die Energieeffizienz künftig eine immer größere Rolle spielen. Beispielsweise wird das Unilever-Haus in Hamburg, das im Besitz von Union Investment ist, entsprechend den Vorgaben der amerikanischen LEED-Zertifizierung modernisiert. Dadurch würden dann die Betriebskosten für Heizung und Kühlung um stattliche 64 % gesenkt und jährlich 1678 Tonnen Kohlendioxidemissionen eingespart werden. Ähnlich agiert die Commerzbank-Tochter, die im November 2007 das nach nachhaltigen Gesichtspunkten revitalisierte Bürogebäude Kraanspoor in Amsterdam für einen Spezialfonds erwarb. Dieses Gebäude erhielt die Auszeichnung »Grüne Immobilie des Jahres«.

Dennoch hält sich das Interesse der Fondsgesellschaften an einer nachhaltigen Ausrichtung ihres Fondsvermögens in Grenzen. Die 16 Grundstücksinvestmentgesellschaften, die dem Verband des BVI angehören, erkennen zwar das Potenzial nachhaltiger Immobilien, doch findet dieser grüne Bewusstseinswandel derzeit nur verbal statt, wie eine Umfrage von Ernst & Young Real Estate bestätigt: Von 20 im Juli 2008 befragten Immobilienfondsmanagern gaben 58 % an, dass Nachhaltigkeitsaspekte beim Immobilienkauf derzeit nur eine mittelstarke Rolle spielen. Weitere 24 % stufen die Wichtigkeit als niedrig ein. In Zukunft hingegen messen fast alle Manager der Umwelt- und Sozialverträglichkeit eine mittlere bis hohe Bedeutung bei. Insofern ist folgerichtig, wenn kein Anbieter derzeit einen nachhaltigen Immobilienfonds plant.

In den bestehenden Produkten kann man ausgewiesene grüne Immobilien nur mit der Lupe finden – wenn es überhaupt entsprechende Informationen gibt. Nach Recherchen der Zeitschrift Das Investment kann KanAm hier durchaus als positives Beispiel genannt werden, auch wenn die Gesellschaft damit kaum in der Öffentlichkeit hausieren geht. »Das Marktpotenzial für nachhaltige Immobilieninvestments ist beachtlich: Die Anlageklasse Immobilien ist im stetig wachsenden Markt für umwelt- und sozialverträgliche Investments noch nahezu unberücksichtigt«, sagt Thomas Lützkendorf, Leiter des Stiftungslehrstuhls für Ökonomie und Ökologie des Wohnungsbaus an der Universität Karlsruhe (In: Das Investment, 2008).

Ein Fonds, der das Thema Nachhaltigkeit explizit kommuniziert, ist der TMW Immobilien Weltfonds: »Die Bedeutung der ökologischen Nachhaltigkeit von Immobilien nimmt in Zeiten des Klimawandels ständig zu. Niedrigere Emissionen tragen nicht nur dazu bei, die Umweltbelastung zu reduzieren, auch die Mieter und der Fonds profitieren davon durch geringere Energiekosten bzw. durch besser vermarktbare Gebäude. Ein wichtiger Aspekt bei Investitionsentscheidungen des TMW Immobilien Weltfonds ist daher die ökologische Nachhaltigkeit der Immobilien. Aber auch Bestandsobjekte werden ständig auf ihre Optimierungsmöglichkeiten hin untersucht. In Zukunft werden die Portfolios offener Immobilienfonds auch nach ihren ökologischen Qualitäten beurteilt werden. Dabei wird nicht nur das Alter der einzelnen Objekte eine Rolle spielen – beim TMW Immobilien Weltfonds sind 34,9 % der Objekte nicht älter als fünf Jahre und weitere 30,3 % zwischen fünf und zehn Jahren alt –, sondern auch die zukünftige Einkaufspolitik. Mit seinem hohen Anteil an Projektentwicklungen wird sich das Portfolio des TMW Immobilien Weltfonds mit modernen, energiesparenden Neubauten sukzessive verjüngen. Gleichwohl bestehen die größten Optimierungspotenziale im Energieverbrauch von Bestandsgebäuden. Deshalb wird im laufenden Geschäftsjahr für alle Gebäude des Fonds erstmalig eine Energiebilanz erstellt. Damit kann das Management im zweiten Schritt über sinnvolle Verbesserungsmaßnahmen entscheiden. Dabei sollten der finanzielle Aufwand und der ökologische Nutzen in einem vernünftigen Verhältnis stehen. Der TMW Immobilien Weltfonds hat als junger, im Aufbau befindlicher Fonds die große Chance, ökologische Aspekte sowohl beim Neuerwerb als auch in der Bestandsverwaltung besonders zu berücksichtigen. Dieser Leitlinie fühlen sich das Management und die Dienstleistungspartner weltweit verpflichtet.« (www.weltfonds.de)

Was Sie beachten sollten!

Anlegerinnen und Anleger, die hohe ökologische Ansprüche an ihre Kapitalanlage stellen, werden bei den derzeitig angebotenen offenen Immobilienfonds nicht fündig. Lediglich »kompromissbereite« Anleger/innen, die Wert auf eine Immobilienbeimischung im Depot legen, können den einen oder anderen offenen Immobilienfonds, der Bemühungen im Bereich ökologische Nachhaltigkeit zeigt, in die Auswahl einbeziehen, wohl wissend, dass es wenig Transparenz im Hinblick auf Energieeffizienz der im Fonds vorhandenen Immobilien gibt.

Geschlossene Immobilienfonds

Neben den offenen Immobilienfonds gibt es auch geschlossene Fonds. Bei diesen sind, anders als bei offenen Fonds, die Anzahl der Anleger/innen, das Gesamtinvestitionsvolumen, das Eigenkapital und die Laufzeit begrenzt. Dem geschlossenen Fonds liegt der Gedanke zugrunde, durch die Bündelung des Kapitals vieler Investoren und Investorinnen eine oder mehrere größere Immobilien zu erwerben und zu bewirtschaften. Sobald die angestrebte Investitionssumme erreicht ist und genügend Geld von Anlegern und Anlegerinnen eingesammelt worden ist, wird der Fonds, wie der Name schon sagt, geschlossen. Danach können sich keine Anleger/innen mehr an diesem Fonds beteiligen. Bis zum festgelegten Ende der Laufzeit bleibt die Investorengemeinschaft »unter sich«. Geschlossene Immobilienfonds unterliegen im Gegensatz zu den offenen Fonds keiner staatlichen Aufsicht und werden deshalb dem sogenannten »grauen Kapitalmarkt« zugeordnet. Diese fehlende Kontrolle hat in der Vergangenheit dazu geführt, dass viele Fonds wenig ansprechende Ergebnisse vorweisen konnten oder gar in die Insolvenz gingen. Dadurch verloren viele Anleger/innen viel Geld. Geschlossene Immobilienfonds kommen deshalb nur für erfahrene Anleger/innen in Betracht, die diese Produkte in ihrer Komplexität verstehen, sich der Risiken bewusst sind und mögliche Verluste verschmerzen können. !

In Deutschland gibt es bislang nur sehr wenige geschlossene Immobilienfonds, die nachhaltigen Kriterien genügen. Im Süden von Freiburg beispielsweise steht eine ökologische Vorzeige-Gewerbeimmobilie, das »Sonnenschiff«. In seinem Anlagecheck (ECOreporter.de 06/2008) stufte der ECOreporter den Umweltnutzen des Gebäudes als vorbildlich ein. Anleger/innen konnten sich ab einer Mindestsumme von 5.000 Euro am 2. Freiburger Sonnenschiff-Fonds beteiligen. Neben diesem aktuellen Vorzeigefonds hat es in der Vergangenheit noch die Fonds Stadtwerke Berlin KG, Women's Prosperity Fund No. 1 und die Solarhaussiedlung GmbH gegeben. Bei diesen Fonds stand die Verwendung von ökologischen Baustoffen und die Energieeffizienz der Immobilien im Vordergrund (Schäfer, Henry; Gromer Christian. Nachhaltige Immobilieninvestments). Neben diesen Öko-Pionieren finden sich auch bei den konventionellen Anbietern ab und zu geschlossene Fonds, die nachhaltigen Ansprüchen genügen. Beispielsweise bot der renommierte Fondsinitiator Wölbern Invest mit dem Holland 64 Fonds eine Beteiligung an, die unter anderem das Bürogebäude »House of Energy« in Arnheim im Portfolio hatte. Doch solche Angebote sind dünn gesät. Auch wenn nach Aussagen der Fondsinitiatoren nachhaltige Gebäude eine immer größere Rolle spielen werden, in den angebotenen Fonds sind sie Mangelware.

»Man kann nicht den Wald abholzen
und das Echo stehen lassen.«
Richard Schröder, Philosoph und Theologe

Wald – Wachstum unabhängig von Wirtschaft und Politik

Auf einen Blick

Wald ist für unser Klima von großer Bedeutung. Bäume verwandeln Kohlendioxid in Sauerstoff und können den Treibhauseffekt eindämmen, sie sind wichtig für den Wasserkreislauf und sorgen für eine Entgiftung der Umwelt. Überdies bieten sie uns Menschen Ruheoasen und den Tieren Schutz und Lebensraum. Doch jahrzehntelanger Raubbau ohne kompensierende Aufforstung hat dazu geführt, dass der Waldbestand immer weniger wird. Andererseits hat der Holzverbrauch deutlich zugenommen. Vor allem die Menschen in den stark wachsenden Schwellenländern haben die Holznachfrage erhöht.

Angesichts abnehmender Waldflächen und stark steigender Nachfrage bietet eine Investition in Holz langfristig gesehen eine hervorragende Anlagemöglichkeit. Durch seinen über Jahre dauernden Wachstums- und Reifeprozess muss man für ein Holzinvestment aber Zeit und Geduld mitbringen. Dafür werden Anlegerinnen und Anleger durch konstante Erträge, die unbeeindruckt von politischen und wirtschaftlichen Krisen fließen, belohnt. Allerdings ist eine Investition nicht unproblematisch. Ein Direktinvestment ist in der Regel nur über lang laufende Beteiligungen möglich, die keiner staatlichen Kontrolle unterliegen und bei denen die Anleger/innen das Risiko komplett selbst tragen müssen. Ist diese Beteiligung jedoch seriös und fair, dann winken solide, regelmäßige Renditen. Überdies können Anleger/innen über die Wahl der Beteiligung bestimmen, wie hoch ihre ökologischen Ansprüche sein sollen. Bei einer Investition in Holzaktien haben

Anleger/innen diesen Einfluss nicht, dafür unterliegen Fonds der staatlichen Finanzaufsicht und Fondsanteile können in der Regel täglich zurückgegeben werden.

In der Finanzkrise konnten sich allerdings weder Aktien, Fonds noch Zertifikate dem Abwärtstrend entziehen – im Gegenteil, sie verloren mehr als konventionelle Aktienanlagen.

Waldbesitz gilt seit Jahrhunderten als solide Anlageform. Familien wie die von Thurn und Taxis leben seit Generationen unter anderem von den Erträgen umfangreichen Forstbesitzes. Die Bayerischen Staatsforste spülen jährlich 50 Millionen Euro Ertrag in die Staatskasse. Auch die Eliteuniversitäten Yale und Harvard, die bekannt für ihre sehr erfolgreiche Vermögensverwaltung sind, haben einen großen Teil des Kapitals in Wälder investiert.

Einen Wald zu besitzen und ihn nachhaltig zu bewirtschaften ist sicherlich ein Engagement, das dem nachhaltigen Gedanken am nächsten kommt, stammt der Begriff Nachhaltigkeit doch wie wir wissen aus der Forstwirtschaft. Nachhaltige Forstwirtschaft bedeutet aber auch, über längere Zeiträume zu planen. Denn ein Baum, der jedes Jahr um einen Jahresring wächst, braucht viele Jahre, um als Holzlieferant verwertet werden zu können. Bis dahin ist er eine wichtige Stütze unseres Ökosystems. Bäume wandeln Kohlendioxid in Sauerstoff um und sorgen für eine Reduzierung des Treibhauseffektes. Wenn die Erdoberfläche nur um einige Prozent mehr mit Bäumen bewachsen wäre, würde der Klimawandel deutlich schwächer werden oder gar irgendwann gestoppt werden können. Doch nicht nur für unser Klima ist Holz wichtig, sondern auch für den Wasserkreislauf der Erde. Der Waldboden speichert nämlich Wasser wie ein Schwamm und filtert es, sodass auch mehr kostbares Trinkwasser bereitstehen würde. Bei Unwettern verhindern Wälder beispielsweise, dass Regenmassen zu sintflutartigen Strömen werden. Überdies entziehen Bäume der Luft verschiedene Giftstoffe und mindern Radioaktivität. Last but not least gehören Wälder als Ruheoasen zu unserem Leben. Sie bieten Erholung und gute Luft. Sich um Bäume zu kümmern, wäre also in vielerlei Hinsicht sinnvoll und lebensbewahrend. Doch in der Realität ist dieses Denken noch nicht angelangt. Wer beobachtet, wie ganze Regenwälder gerodet werden, um dort Monokulturen anzubauen, der weiß, dass der Ursprungsgedanke nachhaltigen Wirtschaftens der Profitgier zum Opfer gefallen ist. Immer mehr Waldflächen verschwinden und sorgen für die Beschleunigung des Klimawandels – dabei wären Aufforstung und Bewahrung des Waldes die Gebote der Stunde.

Jeden Tag werden weltweit pro Kopf fast zwei Kilogramm Holz als natürlicher Brenn-, Werk- und Rohstoff verbraucht. Die Tendenz ist steigend. Die UN-Welternährungsorganisation FAO ermittelte, dass sich der Weltholzverbrauch seit 1960 mehr als verdreifacht hat und nochmals bis 2050 um 50 % steigern wird. Vor allem die bevölkerungsreichen Schwellenländer China und Indien fragen in sehr starkem Maß Holz nach, da sie dieses für Wohn- und Heizzwecke benötigen. Während die Nachfrage also stark zunimmt, wird das Angebot immer geringer, da immer mehr Waldflächen gerodet werden. Mittlerweile liegt Holz, hinter Öl und Gas, auf dem dritten Platz der weltweit meistgehandelten Rohstoffe. Und je mehr die Öl- und Gaspreise steigen, desto begehrter wird Holz als Brennstoff. Diese erhöhte Nachfrage und steigende Preise rufen natürlich auch die Profitgier auf den Plan, sodass Raubbau durch Rodungen und illegalen Holzeinschlag zunimmt und zu großzügigen Vergabepraktiken führt. Für Anlegerinnen und Anleger hingegen bietet diese Verknappung des Angebots die Chance, langfristig von den damit einhergehenden steigenden Holzpreisen zu profitieren. Diesen Gedanken an ein lukratives langfristiges Investment haben auch die schon erwähnten Universitätsstiftungen bewogen, ihr Waldinvestment aufzustocken.

Die Rentabilität eines Holzinvestments wird nach drei Methoden errechnet:

- Bei jungen Bäumen mit geringer Holzmasse wird berechnet, welche Kosten eine Wiederaufforstung mit sich bringen würde.
- Bei mittelalten Bäumen, die bereits über eine größere Holzmenge verfügen, deren Holzqualität aber noch nicht ausreichend ist, wird berechnet, wie hoch der Verkaufswert bei Erntereife sein wird.
- Wenn die Bäume dann sowohl im Hinblick auf Menge als auch Qualität vermarktungsfähig sind, kann der aktuelle Holzpreis angesetzt werden.

Man schätzt, dass 65 % bis 75 % des Ertrages aus einem Waldinvestment auf das tatsächliche biologische Wachstum zurückzuführen sind und immerhin 25 % bis 30 % auf steigende Holzpreise. Die Wertveränderung von Grund und Boden hingegen macht 2 % bis 5 % des Gesamtertrages aus.

In Nordamerika wurde der NCREIF Timberland Index kreiert, ein Waldindex, der die Wertentwicklung von Waldbesitz wiedergibt. Er wird weltweit als Benchmark herangezogen. Dieser Index ist über die letzten beiden Jahrzehnte fast jedes Jahr gestiegen. 1978 notierte er bei 116 Punkten, Ende 2008 bereits bei 2125. Das bedeutete eine durchschnittliche Performance von rund 15 % pro Jahr. Im Verhältnis dazu sieht jeder Aktienindex bescheiden aus. Das Krisenjahr 2008 überstand der Index unbeschadet. So werden als Total-Return-Zahlen für das 1. Quartal 2008 insgesamt 4,5, für das zweite 1,01, für das dritte 0,99 und für das vierte Quartal 2,74 angegeben (www.ncreif.com). Dieser konstante Wertzuwachs deutet schon auf eine andere Besonderheit dieses Investments hin, es weist nämlich verhältnismäßig geringe Korrelationen mit anderen Anlageklassen auf (siehe Tabelle 31).

!

Tabelle 31: Weltweite Korrelation der Renditen* (1987–2007)

	Wald	Aktien	Anleihen	Immobilien
Wald	1,00			
Aktien	0,16	1,00		
Anleihen	–0,01	–02	1,00	
Immobilien	0,46	0,16	–0,03	1

* in US-Dollar auf Basis von Quartalswerten. Verwendete Indizes: Wald NCREIF Timberland Index, Aktien: MSCI World Index, Anleihen: Citigroup US Government Bonds, Immobilien: NCREIF Property Index.

Waldfonds

Eine direkte Beteiligung bieten sogenannte Waldfonds, bei denen sich Anlegerinnen und Anleger mittels eines geschlossenen Fonds an Waldflächen beteiligen. Der Erfolg einer Beteiligung, die dem sogenannten grauen Kapitalmarkt zugeordnet wird, da sie keiner staatlichen Kontrolle unterliegt, hängt in erster Linie von der Seriosität und Kompetenz des Initiators ab. Deshalb muss ein solches Investment sehr sorgfältig geprüft werden, da die Erfahrung gezeigt hat, dass auch Totalverluste möglich sind. Überdies sind geschlossene Fonds mit langen Laufzeiten versehen, während derer die Anleger/innen fast nie über ihr Geld verfügen können.

Da Holz als Anlageklasse vor allem im vergangenen Jahr an Bedeutung gewonnen hat, sind neben den ökologisch orientierten Anbietern auch konventionelle Fondsinitiatoren in dieses Marktsegment eingestiegen. Die JAMESTOWN US-Immobilien GmbH, die seit vielen Jahren sehr erfolgreich US-Büroimmobilienfonds initiiert hat, legte 2008 ihren ersten Holzfonds, den JAMESTOWN Timber 1, LP, auf. Dieser Fonds erwirbt mehrere Forstgrundstücke vorwiegend mit Kieferbeständen im Süden der USA. Diese werden professionell bewirtschaftet und anschließend verkauft. Das Emissionsvolumen umfasst immerhin 150 Mio. US-Dollar und kann sogar auf 500 Mio. US-Dollar aufgestockt werden. Mit einer Anlagedauer von 15 Jahren gehört dieser Fonds zu den »kurz laufenden« Beteiligungen. Den Anlegerinnen und Anlegern wird ein Rückfluss des investierten Eigenkapitals von 6,5 % jährlich prognostiziert. Der Initiator Nordcapital, der sich bislang in den Bereichen Schifffahrt, Immobilien, Private Equity und erneuerbare Energien engagierte, bietet ebenfalls einen ersten Waldfonds, den Nordcapital Waldfonds 1, an. Dieser Fonds will circa 30 Mio. Euro in werthaltige Waldflächen in Rumänien investieren. Die Bewirtschaftung dieser Flächen soll durch Österreichs größten Forstbetrieb, die Esterhazy-Gruppe, erfolgen. Da der Waldbestand bereits existiert und nur ertragreicher bewirtschaftet werden soll, wird den Anlegerinnen und Anlegern bereits ab 2010 eine jährliche Ausschüttung zwischen 4 % und 6 % in Aussicht gestellt. Mit einer anvisierten Laufzeit bis 2020 ist die Kapitalbindung überschaubar.

Auch die bislang in anderen Anlageklassen engagierten GVA Grundvermögen AB und die Deutsche Fonds Holding sind mit ihren ersten Waldfonds an den Start gegangen. Die DWS Investment GmbH, die Fondstochter der Deutschen Bank, hingegen bietet mit ihrem DWS ACCESS Global Timber einen geschlossenen Fonds an, bei dem die Anlegerinnen und Anleger mittels des Fonds Zertifikate erwerben. Damit sollen die Investoren und Investorinnen am Erfolg des Phaunos Timber Fund Limited, Guernsey, partizipieren. Der Phaunos Timber Fund wiederum investiert weltweit in die Waldwirtschaft. Bei einer anvisierten Laufzeit von 30 Jahren müssen die Anleger/innen jedoch Geduld mitbringen. All diesen Fonds ist gemein, dass es ihnen nicht in erster Linie um die ökologische Komponente dieses Investments geht, sondern um die ökonomische. Die Mindestbeteiligung liegt zwischen 10.000 US-Dollar (DWS ACCESS) und 20.000 US-Dollar (JAMESTOWN), was darauf schließen lässt, dass nur bestimmte Anlegergruppen angesprochen werden sollen.

Die KG Allgemeine Leasing GmbH & Co. (KGAL) bringt mit dem Timber Class 1 GmbH & Co. KG auch ihren ersten Waldfonds auf den Markt. Anlegerinnen und Anleger beteiligen sich an einem geschlossenen Fonds. Dieser Fonds wiederum beteiligt sich über die Waldgesellschaft Campbell Opportunity Timber Fund-AL an einem Waldportfolio von insgesamt 625.000 Hektar Waldflächen in den US-Bundesstaaten Texas, Louisiana, Georgia und Alabama. Zum Ende der Laufzeit, die mit 2022 angegeben ist, wird der Verkauf der Waldflächen geplant. Die geplanten Ausschüttungen ab 2010 liegen zwischen 1 % und 7 %. Im Gegensatz zu den anderen vorgestellten Beteiligungen wird einer nachhaltigen Waldbewirtschaftung insofern Rechnung getragen, als alle von der Campbell Group bewirtschafteten Wälder und damit auch die Waldflächen der Waldgesellschaft SFI zertifiziert sind. Der sogenannte SFI Standard (Sustainable Forestry Initiative) ist der in Nordamerika am weitesten verbreitete Zertifizierungsstandard. Damit kann sichergestellt werden, dass kein umweltbelastender Raubbau betrieben wird und ein Nachhaltigkeitskonzept besteht.

Wer sicherstellen möchte, dass sein Holzinvestment größeren ökologischen Mehrwert schafft, muss andere Anbieter wählen. Die Forest Finance S.A., Panama, bietet bereits ab einer monatlichen Sparrate von 30 Euro verschiedene Angebote für Forstökologie Investments an.

Die LIGNUM Holding AG offeriert ab einer Mindestbeteiligung von etwa 3.700 Euro ein Direktinvestment in Robinienpflanzungen in Bulgarien und Teakpflanzungen in Brasilien. Hier werden Anlegerinnen und Anleger in das Grundbuch des Waldbesitzes eingetragen. Die ersten Kapitalrückflüsse werden nach einer Investitionsdauer von acht Jahren in Aussicht gestellt. Nach einer zwanzigjährigen Laufzeit werden jährliche Renditen zwischen 9,3 % (Teakinvestment) und 11,3 % (Robinie) prognostiziert. Auch die Miller Forest Investment AG bietet den Anlegern und Anlegerinnen direkte Beteiligung durch Kauf oder Pacht von Aufforstungsflächen in Paraguay an. Insgesamt sollen 4.000 Hektar Weide- und Brachflächen in Mischwälder umgewandelt und später das Holz auf lokalen Märkten verkauft werden. Die Querdenker GmbH hingegen greift mit dem Bauminvest auf die Beteiligungsform geschlossener Fonds zurück. Dieser will circa 450 Hektar Weideland in Costa Rica ökologisch aufforsten. Nach 20 Jahren erhalten die Anleger/innen ihre Rendite beim gewinnbringenden Verkauf des Holzes, bis dahin müssen sie sich jedoch gedulden.

Zertifikate und Fonds

Neben den geschlossenen Fonds werden nun auch die ersten offenen Investmentfonds angeboten. Hier jedoch wird nicht direkt oder indirekt in Waldbesitz investiert, sondern in Wald- beziehungsweise Holzaktien. Diese gibt es bereits seit vielen Jahren auf dem Markt. Die schweizerische Precious Wood AG beispielsweise ist im nx-25-Index vertreten.

Im September 2008 legte die schweizerische Fondsgesellschaft Pictet als erster Anbieter in Deutschland einen Publikumsfonds auf, der weltweit in Holzaktien investiert. Der PF(LUX)-Timber setzt auf das Thema Holz durch Investitionen in börsennotierte Aktien, die entlang der gesamten Holwertschöpfungskette tätig sind, wobei der Schwerpunkt auf Unternehmen gelegt wird, die selbst Wälder besitzen und/oder verwalten. Dieser Ansatz soll Anleger/innen vergleichbare Vorteile wie Direktinvestitionen in Waldflächen bei gleicher Liquidität und Marktgängigkeit wie ein herkömmlicher Investmentfonds bieten. Die größten Aktienpositionen im Fonds sind die Waldspezialisten Plum Creek Timber, Rayonier REIT, Potlatch Corp. Die Fondsgesellschaft gibt als Risikoklassifizierung in ihrem Prospekt »hohes Risiko« an. Der Vergleich des Fonds mit dem MSCI World zeigt, dass in den vergangenen turbulenten Börsenmonaten der Pictet Timber Fonds deutlich größere Verluste zu verkraften hatte. Damit kann dieser Fonds allem Anschein nach nicht mit geringen Korrelationen zum Aktienmarkt aufwarten, wie es das Direktinvestment bislang konnte. Insofern bietet sich ein Investment in einen Fonds mit Holzaktien nur als sogenannte Beimischung in einem größeren bestehenden Depot an (siehe Abbildung 37).

Abbildung 37: Pictet Timber Fonds

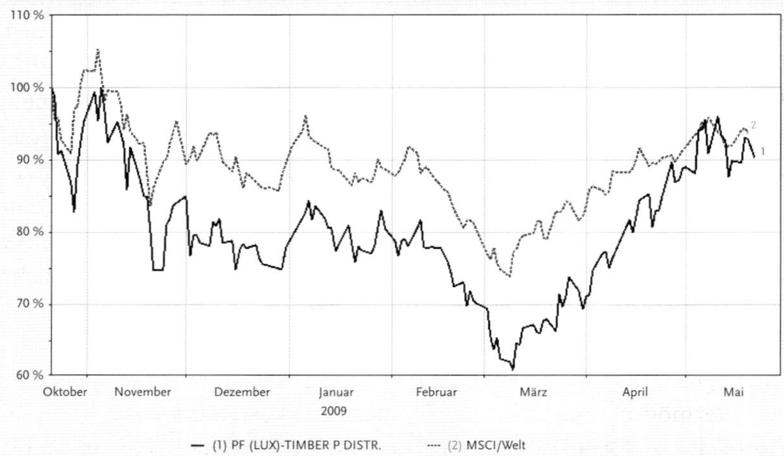

Ein ähnliches Bild bieten börsennotierte Holz-Zertifikate. Die Deutsche Bank-Tochter DWS legte im Oktober 2007 das DWS GO Global Forest and Timber TR Index Zertifikat auf und bietet damit die Beteiligung an der Wertentwicklung von insgesamt elf Aktien aus der Holzwirtschaft an. Das Zertifikat hat eine unbegrenzte Laufzeit und wird an den Börsen Frankfurt und Stuttgart gehandelt. Im Index sind neben der neu aufgenommenen schwedischen SCA – Svenska Cellulosa AB – folgende Werte vertreten: Plum Creek Timber Co., Timberwest Timber Trust, Potlatch Corp., Rayonier Inc., Sino-Forest Corporation, Holmen AB – B Shares, Weyerhaeuser Corp., Deltic Timber, Timbercorp Limited und Great Southern Limited. Diese Werte finden sich auch im Pictet Timber Fonds wieder und somit verwundert es nicht, dass auch dieses Zertifikat erhebliche Wertverluste zu verzeichnen hat. Der Januar-Bericht 2009 weist einen Wertverlust von stattlichen 39,40 % für die vergangenen zwölf Monate aus. Wer das Zertifikat bei der Erstemission im Oktober 2007 erwarb, muss bislang einen Verlust von 46,65 % hinnehmen.

Ähnlich wie Immobilienaktien können Holzaktien in Krisenzeiten nicht von der Wertbeständigkeit ihrer zugrunde liegenden Anlageklasse profitieren. Sie müssen als Themeninvestments mit den ihnen eigenen Schwankungen verstanden werden. Das DWS GO Global Forest and Timber Zertifikat weist eine stattliche Volatilität von 42,82 % aus. Auch hier gilt, dass diese Investments nur als Beimischung für größere bestehende Depots in Betracht kommen.

Seit dem 16. Februar 2009 wird nun auch der erste offene und weltweit investierende Waldfonds, der Focus Global Forests über die Zeichnung des Focus Global Forests Zertifikat angeboten. Eine Besonderheit dabei ist, dass sich Anleger/innen nicht mehr wie bei den geschlossenen Waldfonds über viele Jahre binden müssen, sondern kurzfristig Anteile zurückgeben können. Nach Auskunft der Initiatoren ist der Focus Global Forests der erste offene Waldfonds, der entsprechend einem offenen Immobilienfonds nach dem deutschen Investmentgesetz strukturiert ist. Der Fonds investiert jedoch nicht in Unternehmen, sondern ausschließlich in Grund und Boden oder eigentumsgleiche Rechte an Waldflächen weltweit. Eine weitere Besonderheit bietet das Zertifikat, das Anleger/innen zeichnen können. Denn dieses wird nicht von einer Bank emittiert, was mit Bonitätsrisiken verbunden sein kann, sondern über eine Luxemburger Verbriefungsgesellschaft aufgelegt. Nach Aussagen des Fondsmanagers, der Neue Vermögen Asset Management, liegt der Vorteil dieser Verbriefung darin, dass die Zertifikatewerte der Investoren auf einem Sperrdepot mit Sicherheiten hinterlegt werden. Ginge die Bank in Konkurs, so sind die Sicherheiten an die Zertifikateinhaber verpfändet und die Investoren erhielten ihr Geld zurück. Das Zertifikat soll eine Zielrendite von mehr als 5 % erreichen. Der Fonds strebt eine größtmögliche Diversifikation durch Ankauf von Waldflächen mit unterschiedlichen Forstpflanzarten wie Kiefer, Eukalyptus, Eiche an. Diversifiziert werden soll weiterhin nach Altersklassen und Nutzungsart der Baumbestände. Zulässig ist auch der Erwerb von land- und forstwirtschaftlich genutzten Flächen mit Entwicklungs- und Umwandlungspotenzial. Die Bewertung erfolgt unter Anlehnung an die Waldbewertungsverordnung (WaldR 2000) durch einen international besetzten Gutachterausschuss innerhalb der Vorgaben des deutschen Investmentgesetzes. Allerdings: Anleger/innen, die Wert auf definierte ökologische Kriterien legen, werden enttäuscht. Ökonomische Aspekte stehen bei diesem innovativen Angebot eindeutig im Vordergrund. Dennoch bietet diese Emission Anlass zur Hoffnung, dass künftig vielleicht der erste offene nachhaltig und ökologisch ausgerichtete Fonds angeboten wird. Das Focus Global Forests Zertifikat hat insofern den Weg aufgezeigt, den es gehen könnte.

Was Sie beachten sollten!

Ein Waldinvestment stellt eine optimale Depotergänzung vor allem in Krisenzeiten dar. Doch wer hat schon einen eigenen Wald, der ihm dieses krisenfeste Engagement erlaubt? Anleger/innen, die sich für ein Waldinvestment interessieren, müssen genau hinschauen, welche Anlageform sie wählen. Bei allen oben vorgestellten Beteiligungsmöglichkeiten darf nicht vergessen werden, dass es sich dabei um eine ganz neue Art von Investment handelt. Keiner der Initiatoren kann eine langjährige Leistungsbilanz in diesem Segment vorlegen, sodass der Erfolg der Anlage nicht garantiert werden kann. Da es auch keinerlei staatliche Kontrolle oder gar einen Einlagensicherungsfonds gibt, ist eine sehr sorgfältige Auswahl erforderlich.

Weiterhin ist zu beachten, dass Forstgrundstücke üblicherweise nicht gegen Elementarschäden wie Feuer, Sturm und Schädlingsbefall versichert sind. Ein Waldbrand beispielsweise könnte demzufolge einen Totalverlust mit sich bringen. Große Bestandsverwalter von US-Forsten, die aktives Forstmanagement betreiben, beziffern den jährlichen Wertverlust durch Brand, Sturm und Schädlinge zwar auf durchschnittlich weniger als 0,5 % des Forstbestandes, aber das Restrisiko bleibt für die Anleger/innen bestehen. Insofern sollte eine solche Investition nur von Anlegerinnen und Anlegern in Erwägung gezogen werden, die diese als Ergänzung zu bereits bestehenden Anlagen verstehen und die langfristig nicht über ihr Kapital verfügen müssen.

»Aus kleinem Anfang entspringen alle Dinge.«
Marcus Tullius Cicero

Mit Prozenten auf Peanuts zum Vermögen – vermögenswirksame Leistungen

Auf einen Blick

Mit den sogenannten vermögenswirksamen Leistungen können Anleger/innen mit kleinen Beiträgen über einen langen Zeitraum Vermögen ansparen. Häufig wird diese Möglichkeit außer Acht gelassen, da die Beträge so gering erscheinen. Durch den Zinseszinseffekt können aber dennoch stattliche Beträge zusammenkommen.

Menschen mit geringeren Einkommen erhalten überdies noch staatliche Zulagen, sodass sich die Rendite für diese Verträge durchaus sehen lassen kann.

Bei der Anlage der vermögenswirksamen Leistungen stehen viele Wege offen. Von chancenreichen Aktienfonds bis hin zu konservativen Bausparverträgen können Anleger/innen je nach Risikoneigung wählen. Auch Anleger/innen, die nachhaltige Kriterien bei ihrer Anlage berücksichtigen möchten, können zwischen Bausparverträgen, mit denen sie Eigenheimbesitzer/-innen fördern, über Banksparpläne bei grünen Banken bis zu nachhaltigen Investmentfonds auswählen.

Damit auch normalverdienende Arbeitnehmerinnen und Arbeitnehmer im Laufe ihres Arbeitslebens Vermögen aufbauen können, bietet der Staat in Form der vermögenswirksamen Leistungen (VL) Arbeitnehmern und Arbeitnehmerinnen Anreize zum Sparen. Das dafür verabschiedete sogenannte Vermögensbildungsgesetz hat eine bereits über 40-jährige

Geschichte, in deren Verlauf es mehrfach angepasst und verbessert wurde. In den Genuss der sogenannten vermögenswirksamen Leistungen können Arbeitnehmer/innen, Beamte und Beamtinnen, Richter/innen, Soldaten und Soldatinnen und auch Auszubildende kommen. Teilzeitbeschäftigte erhalten sie in der Regel nur anteilig. Mitarbeiter/innen im öffentlichen Dienst erhalten beispielsweise 6,65 Euro monatlich vom Dienstherrn, Bankangestellte dürfen sich über 40 Euro freuen. Die Höhe der Leistungen wird in der Regel im Tarifvertrag oder Arbeitsvertrag festgelegt. Diese Beträge zahlt der Arbeitgeber aus eigener Tasche und überweist sie auf Wunsch der Arbeitnehmer/innen auf ein Sparkonto.

Die Vermögensbildung der Arbeitnehmerinnen und Arbeitnehmer fördert der Staat bei bestimmten Sparverträgen darüber hinaus noch durch die Gewähr der sogenannten Arbeitnehmersparzulage. Entscheidet sich eine Arbeitnehmerin oder ein Arbeitnehmer für diese Form des Vermögensaufbaus, muss dafür ein langfristiger Sparvertrag (Laufzeit: sieben Jahre) abgeschlossen werden, bei dem der Arbeitgeber den gewünschten Betrag vom Gehalt abzieht und direkt auf den VL-Vertrag einzahlt. Der VL-Vertrag läuft auf den Namen der Sparerin oder des Sparers. Der eventuell gewährte direkte Zuschuss des Arbeitgebers wird dann in der Gehaltsabrechnung gleich wieder gutgeschrieben. Beispielsweise erhält eine Angestellte oder ein Angestellter vom Arbeitgeber 13 Euro als direkte Zulage, sie/er möchte aber 40 Euro auf den Sparvertrag einzahlen. Dann erhält sie/er mit ihrer/seiner Gehaltsabrechnung 13 Euro gutgeschrieben und 40 Euro werden abgezogen und direkt auf das VL-Konto überwiesen. Sie/Er zahlt also aus »eigener Tasche« 27 Euro dazu (Steuern bleiben bei diesem Beispiel unberücksichtigt).

Den Arbeitnehmern und Arbeitnehmerinnen stehen verschiedene Sparformen für ihre vermögenswirksamen Leistungen offen. Allerdings sind hier Einschränkungen zu beachten (siehe Tabelle 32, Seite 196 f.).

Seit dem 1. Oktober 2006 gilt in der Metall- und Elektroindustrie der Tarifvertrag Altersvorsorgewirksame Leistungen, der nun den bisherigen Tarifvertrag zu den Vermögenswirksamen Leistungen ablöst. In der veränderten Begrifflichkeit wird schon deutlich, dass die Wahlfreiheiten eingeschränkt werden, da nun der gezielte Aufbau einer zusätzlichen Altersvorsorge vorgesehen ist. Demnächst können die tariflichen Leistungen nur noch zur Altersvorsorge eingesetzt werden.

Wer die Wahl hat ... – die verschiedenen Sparmöglichkeiten

Interessierte können zwischen Banksparplänen, Bausparverträgen, Aktien-Investmentfonds, betrieblicher Altersvorsorge, kapitalbildenden Versicherungen und sogar Genossenschaftsanteilen und Genussscheinen wählen.

Anleger/innen, die ihr Geld ganz sicher und mit hohen Ansprüchen an die Nachhaltigkeit ansparen möchten, sollten einen Blick auf den GLS-Kontensparvertrag für VL der GLS Bank werfen. Die Mindestrate für diesen Vertrag beträgt 25 Euro monatlich, die Laufzeit sechs Jahre mit einer anschließenden Sperrfrist von einem Jahr. Die Verzinsung beträgt aktuell 2 %. Die Anleger/innen haben sogar bei dieser relativ kleinen Sparsumme die Möglichkeit zu entscheiden, in welche Projekte ihr Geld fließen soll. Es stehen zur Auswahl: ökologische Baufinanzierung, Wohnprojekte, regenerative Energien, ökologische Landwirtschaft, Biobranche und andere Unternehmen, Freie Schulen und Kindergärten, Gesundheit, Behinderteneinrichtungen, Leben im Alter und Kultur.

Der Staat fördert aber nur zwei Sparformen durch die sogenannte Arbeitnehmersparzulage. Diese beiden können kumulativ ausgeschöpft werden. Hierbei unterstützt der Gesetzgeber mit der deutlich höheren Sparförderung besonders die Anlage in Aktienfonds, da diese für den langfristigen Vermögensaufbau ideal geeignet sind.

Die Höchstfördergrenzen betragen:

- Aktiensparen: 400 Euro pro Jahr,
- Bausparen: 470 Euro pro Jahr.

Die Sparzulagen werden gewährt, wenn das zu versteuernde Jahreseinkommen geringer als 20.000 Euro beziehungsweise 40.000 Euro bei Verheirateten ist. Diese Einkommensgrenzen sind ab dem 1. April 2009 gültig und liegen 2.100 Euro über den bislang geltenden Grenzen. Trifft dies zu, würden bei einem Aktiensparplan 20 % des Höchstbetrages gefördert, das wären 80 Euro jährlich. Bei einem Bausparvertrag beträgt die Förderung 9 %, sodass maximal 42,30 Euro als Sparzulage gewährt werden würde.

Arbeitnehmerinnen und Arbeitnehmer, die planen, ein Eigenheim zu erwerben, oder die ihr Geld sehr sicher anlegen möchten, können von der doppelten Förderung von Bausparverträgen profitieren. Da der Staat den Erwerb eigener Immobilien fördern möchte, wird die sogenannte Wohnungsbauprämie gewährt. Beschäftigte, deren Brutto-Einkommen geringer als 25.600 Euro (Verheiratete: 51.200 Euro) liegt, können 8,8 % Prämie auf ihr eingezahltes Geld erhalten. Das zu versteuernde Einkommen ist nicht zu verwechseln mit dem Bruttoeinkommen. Die Höhe des zu versteuernden Einkommens kann dem Steuerbescheid entnommen werden. Sie kann deutlich niedriger als das Bruttoeinkommen liegen.

Eine weitere Möglichkeit, doppelte Förderungen zu erhalten, bietet die Kombination von Aktienfondssparen und Bausparen. Es können jährlich bis zu 400 Euro für das Aktienfondssparen und zusätzlich bis zu 470 Euro zum Bausparen genutzt werden. Wer in erster Linie auf die Förderhöhe achtet und nur einen Sparvertrag abschließen möchte, sollte den Aktienfondsspar-

Tabelle 32: Vermögenswirksame Leistungen auf einem Blick

Anlagemöglichkeit	VL-Zulage vom Staat	Einkommensgrenze für die Förderung	Maximale Förderung pro Jahr	Renditechancen
Banksparplan	nein			zwischen 2,25 % und 5,17 %
Bausparvertrag	ja	Arbeitnehmersparzulage: 20.000 €/ 40.000 € Wohnungsbauprämie: 25.600 €/ 51.200 €	Arbeitnehmersparzulage: 42,30 € Wohnungsbauprämie: 45 €	zwischen 2,54 % und 3,23 % (mit Förderung etwa +2 %)
Betriebliche Altersvorsorge	nein			hängt vom gewählten Ertrag ab
Aktienfondssparplan	ja	Arbeitnehmersparzulage: 20.000 €/ 40.000 €	Arbeitnehmersparzulage: 80 €	bei Aktienfonds durchschnittlich 6,5 % jährlich
Lebensversicherung	nein			0 bis 2 % garantiert, Überschussbeteiligung offen
Tilgung eines Baukredits	ja	Arbeitnehmersparzulage: 20.000 €/ 40.000 €	Arbeitnehmersparzulage: 42,30 €	hängt von den Kreditzinsen des Darlehens ab

plan wählen, da dort die Förderung 80,00 Euro jährlich beträgt und somit höher ist als bei Bausparverträgen (42,30 Euro). Aktienfonds bieten höhere Renditechancen als Banksparpläne oder Bausparverträge. Im Gegenzug ist aber auch das Verlustrisiko höher als bei diesen Anlageformen. Vor allem in Krisenzeiten sind manche Anlegerinnen und Anleger sehr verunsichert, ob sie die richtige Anlageform gewählt haben. Fondseinsteiger/innen oder Anleger/innen, die mit solchen Krisen umgehen können und die für höhere Renditechancen ein gewisses Risiko in Kauf nehmen wollen, sind mit Fondssparplänen als VL-Anlage aber bestens bedient.

Tabelle 32: Vermögenswirksame Leistungen auf einem Blick	
Vorteile/Nachteile	Geeignet für …
Vorteile: – kein Minus möglich Nachteile: – der Renditezins ist variabel	Sicherheitsorientierte Anleger/innen, die keine VL-Förderung vom Staat erhalten
Vorteile: – der Sparer kennt den Auszahlungsbetrag am Ende der Laufzeit – kein Minus möglich – doppelte Förderung möglich	Sicherheitsorientierte Anleger/innen und solche, die später das Geld zum Bauen oder Modernisieren verwenden
Vorteile: – Anleger spart Steuern, die er sonst für die vermögenswirksamen Leistungen zahlt – er muss nicht alle sechs Jahre einen neuen Vertrag abschließen Nachteil: – Sparer kommt erst im Rentenalter an sein Geld heran	Sparer/innen, die keine VL-Förderung erhalten und die den steuerfreien Freibetrag für die betriebliche Altersvorsorge von 4.320 € noch nicht ausgeschöpft haben
Vorteil: – Aktienfonds bieten die größten Renditechancen im Vergleich zu anderen Anlageformen Nachteile: – Aktienfonds bergen das höchste Verlustrisiko im Vergleich zu anderen Anlageformen – der Wert der Anlage schwankt und kann auch mal ins Minus rutschen	Fondseinsteiger und Anleger/innen, die bereit sind, für hohe Renditechancen ein gewisses Risiko einzugehen
Vorteil: – die Hälfte der Erträge ist steuerfrei bei einer Mindestlaufzeit von 12 Jahren und Auszahlung ab dem 60. Lebensjahr Nachteile: – unflexibles Produkt – bei vorzeitigem Ausstieg Verluste möglich	Anleger/innen, die keine Förderung vom Staat erhalten und die die geringen Steuervorteile nutzen wollen
Vorteil: – Bauherren reduzieren mit den VL-Zahlungen ihre Kreditschulden. Das bringt ihnen meist mehr als jede sichere Geldanlage.	alle, die einen Baukredit tilgen und deren Institute eine zusätzliche Tilgung akzeptieren

Leider verzichten immer noch viele Arbeitnehmerinnen und Arbeitnehmer auf den Abschluss eines VL-Vertrages. Da die meisten aufgrund höherer Einkommen nicht in den Genuss der zusätzlichen Arbeitnehmersparzulage kommen, erscheint es ihnen zu mühsam, für den häufig geringen Arbeitgeberanteil einen Vertrag abzuschließen. Dennoch hat sich die Strategie »Prozente für Peanuts« bewährt. Eine Angestellte oder ein Angestellter, die/der beispielsweise 31 Jahre lang durchgehend (das sind nacheinander fünf VL-Verträge plus ein Jahr Wartezeit) ihre/seine vermögenswirksamen Leistungen angelegt hätte, könnte bei einer Einzahlung von monatlich 40

Euro auf ein Guthaben von immerhin 45.773 Euro kommen (Stichtag: 31. Dezember 2008, Quelle BVI). Eingezahlt wurden 14.400 Euro; es wurde eine Rendite von 6,5 % jährlich zugrunde gelegt. Bei dieser Berechnung wurden nicht einmal die gewährten Arbeitgeberzuschüsse berücksichtigt. Diese hätten den tatsächlich geleisteten Sparbeitrag verringert, sodass die Rendite des Vertrages noch höher ausfallen würde.

Anlegerinnen und Anleger sollten sich vor Abschluss eines Vertrages darüber Gedanken machen, welche Aspekte ihnen wichtig sind (siehe Kasten).

Entscheidende Aspekte für eine Anlageform

Ziel	geeigneter VL-Vertrag
möglichst hohe staatliche Förderung	Aktienfonds
maximale Sicherheit	Bausparvertrag
möglichst hohe Rendite	Aktienfonds

Wenn die Entscheidung dann für eine Anlageform getroffen worden ist, sollten Produkte mit besonders guten Konditionen gewählt werden. Beim Bausparvertrag sollten neben den Guthabenzinsen auch die Kosten verglichen werden. Beim Aktienfonds sollte vor allem auf die Qualität des Fonds geachtet werden. Da nur wenige Aktienfonds für die Anlage von vermögenswirksamen Leistungen zugelassen sind, ist das Angebot übersichtlicher. Wenn die Entscheidung gefallen ist, muss der Arbeitgeber informiert werden. Die Sparer/innen erhalten von den Bausparkassen und Investmentfondsgesellschaften eine Mitteilung für den Arbeitgeber, damit dieser weiß, wo er die Beträge einzahlen muss. Zusammen mit ihrem Kontoauszug erhalten die Sparerinnen und Sparer einmal jährlich von der Bausparkasse oder der Investmentgesellschaft eine Bescheinigung über die Höhe der vermögenswirksamen Leistungen. Diese wird dann zusammen mit der Einkommenssteuererklärung beim Finanzamt eingereicht. Im Hauptformular der Steuererklärung muss der »Antrag auf Festsetzung der Arbeitnehmer-Sparzulage« angekreuzt werden. Ob und in welcher Höhe ein Anspruch auf Sparzulage besteht, wird dann beim Finanzamt errechnet. Die Förderungssumme zahlt das Finanzamt aber erst am Ende der siebenjährigen Sperrfrist in den Sparvertrag ein.

Nachhaltige VL-Fonds

Aufgrund der steigenden Nachfrage nach ökologischen und nachhaltigen Fonds ist das Angebot an Aktienfonds, die auch im Rahmen eines VL-Vertrages bespart werden können, stetig erweitert worden. Jahrelang stand Interessierten nur der SEB Ökolux offen. Mittlerweile sind es neun Fonds (siehe Tabelle 33).

Tabelle 33: Fonds für vermögenswirksame Leistungen

Name	Fondsgesellschaft	Wertpapierkennnummer
Gerling Select 21	AmpegaGerlingInvestment	984734
Invesco Umwelt- und Technologiefonds	Invesco Kapitalanlage	847047
MEAG Nachhaltigkeitsfonds	MEAG MUNICH ERGO	161999
ÖkoWorld ÖkoVision Classic	ÖkoWorld Lux S.A.	974968
PF (LUX)-Water-P Cap	Pictet Funds	933349
Pioneer Funds Global Ecology	Pioneer Asset Managem.	A0MJ48
Sarasin OekoSar Equity	Sarasin Investmentfonds	A0F6ES
Sarasin Sustainable Equity Global	Sarasin Investmentfonds	921125
SEB ÖkoLux	SEB Invest Luxembourg	971898

Bei diesem immer noch bescheidenen Angebot muss aber niemand auf Rendite verzichten. Sowohl der Pioneer Global Ecology als auch der ÖkoVision und der Sarasin OekoSar Equity gehören zu den Spitzenfonds, die auch die meisten konventionellen Fonds im Hinblick auf die Rendite in den Schatten stellen. Die Grafik zeigt, wie sich verschiedene VL-Fonds in den vergangenen zehn Jahren entwickelt haben. Der Pioneer Fonds brachte es trotz zweier Börsenkrisen immerhin insgesamt auf ein Plus von 29 %, der ÖkoVision lag im gleichen Zeitraum mit 12 % im Plus. Nur der SEB ÖkoLux konnte auch in zehn Jahren kein Plus einfahren, sondern musste einen Verlust von 50 % verkraften. Das bedeutet: Eine Anlegerin oder ein Anleger, die/der zehn Jahre lang in diesen Fonds gespart hat, verfügt nur noch über die Hälfte ihres/seines eingezahlten Geldes. Von Vermögensaufbau kann hier dann leider keine Rede mehr sein (siehe Abbildung 38, Seite 202).

Abbildung 38: Entwicklung ausgewählter VL-Fonds

Was Sie beachten sollten!

Anlegerinnen und Anleger müssen gut darauf achten, welchen Fonds sie auswählen. Da ein Wechsel des VL-Fonds jederzeit möglich ist, sollte ein schlecht laufender Fonds nicht mehr weiter bespart werden.

NACHHALTIG DEN RUHESTAND SICHERN

»Das Alter verklärt oder versteinert.«
Marie von Ebner-Eschenbach

Und alt werden wir doch – warum brauchen wir eine private Altersvorsorge?

Auf einen Blick

Der medizinisch-technische Fortschritt und die guten Lebensbedingungen haben in Deutschland dazu geführt, dass unsere Lebenserwartung immer mehr steigt. Diese erfreuliche Entwicklung bringt in einer überalterten Gesellschaft aber auch Probleme mit sich. Denn eine längere Lebenserwartung bedeutet auch längere Rentenbezugszeiten. Diesen stehen andererseits immer weniger Rentenzahler/innen gegenüber, sodass der Generationenvertrag immer mehr ins Wanken gerät. Ein großer Teil des Staatshaushaltes fließt in die gesetzlichen Rentenversicherungseinrichtungen. Um dem Kollaps entgegenzuwirken, wurden verschiedene Rentenreformen verabschiedet, die alle zu einer Verringerung der gesetzlichen Renten beigetragen haben.

Wer seinen Lebensstandard auch im Alter aufrechterhalten möchte, muss privat vorsorgen. Untersuchungen haben jedoch ergeben, dass die durchschnittlichen Vorsorgeleistungen nicht ausreichen und mit einer zunehmenden Altersarmut vor allem bei Frauen zu rechnen ist.

Die private Vorsorge wird beeinflusst durch die Inflation, die das Vermögen über einen langen Zeitraum schmälert und den Zinseszinseffekt, der über einen längeren Zeitraum den gegenteiligen Effekt mit sich bringt und dafür sorgt, dass auch mit kleineren Sparraten stattliche Vermögen aufzubauen sind. Die Formel für eine erfolgreiche Altersvorsorge lautet deshalb: Vermögen = Geld x Zeit.

Vor über 100 Jahren wurde die deutsche gesetzliche Rentenversicherung unter Otto von Bismarck als erstes staatliches Rentensystem der Welt eingeführt und galt viele Jahre lang anderen Ländern als Vorbild. Jahrzehntelang bis 1957 zahlte jeder Versicherte seine Beiträge auf ein persönliches Rentenkonto ein und sparte damit seine eigene Altersvorsorge an. Damit war das Kapitaldeckungsverfahren eingeführt worden. Doch durch zwei Weltkriege und die Weltwirtschaftskrise waren die Reserven der gesetzlichen Rentenversicherung (GUR) drastisch reduziert worden und man entschloss sich zur ersten großen Rentenreform. 1957 wurde dann das Kapitaldeckungsverfahren abgeschafft und man führte das sogenannte Umlageverfahren ein. Das heißt, aus den Beiträgen der Versicherungspflichtigen wurden direkt die Renten der Rentner/innen gezahlt. Es wurde immer nur eine kleine finanzielle Rücklage gehalten. Das bedeutet, dass die Rentner/innen keine eigenen Kapitalstöcke aufgebaut hatten, sondern lediglich einen Anspruch an die nachfolgende, beitragszahlende Generation haben (Generationenvertrag). Ausgehend vom Adenauerschen Grundsatz »Kinder kriegen die Leute ja doch«, war man davon ausgegangen, dass es immer genügend Beitragszahler/innen geben würde und der Generationenvertrag erfüllt werden konnte.

Der Generationenvertrag hält nicht

Diese Rechnung ging jedoch nicht auf. Den heute 30- bis 60-Jährigen folgt eine zahlenmäßig etwa um ein Drittel kleinere Generation nach. Damit schrumpft automatisch die Finanzierungsbasis des Rentensystems (siehe Abbildung 39, Seite 206).

Doch nicht nur die schrumpfende Finanzierungsbasis bereitet dem Rentensystem Sorgen, sondern auch die wachsende Lebenserwartung der Versicherten. Hinzu kommt auch noch, dass die Deutschen im Schnitt bereits mit 60 Jahren in Rente gehen, sodass die Rentenbezugszeit seit Anfang der 1970er-Jahre bei Männern um vier Jahre und bei Frauen um fast sechs Jahre gestiegen ist (DIA, Daten und Fakten 2006). Ging man 1994 noch davon aus, dass eine damals 35 Jahre alte Frau durchschnittlich 92,9 Jahre alt werden würde, musste der Wert zehn Jahre später bereits wieder angehoben werden: Nun würde eine 35-Jährige im Schnitt bereits 96,2 Jahre alt werden. Das sind 3,3 Jahre mehr. Für diese 3,3 Jahre muss eine entsprechend längere Rente gezahlt werden. Die folgende Grafik zeigt, wie sich die Rentenbezugsdauer immer weiter erhöht hat. Bezogen Frauen 1960 nur 10 Jahre Rente, sind es heute im Schnitt 19 Jahre (siehe Abbildung 40, Seite 206).

Das System kann in dieser Form so nicht weiter funktionieren. Schon heute sind die verschiedenen Leistungen des Bundes an die Rentenversicherung die größte Einzelposition bei den Ausgaben des Bundes. Im Jahr

Abbildung 39: Demografische Entwicklung 2001 bis 2050

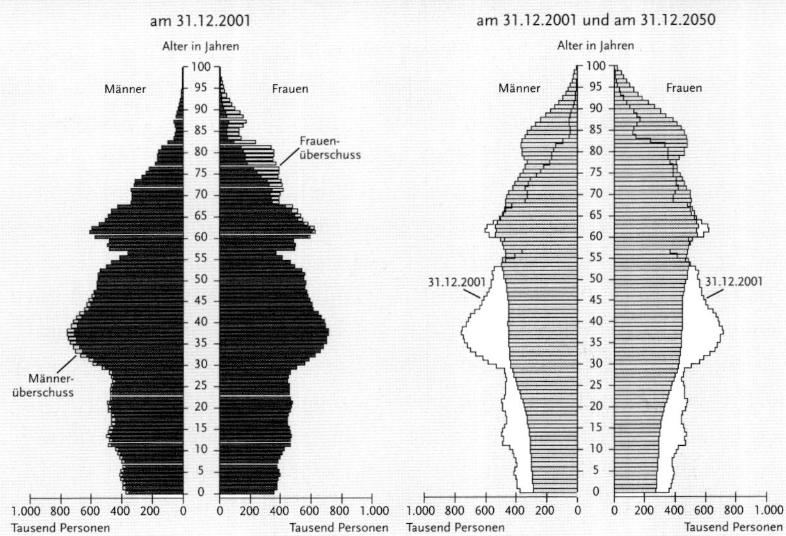

2007 wurden hierfür 78,1 Mrd. Euro aufgewendet. Das sind rund 29 % der Gesamtausgaben des Bundes (270 Mrd. Euro) für das Jahr. Damit sind die Ausgaben der gesetzlichen Rentenversicherung in den vergangenen Jahrzehnten weit stärker gestiegen als das Bruttoinlandsprodukt. Das Deutsche

Abbildung 40: Die durchschnittliche Rentenbezugsdauer in Jahren

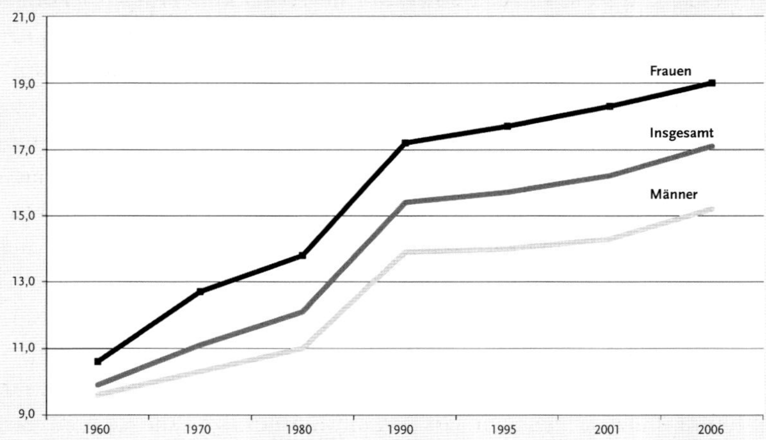

Abbildung 41: Die gesetzliche Rentenversicherung lebt über ihre Verhältnisse

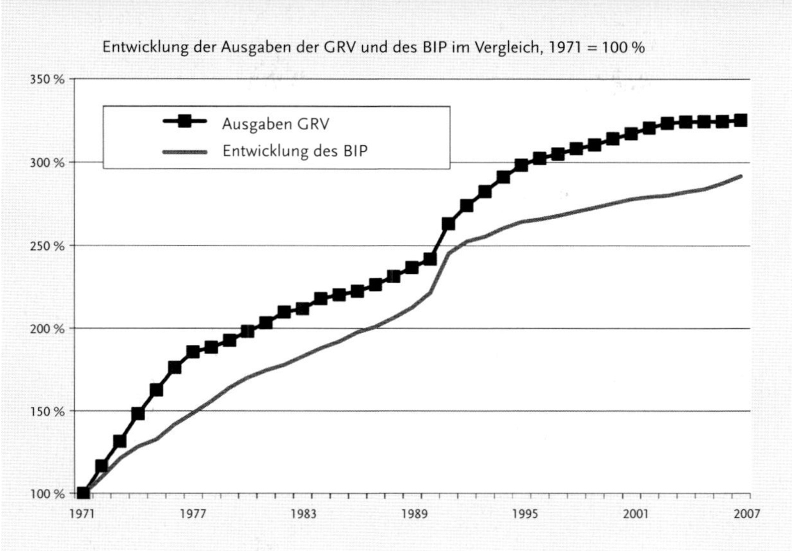

Institut für Altersvorsorge (DIA) hat ermittelt, dass seit 1960 die Ausgaben bis 2003 um 333 Prozentpunkte gestiegen sind, während das Bruttoinlandsprodukt im gleichen Zeitraum nur um 273 Prozentpunkte zulegen konnte (siehe Abbildung 41).

Um die Sicherheit der Rentenzahlungen gewährleisten zu können, müssen die Träger der Rentenversicherung per Gesetz eine Rücklage bilden, die Defizite und Schwankungen bei den Einnahmen im Jahresverlauf ausgleichen soll. Diese sogenannte Nachhaltigkeitsrücklage wurde bis Ende 2003 als Schwankungsreserve bezeichnet. Mit ihr sollen kurzfristige Erhöhungen der Rentenbeiträge vermieden werden. Die Nachhaltigkeitsrücklage muss sich in einer Bandbreite von 0,2 bis 1,5 Monatsausgaben der gesetzlichen Rentenversicherung bewegen. In der jüngsten Vergangenheit ist die Rücklage wiederholt in Anspruch genommen worden, sodass die finanziellen Reserven der Rentenversicherung stark angegriffen sind. Den Tiefststand erreichte die Nachhaltigkeitsrücklage im Jahr 2005 mit einem Wert von nur 0,11 der Monatsausgaben (siehe Abbildung 42, Seite 208).

Reformen sollen helfen

Um weiterhin die Renten zahlen zu können, wurde seit den 1960er-Jahren der Beitragssatz der gesetzlichen Rentenversicherung Deutschlands von 14,0 % auf 19,9 % angehoben. Der Beitrag wird jeweils zur Hälfte von den

Abbildung 42: Die Nachhaltigkeitsrücklage in der gesetzlichen Rentenversicherung

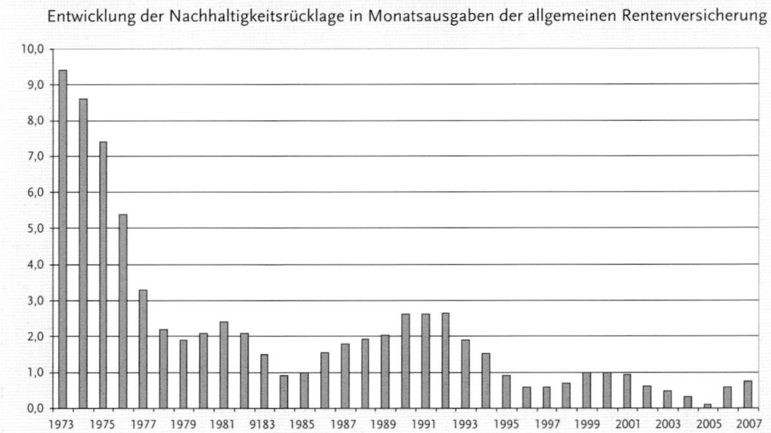

Arbeitgebern und Arbeitgeberinnen und Arbeitnehmern und Arbeitnehmerinnen gezahlt. Um einen weiteren Anstieg der Beiträge zu verhindern, wurde mit der Rentenreform 2001 beschlossen, den Beitragssatz bis zum Jahr 2020 nicht über 20 % und bis zum Jahr 2030 nicht über 22 % steigen zu lassen. Eine Studie des Deutschen Instituts für Altersvorsorge hat jedoch ergeben, dass diese Beitragssätze nicht zu halten sind. Bei den Reformen ist der Gesetzgeber stets von den bestmöglichen Bedingungen ausgegangen. Treffen diese nicht ein, dann ist die Aussage hinfällig. Das realistischere Szenario des DIA prognostiziert einen Beitragssatz trotz Reform im Jahre 2030 von 27,4 % (DIA 2006: Prognosen zwischen Wunsch und Wirklichkeit).

Doch nicht nur auf der Einnahmenseite muss etwas getan werden, sondern auch auf der Ausgabenseite. Seit 1977 wurde die Rentenanpassung viermal zu Lasten der Rentner und Rentnerinnen verändert. Wurde früher die Rente analog den Bruttoarbeitslöhnen erhöht, wurde sie fortan nur noch der Entwicklung der Nettolohnerhöhung angepasst. 1999 wurde dann beschlossen, dass die Rente nicht einmal mehr analog der Nettolohnentwicklung, sondern nur entsprechend der Preissteigerungsrate erhöht wird. Für einige Jahre mussten sogar »Nullrunden« ertragen werden, bis dann die Renten wieder ein wenig angehoben werden konnten. Neben der Einschränkung der Rentensteigerung wurde auch das Rentenniveau verringert. War man bislang davon ausgegangen, dass die Nettoersatzquote des/der sogenannten Standardrentners/Standardrentnerin (= ein/eine Beitragszah-

Tabelle 34: Das Rentenniveau sinkt			
		reales Rentenniveau	
Jahrgang	Rentenbeginn	Brutto	Netto
1940	2005	46%	70%
1945	2010	44%	66%
1950	2015	43%	61%
1955	2020	42%	58%
1960	2025	41%	56%
1965	2030	39%	54%
1970	2035	38%	52%
1975	2040	38%	51%
1980	2045	38%	52%
1985	2050	38%	52%

Annahme: 45 Beitragsjahre mit Durchschnittseinkommen, Rentenbeginn mit 65, reale Lohnsteigerungsraten 0,65 % pro Jahr (bis 2025, danach 0,5 %), Inflationsrate 1,5 % pro Jahr

ler/in, der/die 45 Jahre lang immer Beiträge aus einem Durchschnittseinkommen entrichtet hat) bei etwa 70 % liegen sollte, musste man von diesem Wunsch im Jahre 2001 Abschied nehmen. Hätte man dieses Versorgungsniveau halten wollen, wäre der Beitragssatz auf 30 % angestiegen. Mit der »Riester-Reform« aus dem Jahre 2001 versuchte man, durch die Einführung eines neuen Anpassungsfaktors der Situation Herr zu werden. Das bedeutet jedoch für künftige Rentner und Rentnerinnen, dass ihr Bruttorentenniveau von 48 % (im Jahr 2003) auf 42 % im Jahr 2030 und 40,8 % im Jahre 2040 gesenkt wird. Im Gegenzug wurde den Versicherten die »Riester-Rente«, ein privater Sparvertrag mit staatlichen Zulagen, angeboten. Mit diesem sollten die Arbeitnehmer/innen die nun entstandene Lücke aus eigenen Mitteln schließen. Doch das auf den Vorschlägen der Rürup-Kommission beruhende »Rentenversicherungsnachhaltigkeitsgesetz« sieht noch stärkere Einschnitte vor. Hinzu kommt die Anhebung des Rentenalters auf 67 Jahre (siehe Tabelle 34).

Eine weitere Reduzierung der Rente wurde durch das seit 2005 geltende Alterseinkünftegesetz beschlossen, da nun gezahlte Renten mit einem höheren steuerpflichtigen Anteil versehen sind. Ab 2040 sind dann gesetzliche Renten zu 100 % steuerpflichtig, im alten System waren nur 27 % bis 32 % steuerpflichtig.

Private Vorsorge ist wichtiger denn je

Diese Entwicklung bedeutet, dass die Menschen in Deutschland umdenken müssen. Tabelle 35 zeigt, dass die deutschen Rentner/innen immer noch bis zu 88,1 % ihres Einkommens aus der gesetzlichen Rente erhalten. In den Niederlanden liegt dieser Anteil gerade bei 58,3 %. Dort setzt man vor allem auf die betriebliche Altersvorsorge.

Tabelle 35: Zusammensetzung der Renten in Europa

	Erwerbs-einkommen	gesetzliche Rente	betriebliche Altersvorsorge	private Altersvorsorge
Deutschland	2,3	88,1	4,3	5,3
Schweden	2,4	76,6	15,1	5,9
Niederlande	0,6	58,3	29,4	11,7
Spanien	2,6	94,9	0,0	2,5
Italien	2,2	90,9	0,0	6,9
Frankreich	1,3	75,4	19,8	3,5
Dänemark	2,2	72,6	17,4	7,8
Griechenland	3,4	90,9	0,0	5,7

Die Notwendigkeit, immer größere Sparraten für die Altersvorsorge aufzuwenden, wird jedoch nicht von allen Bundesbürgern und Bundesbürgerinnen erkannt. So ergab eine Befragung der GfK Marktforschung zu den Spar- und Anlageentscheidungen der Bundesbürger/innen im Mai 2005, dass in Deutschland im Jahr 2005 weniger gespart wird als in den Jahren zuvor. 31 % der Haushalte planen sogar, ihre monatlichen Sparraten zu reduzieren. Gerade einmal 5 % planen höhere Sparraten. Haushalte mit hohem Einkommen und Vermögen wollen in den kommenden zwölf Monaten mehr sparen als finanziell schlecht gestellte Haushalte. Immerhin 41 % der Haushalte, die über weniger als 1.000 Euro im Monat verfügen können, wollen künftig weniger sparen (siehe Tabelle 36).

Angesichts der erforderlichen Sparbereitschaft für die Altersvorsorge müssen diese Ergebnisse erschrecken.

Frauen und Altersvorsorge

Da das gesetzliche Rentenversicherungssystem (fast) nur die Beiträge berücksichtigt, die in geschützten, sozialversicherungspflichtigen Arbeitsverhältnissen erbracht werden, sind vor allem Frauen von Altersarmut betroffen.

Tabelle 36: Die Sparbereitschaft sinkt		
	so viel Prozent der Haushalte wollen	
	weniger sparen	mehr sparen
gesamt	31	5
Einkommen < 1.000 EUR	41	5
Einkommen < 3.000 EUR	18	9
Anlagevermögen < 50.000 EUR	17	9
Anlagevermögen < 10.000 EUR	39	5
alte Bundesländer	29	9
neue Bundesländer	37	8
Alter: 20–29 Jahre	24	14
Alter: 60–69 Jahre	31	5

Da es für Mütter in der Regel aufgrund des schlechten Angebotes von Kinderbetreuungsmöglichkeiten kaum praktikabel ist, einer Vollzeitbeschäftigung nachzugehen, und sie deshalb oft eine Teilzeitbeschäftigung ausüben, werden geringere Beiträge entrichtet. Viele Mütter geben die Erwerbstätigkeit sogar eine Zeit lang ganz auf und erreichen deshalb im Schnitt 15 Versicherungsjahre weniger als Männer. Erschwerend kommt noch hinzu, dass nach drei Jahren Unterbrechung im Beruf der durchschnittliche Stundenlohn einer Frau lebenslang um 1,80 Euro sinkt. Zu diesem Ergebnis kam die Sozialökonomin Notburga Ott der Ruhr-Universität Bochum. So verwundert es nicht, wenn das Renteneinkommen der Frauen deutlich unter dem der Männer liegt.

Frauen erhalten zurzeit im Schnitt monatlich 520 Euro und Männer rund 960 Euro als Rentenleistung aus der gesetzlichen Rentenversicherung. Auch die Einführung der fiktiv angerechneten Rentenbeiträge für die ersten drei Lebensjahre eines Kindes haben nicht zu einer deutlichen Verbesserung beigetragen.

Trotz der drohenden Rentenlücke legen Frauen mit durchschnittlich 160 Euro im Monat rund 80 Euro weniger als Männer für ihr Alter zurück. Dies ergab eine Studie der Postbank. Im Vergleich zur Vorjahresumfrage würden weniger berufstätige Frauen planen, künftig ihre private Vorsorge aufzustocken. Grund sei für fast jede zweite der mehr als 2.000 vom Institut für Demoskopie Allensbach befragten Frauen, dass sie die Höhe ihres Vorsorgebedarfs nicht einschätzen könnten. Die Mehrheit der Männer rechne im Alter mit Ausgaben von rund 2.100 Euro im Monat. Berufstätige Frauen würden im Schnitt mit rund einem Drittel weniger Einkünften im Ruhestand rechen.

Dabei seien rund drei Viertel der Befragten davon ausgegangen, später von staatlicher Rente zu leben (Handelsblatt, 21. Juli 2006). Im April 2005 meldet der Bundesverband Finanz-Planer (BFP), dass drei Viertel der deutschen Frauen ihren Lebensunterhalt als Seniorinnen nur mithilfe der Fürsorge bestreiten könnten. Dieses Schicksal drohe auch den Frauen, deren Ehemänner als Alleinverdiener ausfallen würden (siehe Tabelle 37).

Diese Annahme ist realistisch, wenn man einen Blick auf die Zusammensetzung der Renten wirft. Die gesetzliche Rente bildet bei Frauen fast drei Viertel des Einkommens im Alter. Mit 6 % fristet die private Vorsorge ein kümmerliches Dasein. Angesichts steigender Lebenserwartung und steigender Kranken- und Pflegekosten geben diese Zahlen einen ersten Eindruck von der zu erwartenden Dramatik, die einer überalternden Gesellschaft droht.

Tabelle 37: Frauen setzen auf die gesetzliche Rente

	Deutschland		
Einkommens-komponenten	Ehepaare	alleinstehende Männer	alleinstehende Frauen
gesetzliche Rentenversicherung	58 %	62 %	72 %
andere Alters-sicherungsleistungen	20 %	19 %	17 %
private Vorsorge	12 %	11 %	6 %
Transferleistungen	0 %	1 %	1 %
restl. Einkommen	10 %	8 %	4 %

Verschätzt: Die Inflation nagt an der Rente

Seit 1995 lagen die Rentenerhöhungen nur zweimal über der Inflationsrate. Das bedeutet, dass die Renten seit gut zehn Jahren real sinken. Die folgende Berechnung des Deutschen Instituts für Altersvorsorge verdeutlicht diesen Zusammenhang auf anschauliche Weise.

Eine Person, die heute 30 Jahre alt ist und Ansprüche auf eine Standardrente erwerben wird (die viele Rentner/innen gar nicht erst erreichen), bezieht im Alter von 80 Jahren eine Rente von gerade einmal 556 Euro nach heutiger Kaufkraft. Bei dieser Berechnung wurde eine jährliche Inflation von 1,5 % unterstellt. Doch nicht nur die Inflation nagt an der Rente, sondern auch Steuern und Sozialabgaben. Private Vorsorge ist deshalb für jede und jeden unerlässlich, um sich im Alter nicht deutlich einschränken zu müssen. Doch den meisten Menschen scheint die Höhe der Rentenlücke nicht bewusst zu sein. Sie schätzen ihre spätere Rente zu hoch. Eine weitere Befragung des Deutschen Instituts für Altersvorsorge Ende 2004 ergab, dass die meisten Befragten einer Inflationsillusion unterliegen. Sie können den enormen Kaufkraftverlust des Rentenwerts nicht zutreffend einschätzen. Vor allem jüngere Befragte unterschätzen den Kaufkraftverlust. Sie sind also, was die Höhe ihrer späteren gesetzlichen Rente angeht, zu optimistisch (siehe Tabelle 38).

Tabelle 38: Nullrunden senken reale Rentenhöhe

aktuelles Alter einer/eines zukünftigen Bezieherin/Beziehers einer Standardrente	Standardrente 2003	Kaufkraft der Standardrente im Alter von 65 Jahren	Kaufkraft der Standardrente im Alter von 80 Jahren
30	1.170 EUR	659 EUR	556 EUR
40	1.170 EUR	806 EUR	645 EUR
50	1.170 EUR	936 EUR	748 EUR

Hoher Kapitalbedarf erforderlich

Um die größer werdenden Rentenlücken zu schließen, benötigen die künftigen Rentnerinnen und Rentner einen Kapitalstock, aus dem sie weitere laufende Zahlungen erhalten. Einige Rentner/innen möchten später ihr angespartes Geld nicht aufbrauchen, sondern es erhalten, um es vererben zu können. Wer eine solche sogenannte »ewige Rente« erhalten möchte, muss natürlich mehr ansparen, als ein Mensch, der sein Geld später aufbrauchen möchte.

Wer etwa bis zu seinem Lebensende nur von den Zinsen seines Vermögens leben will, ohne das Kapital anzugreifen, und eine Monatsrente von 1.000 Euro erhalten möchte, der braucht bei einer durchschnittlichen jährlichen Rendite von 5 % ein Kapital von 247.000 Euro. Dieses Beispiel macht deutlich, wie wichtig es ist, auch als Rentnerin oder Rentner auf eine gut verzinsliche Kapitalanlage zu achten. Wer sein Geld für 3 % anlegt, benötigt immerhin 407.800 Euro, während bei einer Verzinsung von 7 % 178.400 Euro ausreichen würden. Wer niemandem etwas hinterlassen möchte, benötigt natürlich auch weniger Kapital (siehe Tabelle 39, Seite 214).

Ein/eine Rentner/in, der/die über eine Laufzeit von 20 Jahren jeden Monat eine Rente von 1.000 Euro erhalten möchte und dabei das Vermögen vollständig aufbraucht, benötigt bei einer durchschnittlichen Rendite des angelegten Vermögens von 5 % ein Kapital von 153.600 Euro. Würde er/sie statt der 5 % Rendite 7 % erhalten, würde dieses Kapital sogar 30 Jahre lang reichen.

Tabelle 39: Notwendiges Kapital für eine Rente (Zins- und Kapitalverzehr) von 1.000 EUR monatlich							
Laufzeit							
	3 %	4 %	5 %	6 %	7 %	8 %	10 %
10 Jahre	104.000	99.500	95.200	91.200	87.500	84.100	77.700
15 Jahre	145.600	136.400	128.000	120.400	113.500	107.200	96.200
20 Jahre	181.500	166.700	153.600	142.200	132.000	123.000	107.700
25 Jahre	212.400	191.600	173.800	158.500	145.200	133.700	114.800
30 Jahre	239.100	212.000	189.500	170.600	154.600	141.000	119.200

Der frühe Vogel ... – Zinseszinseffekte

Während auf der einen Seite die Inflation am Ersparten wie auch an der künftigen Rente nagt, bietet der Zinseszinseffekt die Chance, die Verluste wettzumachen und darüber hinaus auch noch Gewinne einzufahren. Wenn bei einer Sparanlage die erwirtschafteten Erträge nicht verbraucht, sondern gleich wieder angelegt werden, dann fallen auch auf diese Erträge (beispielsweise Zinsen) neue Zinsen an, das heißt, der Zins wird mitverzinst (der Zinseszins). Je länger die Spardauer und je höher die erzielten Zinsen, umso mehr kommt der Zinseszinseffekt zum Tragen. Das bedeutet, dass vor allem jüngere Sparerinnen und Sparer einen Vorteil haben, denn die Zeit ist auf ihrer Seite (siehe Tabelle 40).

Tabelle 40: Wer früh beginnt ...	
Spardauer	monatliche Sparrate*
15 Jahre	752 EUR
20 Jahre	491 EUR
25 Jahre	340 EUR
30 Jahre	244 EUR
35 Jahre	180 EUR
40 Jahre	134 EUR

* monatliche Sparrate für 200.000 € Endkapital bei einer angenommenen Verzinsung von 5 % p.a.

Um ein Endkapital von 200.000 Euro zu erreichen, muss ein/eine Sparer/in, der/die sein/ihr Geld nur 15 Jahre anlegt, stattliche 752 Euro monatlich aufbringen. Hätte er/sie viele Jahre früher angefangen und beispielsweise 40 Jahre Zeit gehabt, müsste er/sie nur 134 Euro monatlich vom Einkommen abzweigen.

Was Sie beachten sollten!

Die staatliche Altersvorsorge allein wird in Zukunft nicht ausreichen, wenn man seinen Lebensstandard auch im Ruhestand halten will. Private Vorsorge ist als Ergänzung unerlässlich. Dabei kann man aus verschiedenen Modellen wählen. Bei allen gilt: Wer etwas für die eigene Altersvorsorge tun möchte, sollte dies nicht auf die lange Bank schieben. Denn mit jedem Jahr wird die erforderliche Sparrate größer.

»Alt werden ist natürlich kein reines Vergnügen.
Aber denken wir an die einzige Alternative.«
Robert Lembke

Das Alterseinkünftegesetz und seine Folgen

Mit dem Alterseinkünftegesetz setzte die Bundesregierung ein Urteil des Bundesverfassungsgerichts um. Das Gericht hatte im März 2002 entschieden, dass die unterschiedliche Besteuerung von Beamtenpensionen und Renten aus der gesetzlichen Rentenversicherung mit dem Gleichheitsgrundsatz des Grundgesetzes unvereinbar ist. Der Gesetzgeber wurde deshalb verpflichtet, spätestens mit Wirkung ab 2005 die Besteuerung neu zu regeln und eine Gleichbehandlung aller Versorgungsempfänger/innen sicherzustellen. Darüber hinaus beabsichtigte der Gesetzgeber, bei dieser Gelegenheit die Bedingungen für die Altersvorsorge zu verbessern. Die Ziele waren im Wesentlichen der Übergang zur nachgelagerten Besteuerung von Altersbezügen, die Freistellung von Beiträgen zur Altersvorsorge von der Einkommenssteuer und neue steuerliche Bestimmungen für die Lebensversicherung.

Aus drei Säulen werden drei Schichten

Aus dem ehemaligen »Drei-Säulen-Modell« wurde das heutige »Drei-Schichten-Modell« (siehe Abbildung 43, Seite 217). Während viele immer noch davon ausgingen, dass die gesetzliche Rentenversicherung zumindest einen Großteil der späteren Renteneinkünfte abdecken könnte, zeigt die Entwicklung der vergangenen Jahre, dass private Vorsorge unabdingbar ist – auch hinsichtlich des Nachhaltigkeitsaspektes. Nachhaltigkeit bedeutet hier »eine Entwicklung (zu fördern), welche den Bedürfnissen der gegenwärtig lebenden Menschen entspricht, ohne die Fähigkeiten zukünftiger Generationen zur Befriedigung ihrer Bedürfnisse zu gefährden«, so nachzulesen im Brundtland-Report. Nur wer bereit ist, für die eigene Absicherung im Alter zu sorgen, trägt dazu bei, dass spätere Generationen ihre eigenen Bedürfnisse befriedigen können und nicht die Last enormer Leistungsverpflichtungen für die heutige Generation tragen müssen.

An dieser Stelle sei der Vergleich zur sogenannten Dreifelderwirtschaft, einem Begriff aus der nachhaltigen Landwirtschaft, erlaubt. Diese Form der Landbewirtschaftung ermöglichte auf lange Sicht die konstantesten Erträge, da der Boden nicht durch die heute oft anzutreffende Monokultur ausgebeutet wurde.

Auch alle künftigen Rentner/innen sollten sich vor Augen führen, dass es gefährlich ist, eine Altersvorsorge-Monokultur anzustreben. Die Ausführungen der vorherigen Kapitel zur angespannten Lage in der gesetzlichen Rentenversicherung machen deutlich, dass es gefährlich sein kann, »alles auf eine Karte zu setzen«, und dass es unabdingbar ist, auch andere Einnahmequellen im Alter zu haben. Die erste Schicht bilden die Rente aus der gesetzlichen Rentenversicherung und die neue Basisrente (die »Rürup-Rente«), die zweite Schicht besteht aus der »Riester-Rente« und den (fünf) verschiedenen Formen der betrieblichen Altersvorsorge, die dritte Schicht schließlich ist die private Altersvorsorge. Bei allen Formen der ersten und zweiten Schicht werden die späteren Renten versteuert (nachgelagerte Besteuerung). Dieser Nachteil soll durch steuerliche Entlastungen in der Ansparphase aufgefangen werden (siehe Abbildung 43).

Im Alter weniger Rente: der Übergang zur nachgelagerten Besteuerung

Der Übergang zur nachgelagerten Besteuerung soll allerdings nicht auf einmal erfolgen, sondern wird über einen Zeitraum bis 2040 verteilt. Wer 2005 seine Rente bezog, muss 50 % dieser Rente versteuern. Bei einer Rente von

Abbildung 43: Aus drei Säulen werden drei Schichten

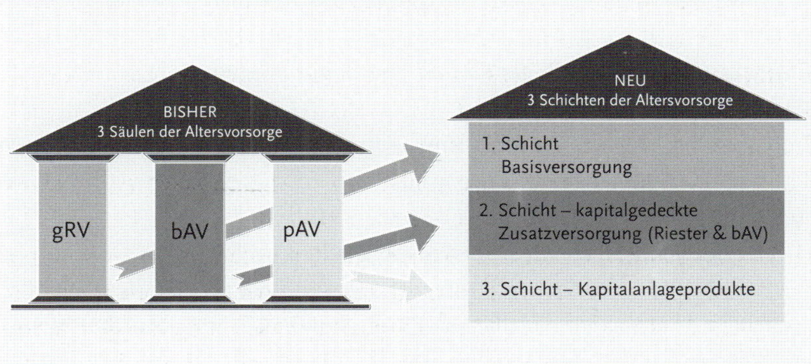

beispielsweise 14.400 Euro (= 1.200 Euro monatlich) sind 7.200 Euro steuerpflichtig. Die andere Hälfte bleibt steuerfrei. Wichtig ist, dass der bei Rentenstart ermittelte Steuersatz (in diesem Fall 50 %) bis zum Lebensende gilt. Für alle, die ab 2006 in Rente gehen, wird die Besteuerung von Anfang an höher ausfallen – und zwar für jeden Rentenjahrgang bis zum Jahre 2020 in 2-%-Schritten auf dann 80 %. Danach folgen 1-%-Schritte. Im Jahre 2040 ist dann die Rente zu 100 % steuerpflichtig. Darüber hinaus werden Freibeträge, wie der Versorgungsfreibetrag von derzeit maximal 3.072 Euro und der Altersentlastungsbetrag von derzeit 1.908 Euro, stufenweise auf null reduziert.

Tabelle 41: So steigt die Steuerlast

Rentenbeginn in	steuerpflichtiger Anteil der Rente
2005	50 %
2010	60 %
2015	70 %
2020	80 %
2025	85 %
2030	90 %
2035	95 %
2040	100 %

Um Pensionäre und Pensionärinnen und Rentner/innen gleichzustellen, wird der Versorgungsbeitrag für jeden neuen Pensionärsjahrgang ebenfalls schrittweise auf null gesenkt (siehe Tabelle 41).

Diese Regelung gilt für Renten aus den berufsständischen Versorgungswerken und landwirtschaftlichen Rentenkassen genauso wie für die neue Rürup-Rente, die der Gesetzgeber als weitere Basisvorsorge eingeführt hat.

Entlastung für Berufstätige: steuerliche Begünstigung der Aufwendungen

Im Gegenzug wurden aber die Aufwendungen zur Altersvorsorge seit dem 1. Januar 2005 bis zu 20.000 Euro im Jahr steuerlich begünstigt (40.000 Euro für Verheiratete).

Als Aufwendungen zur Altersvorsorge gelten im Sinne des Gesetzes:

- Beiträge zur gesetzlichen Rentenversicherung oder zu landwirtschaftlichen Alterskassen oder berufsständischen Versorgungseinrichtungen,
- Beiträge zur neuen Basisrente (Rürup-Rente).

Selbst wenn die Beitragsbemessungsgrenze der gesetzlichen Rentenversicherung von 62.400 Euro erreicht wird und somit der aktuelle Höchstbeitrag von 12.168 Euro (inkl. Arbeitgeberbeitrag) gilt, können Sparerinnen und Sparer zusätzlich noch bis zu 7.832 Euro im Jahr steuerlich begünstigt für die Basisrente aufwenden. Auch hier wurde wieder eine Übergangsfrist eingeräumt, die aber von der Regelung zur Einführung der nachgelagerten Besteuerung abweicht. Für 2005 galt, dass 60 % der Aufwendungen steuerlich geltend gemacht werden konnten. Diese steigen in 2-%-Schritten bis auf 100 % der ab dem Jahr 2025 gezahlten Beiträge (siehe Tabelle 42).

Tabelle 42: So viel können Sie steuerlich absetzen

Sparbeitrag ab	abzugsfähig bis
2005	60 %
2010	70 %
2015	80 %
2020	90 %
2025	100 %
2030	100 %
2035	100 %
2040	100 %

Angestellte, Beamtinnen und Beamte können die sogenannten sonstigen Vorsorgeaufwendungen (Beiträge zu Kranken-, Pflege-, Berufsunfähigkeits-, Haftpflicht-, Unfallversicherungen) und privaten Renten- und Lebensversicherungen aus der dritten Schicht, die nicht gefördert werden, nur noch bis zum Höchstbeitrag von insgesamt 1.500 Euro pro Jahr steuerlich geltend machen. Selbstständige können dieses nur noch bis 2.400 Euro jährlich. Beiträge für kapitalbildende Lebensversicherungen und private Rentenversicherungen, die nach dem 1. Januar 2005 abgeschlossen worden sind, werden bei den sonstigen Vorsorgeaufwendungen gar nicht mehr berücksichtigt. Bislang galt als Höchstgrenze 5.069 Euro jährlich. Um eine Benachteiligung zu vermeiden, prüft der Fiskus nun bis zum Jahr 2019 im Einzelfall, ob für die Steuerpflichtigen die alte Regelung (Höchstbeitrag 5.069 Euro) günstiger ist als die Anwendung des neuen Rechts (sog. Günstiger-Prüfung). Falls die Anwendung des alten Rechts günstiger wäre, werden zunächst noch die alten Sonderausgaben bei der Berechnung der Steuer angesetzt. Für »Otto Normalverbraucher« wird damit die Altersvorsorge immer unübersichtlicher und so mancher »Berater« scheitert daran, den

Interessierten die »Günstiger-Prüfung« zu erklären, geschweige denn, diese durchzuführen. Das Alterseinkünftegesetz mit seiner Fülle an Möglichkeiten macht aber deutlich, dass die gesetzliche Rente nur noch ein Teil der Altersvorsorge ausmachen kann und sich zukünftige Rentnerinnen und Rentner immer mehr mit diesem Thema auseinandersetzen müssen.

Der Tabelle 43 kann entnommen werden, wie viel man in eine Riester- oder Rürup-Rente einzahlen sollte, um die Rentenlücke zu schließen.

Eine/ein Angestellte/r, die/der beispielsweise 1960 geboren wurde und monatlich 2.500 Euro Brutto verdient, kann mit einer gesetzlichen Rente in Höhe von 1.220 Euro rechnen. Möchte sie/er nur 70 % des letzten Monatsnettogehaltes als Rente beziehen, müsste sie/er monatlich 146 Euro in einem Riester- oder Rürup-Vertrag sparen. Will sie/er hingegen das gleiche Einkommensniveau erreichen wie in der Zeit als Erwerbstätige/r, muss die Sparleistung deutlich höher ausfallen.

Tabelle 43: Versorgungslücke und notwendige Sparleistung von Durchschnittsverdienern und -verdienerinnen nach verschiedenen Jahrgängen

Jahrgang	1980	1970	1960	1950
aktuelles Bruttomonatsgehalt	2.500	2.500	2.500	2.500
letztes Nettomonatsentgelt	2.698	2.362	2.084	1.808
erste Nettomonatsrente	1.439	1.286	1.220	1.161
optimales Rentenniveau (70 % des letzten Nettogehalts)	1.914	1.675	1.480	1.286
Versorgungslücke	475	389	260	125
erforderliche monatliche Sparbeträge in einer Riester- oder Rüruprente bei 4,5 % Verzinsung				
in Euro	98	127	146	161
in % des Nettoentgelts	6,2 %	8,0 %	9,3 %	10,2 %

»Mit zwanzig regiert der Wille,
mit dreißig der Verstand und
mit vierzig das Urteilsvermögen.«
Benjamin Franklin

Riester-Rente: mit Sparzulagen und Steuervorteilen sicher in Rente

Auf einen Blick

Wer krisensicher sein Erspartes anlegen möchte, für den ist eine Riester-Rente erste Wahl. Unabhängig vom Produkt ist zumindest das eingezahlte Geld sicher. Da Lebensversicherungen zum einen durch die Auffanggesellschaft Protektor und zum anderen durch ihre vorsichtige Anlagepolitik als sehr sicher einzustufen sind, kann man auch von dieser Seite von einer hohen Sicherheit für das eingezahlte Geld ausgehen.

Häufig wird jedoch nach der Gesamtrendite für den Vertrag gefragt. Da einige Anbieter recht stattliche Kosten erheben, sieht die Gesamtrendite häufig bescheiden aus. Deshalb sollten Versicherte darauf achten, dass ein gutes Preis-Leistungs-Verhältnis geboten wird. Das bedeutet, neben einer moderaten Kostenquote sollte die Gesellschaft überdurchschnittlich solvent sein. Die Krise hat jedoch vor allem eines gezeigt: Das schönste Gewinnversprechen nutzt nichts, wenn der Anbieter zahlungsunfähig wird. Insofern ist bei der Riester-Rente häufig »weniger mehr«.

Nur wenige Politiker haben es geschafft, auch viele Jahre nach ihrer Amtszeit so populär zu sein, wie der ehemalige Sozialminister Walter Riester: Unter seiner Federführung führte die Bundesregierung 2002 erstmalig eine kapitalgedeckte und vom Staat geförderte Altersrente ein: die sogenannte Riester-Rente. Diese freiwillige Zusatzvorsorge soll die Absenkung des gesetzlichen Rentenniveaus von 70 % auf 67 % des Nettoeinkommens beziehungsweise von 53 % auf 46 % des Bruttoeinkommens bei 45 Beitragsjahren auffangen. Berechnungen des Deutschen Instituts für Altersvorsorge haben jedoch ergeben, dass auch die Riester-Rente die neu entstandene Lücke nicht schließen kann. Erst bei einem Rentenbeginn ab 2030 erreicht der Lohnersatz durch Umlagerente und Riester-Rente zusammen etwa 66 %. Insgesamt müssen die Versicherten trotz Riester-Modell also deutlich mehr sparen, wenn sie im Alter den gewohnten Lebensstandard halten möchten.

Wer kann »riestern«?

Alle Arbeitnehmer/innen können die staatliche Förderung in Anspruch nehmen, wenn sie Pflichtbeiträge in die gesetzliche Rentenversicherung zahlen. Auch Beamte/Beamtinnen, Soldaten/Soldatinnen und Richter/innen können mit Riester sparen (siehe Tabelle 44).

Die Förderung erhält jedoch niemand automatisch. Voraussetzung ist, dass die Zulagenberechtigten einen privaten oder betrieblichen Riester-Vertrag abschließen. Dabei kann zwischen einer Vielzahl von Anlageprodukten gewählt werden. Das Angebot reicht von Banksparplänen über Fondsinvestments bis hin zu Rentenversicherungen. Laut Gesetz müssen alle Angebote den Erhalt des eingezahlten Kapitals gewährleisten. Das bedeutet, spätestens zu Rentenbeginn müssen den Sparern/Sparerinnen zumindest die eingezahlten Beiträge zuzüglich der Zulagen zur Verfügung stehen. Das Risiko eines Verlusts besteht also nicht, dennoch sind die Anlagerisiken sehr unterschiedlich. Das schlägt sich auch in der Höhe der garantierten Rente nieder. Bei der Wahl des richtigen Produkts sollten Riester-Sparer/innen nach Ansicht der Verbraucherzentralen deshalb nicht irgendein Angebot herausgreifen, sondern das Modell wählen, das am besten zu ihrer Risikoneigung und ihren Lebensumständen passt.

Im Rahmen der Finanzkrise haben sich viele Riester-Sparer/innen die bange Frage gestellt, ob denn trotz ausgesprochener Garantie ihr Vertrag sicher sei. Diese Unsicherheit nahm der Bund der Versicherten (BdV) zum Anlass, davor zu warnen, bestehende Lebensversicherungsverträge, zu denen auch die Riester-Renten bei deutschen Lebensversicherern gehören, zu kündigen. Die garantierten Leistungen der Versicherten sind über die Auffanggesellschaft Protektor abgesichert. Hinzu kommt, dass sich die meisten Lebensversicherer nach der Börsenkrise um die Jahrtausendwende fast vollständig aus dem Aktienmarkt zurückgezogen haben und die Aktienquoten bei den Versicherern relativ gering sind und sich heute nur noch »niedrige

Tabelle 44: Wer kann eine Riester-Rente beantragen?	
förderberechtigte Personen	nicht förderberechtigte Personen
Pflichtversicherte in der gesetzlichen Rentenversicherung	Rentner/innen
Beamte/Beamtinnen	freiwillig Versicherte in der gesetzlichen Rentenversicherung und geringfügig Beschäftigte im Sinne des § 8 Abs. 1 des Vierten Sozialgesetzbuches, die von der Versicherungsfreiheit Gebrauch machen
pflichtversicherte Landwirte/Landwirtinnen	Selbstständige, die nicht rentenversicherungspflichtig sind
Ehegatten von Förderberechtigten, auch wenn sie selbst nicht förderberechtigt sind, aber einen eigenen Riester-Vertrag haben	Pflichtversicherte in berufsständischen Versorgungswerken (z.B. Rechtsanwälte/Rechtsanwältinnen, Ärzte/Ärztinnen, Steuerberater/innen
Bezieher/innen von Lohnersatzleistungen, einschließlich der Berechtigten zur Arbeitslosenhilfe (jetzt: ALG 2), deren Leistungsempfang aufgrund von vorhandenem Einkommen und/oder Vermögen ruht, nicht erwerbstätige Eltern in der Kindererziehungszeit (max. 3 Jahre)	Bezieher/innen einer Rente wegen verminderter Erwerbsfähigkeit, die keine rentenversicherungspflichtige Tätigkeit ausüben
geringfügig Beschäftigte, die auf die Sozialversicherungsfreiheit verzichtet haben	Sozialhilfeempfänger/innen, die nicht zugleich rentenversicherungspflichtig beschäftigt sind

einstellige« Anteile des Kapitals in Aktien befinden. Weiterhin besteht für interessierte Anleger/innen die Möglichkeit, sogenannte Stress-Tests einzusehen, bei denen nachvollzogen werden kann, ob eine Versicherungsgesellschaft bei einem Aktienkurssturz noch auf sicheren Beinen steht.

Der Staat hilft mit – Riester-Zulage und Sonderausgabenabzug

Der Staat unterstützt den Aufbau einer Riester-Rente einerseits mit Zulagen und andererseits zum Teil mit Steuervorteilen. Die Höhe der Förderung über Zulagen richtet sich nach der familiären Situation der Zulagenberechtigten. Grundsätzlich gibt es eine Grundzulage für die Antragsteller und für jedes Kind eine Kinderzulage. Besonderes Bonbon: Für Kinder, die nach 2007 geboren sind, gibt es sogar 300 Euro Kinderzulage.

Um die volle Zulage erhalten zu können, müssen die Sparerinnen und Sparer eine Mindestsparleistung erbringen. Diese ist abhängig vom sozialversicherungspflichtigen Einkommen. Wer mehr spart, bekommt kein »Mehr«

an Zulagen. Die Versicherten sollten also darauf achten, dass sie ihre Sparleistung jährlich an das aktuelle Einkommen anpassen, jedoch nicht zu viel oder zu wenig sparen.

Sonderausgabenabzug

Neben den Zulagen können vor allem sogenannte Besserverdienende die Beiträge zu ihren Riester-Verträgen in ihrer Einkommenssteuererklärung als Sonderausgaben geltend machen. Die Steuerersparnis hängt vom persönlichen Steuersatz ab. Um sie zu erhalten, müssen die Steuerpflichtigen die Anlage »AV« ausfüllen und mit ihrer Steuererklärung beim Finanzamt einreichen. Diese verschiedenen Förderungen haben aber auch ihren Preis: Im Alter muss die Riester-Rente voll besteuert werden. Anders als bei Verträgen aus der betrieblichen Altersvorsorge müssen aber keine gesetzlichen Krankenkassenbeiträge abgeführt werden. Insofern ist die Riester-Rente oftmals attraktiver als die betriebliche Gehaltsumwandlung. Es ist deshalb durchaus empfehlenswert, zunächst die Fördermöglichkeiten der Riester-Rente auszuschöpfen und erst danach, sofern der finanzielle Spielraum reicht, die betriebliche Variante zu wählen (siehe Tabelle 45).

Tabelle 45: So rechnet sich die Riester-Rente

	Nicht verheiratet EK: 12.000€ Kinder: 3	Nicht verheiratet EK: 60.000€ Kinder: 0	Nicht verheiratet EK: 40.000€ Kinder: 0	Verheiratet EK (Familie): 60.000€ Kinder 3
Gesamtbeitrag	769€	2.100€	1.600€	2.100€
Eigenbeitrag	60€	1.946€	1.446€	1.391€
Zulagen	0€	154€	154€	709€
zusätzliche Steuerersparnis	709€	768€	446€	0€
Förderquote	92,2%	43,0%	37,5€	33,8%

Der Tabelle kann entnommen werden, wie hoch Förderquoten in Abhängigkeit zur Lebenssituation aussehen können. Mit einer Förderquote von 92,2 % für Alleinerziehende mit drei Kindern ist die Riester-Rente unschlagbar. Demgegenüber profitiert die Familie mit nur einem Einkommen und drei Kindern weniger als jemand, der alleine ohne Kinder lebt. Die Steuervorteile, die diese Form der Altersvorsorge mit sich bringt, werden häufig unterschätzt.

Voraussetzungen für die Förderfähigkeit

Voraussetzung für die Zulassung als Riester-Rente ist, dass das Altersvorsorgeprodukt bestimmte Kriterien erfüllt. Nach erfolgter Prüfung wird ein Zertifikat erstellt. Die Zertifizierungsbehörde, die Bundesanstalt für Finanzdienstleistungsaufsicht (BaFin), prüft nur, ob das einzelne Produkt die gesetzlichen Voraussetzungen erfüllt. Es wird nichts über die Rentabilität des Angebotes gesagt.

Folgende Voraussetzungen müssen erfüllt werden:

- geschlechtsneutrale Tarife, keine Auszahlung vor dem 60. Lebensjahr, Erwerbsunfähigkeit und Hinterbliebene können zusätzlich abgesichert werden;
- Die eingezahlten Beiträge müssen garantiert werden.
- Es muss eine lebenslange Rente oder ein Auszahlplan mit Restverrentung (bei Fondsverträgen) garantiert werden, eine Einmalauszahlung ist beziehungsweise variable Teilraten sind bis zu insgesamt 30 % des zu Beginn der Auszahlungsphase zur Verfügung stehenden Kapitals zulässig.
- Die Abschluss- und Vertriebskosten müssen auf fünf Jahre verteilt werden.
- Die Versicherten haben den Anspruch, den Vertrag ruhen zu lassen, zu kündigen und zu wechseln sowie Mittel zum Wohnungsbau zu entnehmen.

Nachhaltige Riester-Renten

Mit Verabschiedung der Riester-Rente hatte man nicht nur auf eine deutliche Steigerung der Nachfrage nach privater Altersvorsorge gesetzt, sondern auch gehofft, dass nachhaltige Anlageformen gestärkt würden. Dieses sollte durch die Einführung einer Berichtspflicht erreicht werden, mit der die Anbieter von staatlich geförderten Altersvorsorgeprodukten unter anderem darüber berichten müssen, ob sie ethische, soziale und ökologische Belange bei der Verwendung der eingezahlten Beiträge berücksichtigen. Dabei gibt es jedoch weder ein einheitliches Berichtsformat, in dem Anforderungen an Inhalt und Umfang der zu berichtenden Informationen festgelegt sind, noch wird geprüft, ob die Versicherungen und Fondsgesellschaften die deklarierten Umwelt- und Sozialstandards tatsächlich einhalten (Öko-Institut, Freiburg). Es bleibt also auch hier den Anlegerinnen und Anlegern überlassen, selbst zu prüfen, welche der angebotenen Riester-Produkte ihren Vorstellungen im Hinblick auf Ökologie oder Ethik entsprechen.

Das Angebot ist in diesem Bereich sehr überschaubar. Reine Fondsrenten auf Basis nachhaltiger Investmentfonds werden gar nicht angeboten.

Einen Banksparplan bietet die Bank für Kirche und Caritas in Paderborn an. Hier erfolgt die Anlage auf einem Banksparvertrag mit Zinsansammlung. Der Zinssatz orientiert sich an der Umlaufrendite von Anleihen der öffentlichen Hand mit einem Abschlag von nur 0,25 Prozentpunkten. Die Bank berechnet keine Verwaltungs- oder Abwicklungskosten. Das Angebot überzeugt durch Kostengünstigkeit und den geringen Abschlag im Verhältnis zur Umlaufrendite. Einen weiteren Banksparplan bietet die EthikBank mit ihrem VR Rente Plus an. Der Zinssatz liegt 0,75 Basispunkte unter der Umlaufrendite öffentlicher Anleihen, die täglich von der Bundesbank festgestellt wird. Auch dieser Banksparplan ist wegen seiner geringen Kostenquote empfehlenswert. Weiterhin ist die EthikBank Mitglied im Einlagensicherungssystem der Genossenschaftsbanken und die Einlagen sind damit unbegrenzt geschützt. Auch das Angebot an klassischen Riester-Renten, die das Geld der Anlegerinnen und Anleger in sozialen und umweltfreundlichen Kapitalanlagen investieren, bleibt mit drei Angeboten gering.

Das gesamte Vorsorgekapital wird derzeitig nur bei der oeco capital Lebensversicherung AG nach ethisch-ökologischen Kriterien angelegt. Im Vergleich zu klassischen Riester-Renten erhält die Rente von oeco capital sehr gute Bewertungen. Die Welt am Sonntag (21. August 2005) führt zehn »starke Riester-Renten« auf, von denen die oeco capital den vierten Platz einnimmt. Den vom Analysehaus Morgen & Morgen Ende 2008 durchgeführten Belastungstest hat die oeco capital bestanden.

Der Lebensversicherer Bruderhilfe – Pax – Familienfürsorge, der mittlerweile zum Verbund der HUK Versicherung gehört und den Kirchen nahe steht, bietet die Möglichkeit, die Sparbeiträge klassisch oder im Union Fonds (KuC-Fonds Union, Fonds für Kirche, Caritas und Diakonie) anzulegen. Dem Fondsprospekt kann jedoch nicht entnommen werden, welche ethischen, ökologischen oder andere sozialen Kriterien zugrunde gelegt werden.

Die Versicherung neue leben legt in Kooperation mit dem Hamburger Verein für alternative Versorgungskonzepte (VAV) nur einen Teil des eingezahlten Geldes in ökologische Anlageformen an (siehe Tabelle 46).

Ein deutlich breiteres Angebot findet sich unter den fondsgebundenen Riester-Renten. Bei dieser Anlageform stehen zum Rentenbeginn die eingezahlten Beiträge zur Verrentung zur Verfügung. Eine Garantieverzinsung wird nicht geboten. Dieses Geld fließt in der Regel in den klassischen Deckungsstock der Versicherungsgesellschaft, der nicht nach ökologischen oder nachhaltigen Kriterien gemanagt werden muss. Nur die Überschüsse fließen in die gewünschten Fonds. Für Anlegerinnen und Anleger stellt sich die Frage, was ihnen am wichtigsten ist, die garantierte Rente oder die Fondsauswahl. Die Höhe der garantierten Rente bietet sehr unter-

Tabelle 46a : Fondsgebundene Riester-Renten

Anbieter/Name	Einzelfonds	Dachfonds/aktiv gemanagte Portfolios
Skandia (Riesterrente Tarif SRR*)	Sarasin OekoSar Portfolio, UBS Eco Performence	IAM Provita World Fund (Dachfonds)
neue leben	Deka Umweltinvest	
ASSTEL Riester-Rente ReFlex	Pioneer Funds – Global Ecology	
Alte Leipziger Versicherung AlFonds Riester	Pioneer Funds Global Ecology PICTET Funds European Sustainable Equities-P	
Versiko/Die Continentale Riester-Rente	ÖkoVision, Sarasin OekoSar Portfolio, Sarasin New Energy Fund	
LV 1871 RieStar	Pioneer Funds Global Ecology Cominvest Klima Aktien Panda Vermögensmanagement DJE P, DWS Responsability LC	
Cosmos Direkt Fondsgebundene Riesterrente	Pioneer Funds Global Ecology	
Die Continentale (Life Time Öko 2002)	Pioneer Global Ecology, Sarasin New Energy, Sarasin Sustainable Equity Global, Sarasin OekoSar Portfolio, Ökoworld Ökovision classic	
Nürnberger Zulagen Rente	Depot Ökologie: (40 % Pictet European Sustainable Equity, 30 % Dexia Equities L World C, 30 % Sarasin OekoSar Portfolio	
Allianz (RiesterRente Invest)	Allianz-dit Global EcoTrends A	
Postbank Lebensversicherung PB Förderrente Dynamik	Allianz-dit Global EcoTrends A	
Volkswohlbund Safe Invest Step	Sarasin New Power Fonds Sarasin Oekosar Equity Global Sarasin Sustainability Bond Euro	IAM Fair Value Zukunft Sarasin OekoFlex
Swiss Life, Riester-Rente FRV, Profi-Plan		Depot Natura: Ökoworld Ökovision Classic (EUR) 20 %, Pioneer Global Ecology A ND (EUR) 20 %, Sarasin OekoSar Portfolio (EUR) 40 %, Sarasin NewEnergy Fund (EUR) 20 %

Tabelle 46b : Klassische Riester-Renten		
Name des Riester-Produkts	Institut/Anbieter	investiert in
AltersVermögensRente	oeco capital	gesamtes Kapital fließt in ethisch-ökologische Anlagen
Riester-Rente Klassisch	Bruderhilfe – Pax – Familienfürsorge	
Transparente	VAV/neue leben	Prämien werden im Deckungsstock nach ökologischen Kriterien angelegt und zwar in Fonds: Gerling Responsibility Fonds, Gesundheitszentrum St. Pauli, verschiedene soziale und ökologische Dorfprojekte
Volkswohlbund Safe Invest		Überschüsse können in Fonds investiert werden (IAM Fair Value Zukunft, Sarasin OekoFlex)

schiedliche Preis-Leistungs-Verhältnisse. Die Zeitschrift Öko-Test konnte eklatante Unterschiede ermitteln (Öko-Test Ratgeber Rente, Geld, Versicherungen 2005). Unter der Annahme, dass sich der Modell-Fonds um 6 % jährlich entwickelt, hätte ein 30-Jähriger bei einem Rentenversicherer eine garantierte Monatsrente in Höhe von 279 Euro und beim anderen Versicherer von nur 179 Euro (also 100 Euro weniger) erhalten.

Andererseits sollte aber auch die Fondsauswahl stimmen. Bei einigen Anbietern steht nur ein nachhaltig orientierter Fonds zur Verfügung. Da die Erfahrung gezeigt hat, dass viele bei langfristigen Sparplänen ihre Anlageentscheidung nicht immer wieder überdenken und anpassen wollen, werden zunehmend gemanagte Fondsportfolios oder Dachfonds angeboten. Diese haben den Vorteil, dass das Management aus verschiedenen Fonds auswählen kann und damit das Risiko geringer gehalten wird. Die Skandia ist mit der Neuaufnahme des IAM Provita World Fund diesen Weg gegangen. Der Volkswohlbund nahm den aktienorientierten Dachfonds IAM Fair Value Zukunft und den Sarasin OekoFlex in die Angebotspalette auf. Die Nürnberger hat es sich einfach gemacht, indem im Depot »Ökologie« drei Nachhaltigkeitsfonds in einem von vornherein definierten Verhältnis geführt werden. Es zeichnet sich der Trend ab, dass immer mehr Versicherungsgesellschaften Dachfonds oder gemanagte Portfolios im Rahmen der Riester-Rente anbieten, um einerseits der wachsenden Nachfrage gerecht zu werden und andererseits eine risikoärmere Alternative bieten zu können.

Was Sie beachten sollten!

Da es sich bei Riester-Verträgen in der Regel um langfristige Sparverträge handelt, kann die Qualität des Fonds wichtiger als die Bedingungen und Kostenbelastungen des Versicherers sein. Insofern sollte vor dem Vertragsabschluss vor allem ein Blick auf die Wertentwicklung und das Potenzial des gewählten Fonds geworfen werden.

»Denn, was man schwarz auf weiß besitzt,
kann man getrost nach Hause tragen.«
Johann Wolfgang von Goethe, Faust – Erster Teil

Die Basisrente: nicht immer eine sichere Basis

Auf einen Blick

Die Basisrente als Teil der sogenannten ersten Schicht des Alterseinkünftegesetzes kann vor allem für Selbstständige eine wichtige Basis-Absicherung darstellen. Anders als bei der Riester-Rente verlangt der Gesetzgeber jedoch nicht den Erhalt des eingezahlten Kapitals. Während bei den klassischen Basisrenten oder bei den Basisrenten mit Mindestverzinsung das eingezahlte Kapital durch die Versicherungsgesellschaft garantiert wird, entfällt dieser Schutz bei den fondsgebundenen Varianten.

Die Finanzkrise mit ihren großen Einbrüchen am Aktienmarkt hat gezeigt, wie schnell auch Aktienfonds mehr als die Hälfte ihres Vermögenswertes verlieren können. Deshalb sollten Versicherte, die unbedingt auf das eingezahlte Kapital angewiesen sind, Abstand von fondsgebundenen Basisrenten nehmen. Bei nur einem ökologisch ausgerichteten Fonds im Depot ist das Risiko noch größer. Auch ein Depot mit drei reinrassigen Aktienfonds, wie das Depot Ökologie der Nürnberger Versicherung, bescherte den Anlegern und Anlegerinnen in den vergangenen drei Jahren einen jährlichen Verlust von 12,43 %. In den letzten fünf Jahren lag der Verlust bei jährlich 2,7 %. Das heißt, Anleger/innen, die zum 1. Januar 2004 eine fondsgebundene Basisrente abgeschlossen hatten, hätten bis heute keinerlei Gewinne erzielt, sondern im Gegenteil Verluste eingefahren. Bei dieser Berechnung sind die Abschlusskosten, die in den ersten fünf Jahren anfallen, nicht mit einbezogen.

Wer dann Anfang des Jahres einen Blick auf die Jahresinformation seiner Basisrente wirft, muss sehr gute Nerven haben.

Mit Verabschiedung des Alterseinkünftegesetzes wurde eine neue private Rentenversicherung geboren: die Basisrente, auch Rürup-Rente, nach dem Vorsitzenden der Kommission, Bert Rürup, benannt. Die Basisrente wird wie die gesetzliche Rentenversicherung der ersten Schicht der Altersvorsorge zugeordnet. Anders als bei gesetzlichen Versicherungen wird diese Rentenversicherung bei privaten Anbietern, bislang in der Regel bei Lebensversicherungsgesellschaften, abgeschlossen. Mittlerweile sind auch Fondssparpläne möglich. Die Renten werden auch nicht im Umlageverfahren gewährt, sondern Versicherte sparen auf das eigene Konto ein und erhalten aus diesem Kapital die spätere lebenslange Rente.

Die Förderkriterien der neuen Basisrente sind:
- Der Vertrag muss eine lebenslange monatliche Leibrente frühestens ab Vollendung des 60. Lebensjahres vorsehen.
- Die Ansprüche aus einer Basisrente sind grundsätzlich nicht vererbbar. Allerdings kann eine Hinterbliebenenrente für den/die Ehepartner/in bzw. die Kinder vereinbart werden. Dieser Hinterbliebenenschutz gilt bislang noch nicht für eingetragene Lebenspartner/innen.
- Die Ansprüche dürfen ebenso wie gesetzliche Rentenansprüche nicht übertragen, beliehen, veräußert oder kapitalisiert werden.

Die Basisrente bietet besondere Vorteile:
- Es gibt keine gesetzlichen Vorschriften über die Verteilung der Beitragszahlungen auf die einzelnen Jahre (auch Einmalbeiträge sind möglich).
- Bei Arbeitslosigkeit erfolgt keine Anrechnung als Vermögen im Rahmen der Bedürftigkeitsprüfung (»Hartz-IV-fest«).
- Die gezahlten Beiträge sind vor Zugriffen von Gläubigern genauso sicher wie Einzahlungen in die gesetzliche Rentenversicherung.

Vor allem für Selbstständige, die keine Beiträge in die gesetzliche Rentenversicherung einzahlen, kann die Basisrente sehr interessant sein. Im Falle einer Insolvenz wurde bislang das gesamte Vermögen von Selbstständigen (einschließlich der bislang angesparten Altersvorsorge) gepfändet. Seit dem 27. März 2007 gilt ein gewisser Pfändungsschutz gemäß § 85 1c der Insolvenzordnung für bestimmte Formen der Altersvorsorge. Die Basisrente erfüllt diese Anforderungen. Um Schuldnern den Aufbau einer angemessenen Alterssicherung zu ermöglichen, kann jährlich ein bestimmter Betrag unpfändbar bis zu einer Gesamtsumme von 238.000 Euro angesammelt werden.
- 18. bis 29. Lebensjahr: 2.000 Euro jährlich,
- 30. bis 39. Lebensjahr: 4.000 Euro jährlich,

- 40. bis 47. Lebensjahr: 4.500 Euro jährlich,
- 48. bis 53. Lebensjahr: 6.000 Euro jährlich,
- 54. bis 59. Lebensjahr: 8.000 Euro jährlich,
- 60. bis 65. Lebensjahr: 9.000 Euro jährlich.

Auch wenn diese Summen nicht ausreichen werden, um einen komfortablen Lebensabend zu genießen, so bieten diese doch einen gewissen Schutz vor dem völligen Abstieg.

Steuerliche Aspekte der Basisrente

Während durch das Alterseinkünftegesetz Renten nachgelagert besteuert werden, können andererseits die Aufwendungen steuerlich geltend gemacht werden. Seit dem 1. Januar 2005 sind Aufwendungen zur Altersvorsorge bis zu 20.000 Euro im Jahr steuerlich begünstigt (40.000 Euro für Verheiratete).

Als Aufwendungen zur Altersvorsorge gelten im Sinne des Gesetzes:
- Beiträge zur gesetzlichen Rentenversicherung beziehungsweise zu landwirtschaftlichen Alterskassen oder berufsständischen Versorgungseinrichtungen und
- Beiträge zur neuen Basisrente.

Die Beiträge zur Basisrente sind in folgendem Umfang von der Steuer absetzbar:
- 60 % der im Jahr 2005 gezahlten Beiträge,
- 62 % der im Jahr 2006 gezahlten Beiträge,
- weiter um 2 % pro Jahr steigend bis auf
- 100 % der ab dem Jahr 2025 gezahlten Beiträge.

Im Gegenzug werden die ausgezahlten Renten aber nachgelagert besteuert. Der Besteuerungsanteil der Renten ist abhängig vom Jahr des Beginns der Rentenzahlungen:
- 50 % im Jahr 2005,
- jährlich um 2 % pro Jahr steigend bis auf 80 % im Jahr 2020,
- danach jährlich um 1 % pro Jahr steigend bis auf 100 % ab dem Jahr 2040.

Bei der klassischen Leibrentenversicherung sind die Rentenleistungen lediglich mit dem vom Alter bei Rentenbeginn abhängenden Ertragsanteil zu besteuern. Dies sind beispielsweise im Alter von 60 Jahren 22 % und im Alter von 65 Jahren 18 % der Leibrente. Die Beiträge sind aber in der

Ansparphase nicht steuerlich absetzbar. Wer von den Steuervorteilen der Basisrente profitieren möchte, muss vorher genau rechnen. Das Alterseinkünftegesetz regelt nämlich den Sonderausgabenabzug neu und macht es für potenzielle Basisrentenversicherte schwierig zu erkennen, ob diese Form der Altersvorsorge attraktiv für sie ist. Die 20.000 Euro Vorsorgeaufwendungen werden nämlich um bestimmte Beträge gekürzt. Bei Arbeitnehmern und Arbeitnehmerinnen reduzieren sie sich um den steuerfreien Arbeitgeber/innenanteil sowie um den eigenen Anteil zur gesetzlichen Rentenversicherung. Bei Beamten, Beamtinnen und Gesellschaftergeschäftsführern und -führerinnen werden fiktive Beiträge zur gesetzlichen Rentenversicherung angesetzt. Bei Ärzten und Ärztinnen, Rechtsanwälten und Rechtsanwältinnen oder Steuerberatern und Steuerberaterinnen werden die Beiträge zu den Versorgungswerken herangezogen. Nur bei Selbstständigen, die nicht pflichtversichert sind, erfolgt keine Kürzung. Daher ist die Basisrente für diese Gruppe besonders attraktiv.

Tabelle 47 kann entnommen werden, wie der Sonderausgabenabzug ermittelt wird.

Tabelle 47: Beispiel zur Ermittlung des Sonderausgabenabzugs 2009 nach § 10 Abs. 3 EstG – neu

Bruttoeinkommen 2009 je 40.000 €, nicht verheiratet, Beitragssatz der gesetzlichen Rentenversicherung (19,9 %), Jahresbeitrag Rürup-Rente 1.800 €	Arbeitnehmer/in	Beamtin/Beamter
Eigenbeitrag zur gesetzlichen Rentenversicherung	3.960 €	–
+ Beitrag Rürup-Rente	1.800 €	1.800 €
= Aufwendungen zur Basisversorgung	5.760 €	1.800 €
+ Arbeitgeberanteil zur gesetzlichen Rentenversicherung	3.960 €	–
= zu berücksichtigende Aufwendungen	9.720 €	1.800 €
fiktiver Beitrag zur gesetzlichen Rentenversicherung		7.960 €
maximal 20.000 €, abzüglich fiktiver Beitrag zur gesetzlichen Rentenversicherung, verbleiben	9.720 €	1800 €
daraus Prozentsatz 2009 (68 %)	6.609 €	1.224 €
– Arbeitgeberanteil zur gesetzlichen Rentenversicherung	3.960 €	–
= Sonderausgabenabzug 2009	2.649 €	1.224 €

Diesen auf den ersten Blick sehr komplexen Zusammenhang kann man auf folgende Formel verkürzen, um den Sonderausgabenabzug zu maximieren:

> Beitrag zur Rürup-Rente =
> 20.000 Euro – (Bruttoeinkommen x Beitragssatz zur gesetzlichen Rentenversicherung)

Verdient man mehr als die Beitragsbemessungsgrenze, so ist nur die Beitragsbemessungsgrenze zu wählen und nicht das tatsächliche Einkommen.

> Beispiel: Eine/ein Angestellte/r mit einem Jahresbruttoeinkommen von 45.000 Euro würde demnach 11.045 Euro steuerbegünstigt in eine Basisrente einzahlen können (20.000 Euro – (45.000 Euro x 19,9 %) = 11.045 Euro).

Dennoch ist nach Meinung des Rentenexperten Gert Wagner Vorsicht geboten, da weder das Bruttoeinkommen noch der Beitragssatz in der gesetzlichen Rentenversicherung langfristig konstante Größen sind. Statt nur auf die steuerliche Abzugsfähigkeit zu schauen, gilt es vorab zu prüfen, in welchem Verhältnis die Altersvorsorgeprodukte, Riester-Rente, betriebliche Altersvorsorge oder private Rentenversicherungen zueinanderstehen sollten.

> *»Die volle Ausschöpfung des Sonderausgabenabzuges ist daher kein Ziel einer steueroptimierten Vorsorgestrategie.«*
> (Wagner, Gert. Die neue Renten- und Pensionsbesteuerung. 2. Aufl. Regensburg, Berlin 2005, S. 72)

Die steuerlich begünstigten Beiträge können folgende ergänzende Absicherungen beinhalten, sofern deren Beitragsanteil weniger als 50 % beträgt:

- Berufsunfähigkeitsrente,
- Erwerbsminderungsrente und
- Hinterbliebenenrente.

Wichtig zu wissen ist noch, dass im Rentenbezug keine Beiträge zur gesetzlichen Kranken- und Rentenversicherung zu entrichten sind, da es sich hierbei weder um eine gesetzliche Rente noch um Versorgungsbezüge handelt.

Anders sieht die Attraktivität der Basisrente jedoch für Selbstständige aus. Durch das 2007 verabschiedete Jahressteuergesetz wurde die steuerliche Behandlung der Basisrente noch einmal neu geregelt, nachdem es bereits zwei Regelungen in der jungen Geschichte dieser Versicherungsart gab. Die sehr komplizierte sogenannte »Günstiger-Prüfung« entfällt und jeder kann den jährlichen Maximalbeitrag stufenweise von der Steuer absetzen. Lediglich andere Beiträge, die der ersten Schicht zugeordnet werden (Beiträge für gesetzliche Rentenpflichtbeiträge, Beiträge für Versorgungswerke), müssen verrechnet werden.

Das Beispiel in Tabelle 48 soll diesen Zusammenhang verdeutlichen.

Tabelle 48: Mit der Rürup-Rente Steuern sparen

Abzugsfähigkeit der Vorsorgeaufwendungen 2009	
Private Krankenversicherung	5.400 €
Haftpflichtversicherung	800 €
Unfallversicherung	200 €
Summe:	6.400 €
davon maximal abzugsfähig	5.069 €
Rürup-Rente:	6.000 €
davon steuerlich anrechenbar (68 %)	4.080 €
insgesamt abzugsfähige Aufwendungen:	**9.149 €**

Nachhaltige Basisrenten

Basisrenten werden in vier verschiedenen Varianten angeboten. Neben der klassischen Rürup-Rente für sicherheitsbewusste Anleger/innen werden auch reine Fondspolicen angeboten, bei denen das Anlagerisiko bei der/dem Versicherten liegt. Dazwischen gibt es zwei Varianten. Bei der einen werden die Überschüsse der Basisrente in Fonds angelegt, sodass die Garantieverzinsung erhalten bleibt und nur die Überschüsse einem Anlagerisiko unterliegen. Bei der anderen Variante gewähren die Anbieter bei der fondsgebundenen Rente eine Garantie auf Kapitalerhalt. Die folgende Übersicht gliedert die Angebote nachhaltiger Basisrenten in drei Gruppen: klassische Tarife, Klassiktarife mit Anlage der Überschüsse in Fonds, Fondstarife (siehe Tabelle 49, Seite 234 f.).

Was Sie beachten sollten!

Bei fondsgebundenen Basisrenten ohne Garantiekonzepte ist Vorsicht geboten, da das Risiko bei den Versicherten liegt. Wer auf das Kapital angewiesen ist, sollte von diesen Varianten Abstand nehmen.

Tabelle 49a: Klassische Basisrenten		
Name der Basisrente	Institut/Anbieter	investiert in
Rent bvr	oeco capital	gesamtes Kapital fließt in ethisch-ökologische Anlagen

Tabelle 49b: Klassische Basisrenten mit Anlage der Überschüsse in Fonds		
Name der Basisrente	Institut/Anbieter	investiert in
Basis-Rente	Bruderhilfe – Pax – Familienfürsorge	Überschüsse werden investiert in gemanagtes Fondskonzept von Union Investment
Transparente	VAV/neue leben	Prämien werden im Deckungsstock nach ökologischen Kriterien angelegt und zwar in Fonds: Ampega Responsibility Fonds, Gesundheitszentrum St. Pauli, verschiedene soziale und ökologische Dorfprojekte
Nürnberger Basisrente	Nürnberger	Depot Ökologie: (40 % Pictet European Sustainability, 30 % dexia Equities World Welfare, 30 % Sarasin OekoSar Portfolio), Sarasin OekoSar Portfolio
Klassische Basis-Rentenversicherung Safe Invest	Volkswohlbund	Sarasin New Power Fonds, Sarasin Oekosar Equity Global, Sarasin Sustainability Bond Euro, IAM Fair Value Zukunft, Sarasin OekoFlex

Tabelle 49c: Fondsgebundene Basisrenten		
Anbieter/Name	Einzelfonds	Dachfonds/aktiv gemanagte Portfolios
Skandia Basisrente	Sarasin OekoSar Portfolio, UBS Eco Performance	IAM Provita World Fund (Dachfonds)
Alte Leipziger Versicherung AlFonds Basis	Pioneer Funds Global Ecology, PICTET Funds European, Sustainable Equities-P	
HDI-Gerling (Basisrente Dynamic: »Zukunft«)	Gerling Select 21 AmpegaGerlingInvest	gemanagtes Portfolio »Zukunft« (in der Regel 80 % Aktienfonds auf nachhaltige Kapitalanlage ausgerichtet)
Versiko/Continentale Lebensversicherung	ÖkoVision, Sarasin OekoSar Portfolio, Sarasin New Energy Fund	

Tabelle 49c: Fondsgebundene Basisrenten

Neue Leben	Deka Umweltinvest	
LV1871	Pioneer Funds Global Ecology, Cominvest Klima Aktien, Panda Vermögensmanagement DJE P	
Cosmos Direkt	Pioneer Funds Global Ecology	
Die Continentale	Pioneer Global Ecology, Sarasin New Energy, Sarasin Sustainable Equity Global, Sarasin OekoSar Portfolio, Ökoworld Ökovision classic	
Nürnberger (fondsgebundene Basis-Rente)	Depot Ökologie: 40 % Pictet European Sustainable Equity, 30 % Dexia Equities World, 30 % Sarasin OekoSar Portfolio	
Allianz BasisRente Invest	Allianz-dit Global Eco-Trends	
Stuttgarter Versicherungen GreenStars Rente		Investmentstrategie: Sarasin Sustainable Water Fund (10 %), Sarasin OekoSar Portfolio (15 %), Pioneer Funds Global Ecology (15 %), Pictet Funds (LUX) Clean Energy (10 %), BlackRock New Energy Fund (10 %), HSBC GIF Climate Change (10 %), Living Planet Fund Equity (15 %), Ökoworld Ökovision Classic (15 %)
Swiss Life Basisplan FRV Profi-Plan		Depot Natura: Ökoworld Ökovision Classic (EUR) (20 %), Pioneer Global Ecology A ND (EUR) (20 %), Sarasin OekoSar Portfolio (EUR) (40 %), Sarasin NewEnergy Fund (EUR) (20 %)
Delta Lloyd Basis-Rente Invest	Delta Lloyd Water & Climate Fund Classe B, PICTET Funds European Sustainable Equities-P	
Volkswohlbund fondsgebundene Basis-Rentenversicherung Safe Invest Step	Sarasin New Power Fonds, Sarasin Oekosar Equity Global, Sarasin Sustainability Bond Euro	IAM Fair Value Zukunft Sarasin OekoFlex

»Die Altersweisheit gibt es nicht.
Wenn man altert, wird man nicht weise,
sondern nur vorsichtig.«
Ernest Hemingway

Private Renten- und Lebensversicherungen – auch ohne Steuerprivileg interessant

Auf einen Blick

Anlegerinnen und Anleger, die bereits eine Riester-Rente und/oder Basisrente besparen und darüber hinaus weitere monatliche Sparleistungen erbringen können, sollten den Abschluss einer privaten Rentenversicherung in Erwägung ziehen.

Wenn Sie Wert auf Sicherheit legen, ist eine klassische Rentenversicherung oder eine klassische Rentenversicherung mit Anlage der Überschüsse in Fonds erste Wahl. Hier steht das Versicherungsunternehmen für die garantierten Werte gerade. Im Falle einer Insolvenz springt die Auffanggesellschaft Protektor ein.

Wer Wert auf steuerliche Vorteile und Chancen legt und Verluste verkraften kann, sollte auch einen Blick auf fondsgebundene Varianten wagen. Hier gilt es jedoch, das Ablaufrisiko im Auge zu behalten. Was nutzt es den Versicherten, wenn die Gesellschaft zwar eine Rente auf das zum Rentenbeginn angesparte Vermögen garantiert, dieses aber durch einen Börsencrash auf die Hälfte abgeschmolzen ist. Bei fondsgebundenen Varianten sollte einerseits auf die Kosten, aber andererseits auch auf die zur Auswahl stehenden Fonds geachtet werden.

Den Dezember 2004 werden viele Anbieter von privaten Lebens- und Rentenversicherungen so schnell nicht mehr vergessen. Zentnerweise wurden die Versicherungsanträge eingereicht. Der Grund: Mit Wirkung zum 1. Januar 2005 wurde das Steuerprivileg dieser Altersvorsorgeart abgeschafft. Bis dato war die Kapitalauszahlung einer privaten Lebens- oder Rentenversicherung nach zwölf Jahren Laufzeit und fünf Jahren Einzahlungszeit steuerfrei. Deshalb nutzten viele dieses Modell nicht nur für den Aufbau einer privaten Altersvorsorge, sondern auch, um legal Steuern zu sparen. Damit ist nun nach Einführung des Alterseinkünftegesetzes Schluss.

Die Kapitallebensversicherung – das Auslaufmodell

Anders als bei einer Risikolebensversicherung, die gegen einen verhältnismäßig geringen Beitrag, »nur« das Leben des/der Versicherten absichert, werden bei einer Kapitallebensversicherung Versicherungsschutz und Sparplan miteinander kombiniert. Der Versicherungsschutz wird wie bei der Risikolebensversicherung kalkuliert und hängt von Alter, Beruf, Geschlecht und Gesundheitszustand der zu versichernden Person ab. Der Rest der Prämie wird als Sparanteil angelegt. Nicht vergessen werden darf dabei, dass ein dritter Teil der Prämie für die Kosten der Versicherungsgesellschaft, vor allem für die Abschlusskosten, verwendet wird. Die Höhe der Kosten bestimmt demnach auch, wie viel der Gesamtprämie auf den Sparanteil entfällt. Ein Blick auf die Kostenquote lohnt also.

Auf den Sparanteil gewähren die Versicherungsgesellschaften den sogenannten Garantiezins, der derzeitig bei nur 2,25 % liegt. Versicherte mit älteren Policen konnten sich zum Teil Garantiezinsen bis 4 % sichern. Mit diesem Garantiezins kann auf alle Fälle gerechnet werden. Neben den Garantiezinsen werden dem Vertrag auch noch Überschusszinsen gutgeschrieben. Aus der Gesamtrechnung von Kosten und Risiken und den Erträgen der Kapital- und Immobilienanlagen werden die Überschüsse ermittelt, die an die Versicherten weitergegeben werden müssen. Für diese Überschüsse gibt es allerdings keine Garantie und schlechte Börsen oder Zinsmärkte führen manchmal zu enttäuschenden Ergebnissen. In guten Jahren wurden den Versicherten Gesamtrenditen von 7 % in Aussicht gestellt. Davon können wir heute nur träumen. Bei manchen Gesellschaften liegen die tatsächlich erwirtschafteten Renditen sogar unter denen der Garantieverzinsungen aus guten Jahren, sodass sie die Verträge subventionieren müssen. Dieses liegt unter anderem am derzeitigen Zinstief. Da die deutschen Versicherungsgesellschaften immer noch einen großen Teil ihres Kapitals in Zinsanlagen investieren, führen niedrige Zinsen auch zu niedrigen Überschüssen. Anfang der 90er-Jahre des letzten Jahrhunderts wurden für eine zehnjährige Bundesanleihe mehr als 8 % gezahlt, nun sind es 3,5 %.

Die Einführung des Alterseinkünftegesetzes hat vor allem die steuerliche Situation von kapitalbildenden Lebensversicherungen verändert. Seitdem muss zwischen Verträgen, die vor dem 1. Januar 2005, und solchen, die nach diesem Zeitpunkt abgeschlossen wurden, unterschieden werden. Für alle danach abgeschlossenen Verträge gilt nur noch ein eingeschränktes Steuerprivileg. Kapitalerträge aus Verträgen mit einer Laufzeit von mindestens zwölf Jahren, die nach Vollendung des 60. Lebensjahres ausgezahlt werden, werden nur teilweise besteuert. Der steuerpflichtige Ertrag setzt sich, wie Tabelle 50 zeigt, aus der halben Differenz zwischen ausgezahlter Versicherungsleistung und der Summe der eingezahlten Beiträge zusammen.

Tabelle 50: Ermittlung der Erträge/Besteuerung der Lebensversicherung nach dem AltEinkG

voraussichtliche Ablaufleistung	Summe eingezahlter Beiträge (12x100x35)	erwirtschaftete Kapitalerträge	die Hälfte vom erwirtschafteten Kapitalertrag	angenommener Steuersatz	zu entrichtende Steuern
100.000 €	42.000 €	58.000 €	29.000 €	42 %	12.180 €

fiktives Beispiel: Alter Versicherungsnehmer (VN) bei Abschluss des Vertrages 30, Laufzeit 35 Jahre, mtl. Beitrag 100 €

Die in »alte« Verträge eingezahlten Beiträge können nach wie vor als Sonderausgaben bei der Einkommenssteuer geltend gemacht werden. Das kann vor allem für Selbstständige interessant sein, die ihre Vorsorgepauschale noch nicht ausgeschöpft haben. Für alle seit dem 1. Januar 2005 abgeschlossenen Verträge gilt jedoch, dass sie nicht mehr als Sonderausgaben geltend gemacht werden können. Dieses Privileg gilt nur noch für die Rürup-Rente.

Was Sie beachten sollten!

Menschen, die für ihre Angehörigen einen Risikoschutz in Form einer Lebensversicherung wünschen, sollten lieber eine Risikolebensversicherung wählen. Diese kann völlig flexibel an die Lebensform angepasst werden. Wird der Versicherungsschutz nicht mehr gewünscht, kann die Risikoversicherung gekündigt werden. Menschen, die mittels einer kapitalbildenden Versicherung für ihr Alter vorsorgen wollen, sollten einen Blick auf die privaten Rentenversicherungen werfen, die neben dem Kapitalwahlrecht auch eine steuerlich begünstigte lebenslange Rente bieten.

Die private Rentenversicherung – weiterhin steuerlich interessant

Mit einer privaten Rentenversicherung können sich Versicherte eine lebenslange garantierte Rente sichern. Ähnlich wie bei der kapitalbildenden Lebensversicherung wird ein Teil der Prämie für Kosten (vor allem Abschlusskosten) ausgegeben, der andere Teil wird angespart. Ein Todesfallschutz wird nicht gewährt. In der Regel wird vereinbart, dass beim Ableben der Versicherten die eingezahlten Beiträge zuzüglich angefallener Überschüsse ausgezahlt werden. Gesundheitsfragen im Antrag sind deshalb nicht zu beantworten, was für viele Versicherte eine deutliche Erleichterung darstellt. Für private Rentenversicherungen gilt die gleiche Garantieverzinsung wie bei den Kapitallebensversicherungen. Das Risiko der Versicherungsgesellschaften liegt nicht im Todesfallrisiko, sondern im Langlebigkeitsrisiko. Da die Versicherten immer älter werden, müssen auch die Renten immer länger gezahlt werden. Der Kalkulation liegen sogenannte Sterbetafeln zugrunde, die ermitteln, wie hoch die Lebenserwartung der Versicherten ist. Diese Sterbetafeln werden regelmäßig angepasst, um eine vernünftige Kalkulationsgrundlage bilden zu können.

Die Versicherten haben nicht nur die Garantie einer lebenslangen Rente, sondern in der Regel auch ein Wahlrecht, das sie kurz vor dem versicherten Rentenbeginn ausüben können. Sollten sie aus persönlichen oder finanziellen Gründen kein Interesse an der Rentenzahlung haben, können sie sich das Geld auch in einer Summe auszahlen lassen. Dieser Betrag wird steuerlich genauso behandelt, wie die Erträge aus Kapitallebensversicherungen. Wählt die oder der Versicherte jedoch die lebenslange Rente, so wird diese nicht komplett der Besteuerung unterworfen, sondern nur der sogenannte Ertragsanteil. Wenn beispielsweise die erste Rentenzahlung im Alter von 65 Jahren erfolgt, müssen von dieser Rente nur 18 % als Ertragsanteil mit dem persönlichen Steuersatz versteuert werden. Erhält man beispielsweise 200 Euro aus einer privaten Rente, dann müssten davon insgesamt 36 Euro als steuerpflichtiges Einkommen angegeben und versteuert werden. Rentenbezieher/innen, die bereits mit 60 ihre Rente erhalten, müssen als Ertragsanteil 22 % ansetzen. Bezieht man erst mit 70 Jahren die erste Rente, dann sind nur 15 % als Ertragsanteil zu berechnen.

Was Sie beachten sollten!

Die Vorteile einer privaten Rentenversicherung liegen nicht nur in den attraktiven Ertragsanteilen während des Rentenbezugs. Viele Versicherte schätzen die garantierten Renten, die ihnen eine Planungssicherheit bieten. Darüber hinaus bietet das Kapitalwahlrecht ein bestimmtes Maß an Flexibilität.

Fondsgebundene Renten- und Lebensversicherungen

Während bei den konventionellen Lebens- und Rentenversicherungen neben der Garantieverzinsung Überschüsse ausgezahlt werden, fließen bei den fondsgebundenen Versicherungen die Prämien (abzüglich der Kosten) in den von den Versicherten ausgewählten Investmentfonds. Für Versicherte ist es in der Regel nicht nachvollziehbar, woher die Überschüsse bei den klassischen Versicherungen kommen. Einige Verbraucherschützer bezeichnen diese gar als »Blackbox«. Um dem entgegenzuwirken und um andere Anleger/innengruppen anzusprechen, wurden fondsgebundene Versicherungen aufgelegt. Hier können Sparer/innen durch das Investment in Aktienfonds deutlich höhere Renditen erzielen als bei herkömmlichen Versicherungen – allerdings ist das Risiko ungleich höher. Da es keine Garantieverzinsung gibt, tragen die Versicherten das Ablaufrisiko selbst. Wer eine gute Ablaufleistung erreichen will, sollte deshalb unbedingt auf die Qualität der Fonds achten.

Viele Gesellschaften bieten nur ihre hauseigenen Fonds zur Auswahl an. Einige Gesellschaften hingegen haben mehr als 50 verschiedene Fonds im Angebot. Für Versicherte, die sich nicht selbst um die Auswahl der Fonds kümmern wollen, werden auch gemanagte Produkte angeboten. Bei diesen wird das Portfolio in Abhängigkeit von der gewählten Risikoklasse aktiv gemanagt. Fondsgebundene Versicherungen werden steuerlich genauso behandelt wie die bereits vorgestellten Kapitallebensversicherungen und privaten Rentenversicherungen.

Neben der Qualität der Fonds sollten Versicherte unbedingt vor Vertragsabschluss auf die Kosten achten. Berechnungen des Instituts für Finanz- und Aktuarwissenschaften (IFA) in Ulm zufolge, können die anfallenden Kosten die Ablaufleistungen um bis zu 56 % reduzieren. Vor allem die Finanzkrise hat vielen Versicherten noch einmal sehr deutlich vor Augen geführt, dass sich ihr angespartes Vermögen in weniger als einem Jahr um teilweise mehr als die Hälfte verringert hat. Die Aussage, dass ein Aktiensparplan mit einer Laufzeit von mehr als zehn Jahren immer im Plus endet, stimmt nicht mehr. Versicherte, die ihre Verträge beispielsweise Mitte der 1990er-Jahre abgeschlossen haben und zwei große Börseneinbrüche erleben mussten, wissen ein Lied davon zu singen.

Was Sie beachten sollten!

Eine fondsgebundene Renten- oder Lebensversicherung eignet sich in der Regel nur für Anlegerinnen und Anleger, die keine garantierten Ablaufleistungen oder Renten benötigen und die Wert auf steuerliche Aspekte und Renditeerwartungen legen.

Besteuerung von Lebens- und Rentenversicherungen

Zum 1. Januar 2009 wurde die sogenannte Abgeltungssteuer eingeführt, die nunmehr auch für Lebens- und Rentenversicherungen gilt und vorsieht, dass auf alle Kapitalerträge pauschal 25 % zuzüglich Solidaritätszuschlag und gegebenenfalls Kirchensteuer zu entrichten sind. Wer seine Versicherung frühzeitig auflösen möchte oder muss, sollte vorher genau nachrechnen, ob man nicht die Rechnung ohne das Finanzamt gemacht hat. Welche Bedingungen zu beachten sind, zeigt der Kasten »So wird besteuert«.

Wer den Vertrag bis zum Ende durchhält, profitiert von den steuerlichen Privilegien. Allein schon deshalb sollte man sich vor dem Abschluss eines solchen lang laufenden Vertrages darüber im Klaren sein, dass vorzeitige Kündigungen nicht nur steuerliche, sondern auch andere Verluste mit sich bringen.

So wird besteuert: Einmalauszahlung von kapitalbildenden Lebens- und Rentenversicherungen

Abschluss vor dem 1. Januar 2005

- ↓ Laufzeit mindestens 12 Jahre ↓ Ablauf, Kündigung oder Verkauf ↓ steuerfrei
- ↓ Laufzeit weniger als 12 Jahre ↓ Kündigung oder Verkauf ↓ Abgeltungssteuer

Abschluss nach dem 1. Januar 2005

- ↓ Laufzeit weniger als 12 Jahre ↓ Kündigung oder Verkauf ↓ Abgeltungssteuer
- ↓ Laufzeit mindestens 12 Jahre und Laufzeit bis mindestens Endalter 60 ↓
  - Ablauf, Kündigung ↓ Erträge zur Hälfte steuerpflichtig, persönlicher Steuersatz
  - Verkauf ↓ Abgeltungssteuer

Nachhaltige Renten- und Lebensversicherungen

Wie bei den schon vorgestellten Riester-Versicherern und den Anbietern von Basisrenten ist die Auswahl an Anbietern, die auch ethische, ökologische oder nachhaltige Angebote im Programm haben, sehr überschaubar (siehe Tabelle 51, Seite 244 f.). Wieder einmal bleibt die oeco capital die einzige Gesellschaft, die einen klassischen Versicherungstarif anbietet. Die oeco capital investiert das Kapital ihrer Versicherten zu 100 % nach sozialen und ökologischen Kriterien. Ein unabhängiger Ökologischer Beirat wacht darüber, dass die Geschäftstätigkeit mit der in der Satzung festgelegten ökologischen Grundausrichtung übereinstimmt. Es gibt »o.k.«- und »k.o.«-Kriterien.

Beispiele für o.k.-Kriterien sind:

- umweltfreundliche, regenerative Energiegewinnung,
- effizientere Nutzung von Ressourcen und Energie,
- Technologien zur Verringerung oder Beseitigung von Lärm und Schadstoffbelastungen,
- umweltschonende Produktionsmethoden, umweltorientierte Forschung,
- Abfallvermeidung und schonende Entsorgung,
- Erstellung einer Ökobilanz oder eines Umweltberichts,
- Chancengleichheit ohne Ansehen von Geschlecht, Rasse oder Religion
- und ökologische Produktgestaltung.

Beispiele für k.o.-Kriterien sind:

- Herstellung von Kriegswaffen und Militärgütern,
- Erzeugung von Atomenergie,
- Erzeugung von und Handel mit umweltschädigenden Technologien und Produkten,
- Verstöße gegen das Umwelt- oder Tierschutzrecht,
- Ausbeutung von Flora, Fauna, Meeren und Böden,
- Verschwendung von natürlichen Ressourcen (Wasser, Energie),
- Störung der Lebensgrundlage indigener Völker und
- Kinderarbeit.

Tabelle 51a: Klassische Lebens- und Rentenversicherungen

Name der Versicherung	Institut/Anbieter	investiert in
	oeco capital	gesamtes Kapital fließt in ethisch-ökologische Anlagen

Tabelle 51b: Klassische Lebens- und Rentenversicherungen mit Anlage der Überschüsse in Fonds		
Name der Versicherung	Institut/Anbieter	investiert in
	Bruderhilfe – Pax – Familienfürsorge	Überschüsse werden investiert in gemanagtes Fondskonzept von Union Investment
Transparente	VAV/neue leben	Prämien werden im Deckungsstock nach ökologischen Kriterien angelegt und zwar in Fonds: Ampega Responsibility Fonds, Gesundheitszentrum St. Pauli, verschiedene soziale und ökologische Dorfprojekte
Nürnberger	Nürnberger	Depot Ökologie: (40 % Pictet European Sustainability, 30 % dexia Equities World Welfare, 30 % Sarasin OekoSar Portfolio), Sarasin OekoSar Portfolio
Klassische Rentenversicherung Safe Invest	Volkswohlbund	Sarasin New Power Fonds, Sarasin Oekosar Equity Global, Sarasin Sustainability Bond Euro, IAM Fair Value Zukunft, Sarasin OekoFlex
AlFonds (Flexible Fondsrente)	Alte Leipziger Versicherung	Pioneer Funds Global Ecology, Pictet Funds European, Sustainable Equities-P

Tabelle 51c: Fondsgebundene Lebens- und Rentenversicherungen		
Anbieter/Name	Einzelfonds	Dachfonds/aktiv gemanagte Portfolios
Skandia	Sarasin OekoSar Portfolio, UBS Eco Performance	IAM Provita World Fund (Dachfonds)
Hannoversche Leben Fondsrente	Pioneer Funds Global Ecology	
HDI Gerling	Gerling Select 21 Ampega Gerling Fonds	gemanagtes Portfolio »Zukunft«, (in der Regel 80 % Aktienfonds auf nachhaltige Kapitalanlage ausgerichtet)
neue leben	Deka-Umweltinvest	
neue leben		Nachhaltigkeitsbasket »Balance« (max. 50 % Aktienquote)
Future protect		Nachhaltigkeitsbasket »Wachstum« Vermögensmanagement: Focus Asset Management GmbH

Fortsetzung Tabelle 51c: Fondsgebundene Lebens- und Rentenversicherungen		
Postbank Lebensversicherung	Allianz-dit Global Eco-Trends A	
Versiko/ Die Continentale	ÖkoVision, Sarasin OekoSar Portfolio, Sarasin New Energy Fund	
LV1871	Pioneer Funds Global Ecology, Cominvest Klima Aktien, Panda Vermögensmanagement DJE P	
Cosmos Direkt	Pioneer Funds Global Ecology	
Die Continentale	Pioneer Global Ecology, Sarasin New Energy, Sarasin Sustainable Equity Global, Sarasin OekoSar Portfolio, Ökoworld Ökovision Classic	
Nürnberger fondsgebundene Rentenversicherung	Depot Ökologie: (40 % Pictet European Sustainable Equity, 30% Dexia Equities World, 30 % Sarasin OekoSar Portfolio)	
Allianz	Allianz-dit Global Eco-Trends	
Stuttgarter Versicherung Flex Rente Green Stars Rente		Investmentstrategie: Sarasin Sustainable Water Fund (10 %), Sarasin OekoSar Portfolio (15 %), Pioneer Funds Global Ecology (15 %), Pictet Funds (LUX) Clean Energy (10 %), BlackRock New Energy Fund (10 %), HSBC GIF Climate Change (10 %), Living Planet Fund Equity (15 %), Ökoworld Ökovision Classic (15 %)
Delta Lloyd		
Swiss Life		Depot Natura: Ökoworld Ökovision Classic (EUR) 20 %, Pioneer Global, Ecology A ND (EUR) 20 %, Sarasin OekoSar Portfolio (EUR), 40 %, Sarasin NewEnergy Fund (EUR) 20 %
Volkswohlbund fondsgebundene Rentenversicherung Safe Invest Step		IAM Fair Value Zukunft Sarasin OekoFlex

»Wer nichts weiß, muss alles glauben.«
Marie von Ebner-Eschenbach

Beraten und verkauft?

Ende 2008 sorgte eine durch das Bundesverbraucherschutzministerium veröffentlichte Studie für Aufsehen. Das Ergebnis lautete, dass durch die mangelhafte Beratung von Finanzvermittlern und Finanzvermittlerinnen deutsche Verbraucher/innen jedes Jahr Milliarden verlieren. Das vernichtende Urteil: Fehlerhafte Empfehlungen von Anlageberatern und Anlageberaterinnen sowie von Versicherungsmaklern und Versicherungsmaklerinnen seien »eher die Regel als die Ausnahme«.

Die Studie war bereits 2007 in Auftrag gegeben und durch das Beratungsunternehmen Evers & Jung durchgeführt worden. Nach deren Berechnungen beläuft sich der entstandene Schaden auf 20 bis 30 Milliarden Euro jährlich. Eine Ursache für die Höhe der den Anlegern und Anlegerinnen entstandenen Schäden liegt darin, dass etwa 50 % bis 80 % der langfristigen Geldanlagen vorzeitig und mit Verlust gekündigt werden. Ein Hauptproblem wird darin gesehen, dass die Verbraucher/innen die Fehlberatung über lange Zeit gar nicht bemerken und erst beim eingetretenen Verlust aufhorchen. Deshalb müssten die Finanzvermittler/innen während der Laufzeit der Verträge keine Angst vor dem Unmut der Kunden und Kundinnen haben und könnten weiter wie bisher agieren.

Als Hauptgrund für die schlechte Beratungsleistung wird das Vergütungssystem der Branche angeführt. Denn dieses führe dazu, dass die Berater/innen mehr am Verkauf von Finanzprodukten interessiert seien als an langfristig orientierter Kundenberatung. Bei den Beratern und Beraterinnen handelt es sich nämlich eigentlich um Abschlussvermittler/innen, die nur im Fall eines erfolgreichen Vertragsabschlusses eine Provision erhalten. Kommt der Abschluss nicht zustande, erhält der/die Vermittler/in keinerlei Vergütung und geht leer aus. Das führt natürlich zu einem enormen Verkaufsdruck und kein sogenanntes Beratungsgespräch ist ergebnisoffen.

Um Abschlüsse zu erzielen, wird versucht, alles »an den Mann oder die Frau zu bringen«. Allein für Versicherungen werden jährlich 20 Milliarden Euro zu viel ausgegeben. Dennoch führt dieses Zuviel nicht zum optimalen Versicherungsschutz und sehr viele Verbraucher/innen sind falsch versichert. Jeder Haushalt könnte jährlich 400 Euro einsparen, wenn nur sinnvolle und erforderliche Versicherungen abgeschlossen würden. Stattdessen werden Versicherungen abgeschlossen, die sich gut verkaufen lassen, wie Unfallversicherungen mit der Geschichte vom Dachziegel, der vom Dach fällt und den Versicherten trifft.

Doch die Studie offenbart noch ein anderes Problem: Die Verbraucher/innen interessieren sich kaum für das Thema Geldanlage und überlassen gerne alles dem oder der Beraterin. Denken diese dann nur an ihre Provision, ist der Schaden vorprogrammiert. Wenn Verbraucher/innen »nichts wissen, müssen sie auch alles glauben« und ein Gespräch auf gleicher Augenhöhe findet dann zwischen Anlegern und Anlegerinnen und Beratern und Beraterinnen nicht statt. Hinzu kommt, dass in Deutschland ein unübersichtliches Nebeneinander von gebundenen und ungebundenen Beratern und Beraterinnen mit ganz unterschiedlichen Beratungskompetenzen vorzufinden ist. Verbraucher/innen bemerken häufig überhaupt nicht, dass angeblich unabhängige Finanzdienstleister an ein Unternehmen gebunden sind und daher auch nur dessen Produkte verkaufen können und wollen.

Bundesverbraucherschutzministerin Ilse Aigner hat bereits angekündigt, hier zugunsten des Verbraucher/innenschutzes eingreifen zu wollen. Das Bundeskabinett beschloss schon am 18. Februar 2009 einen Gesetzentwurf, mit dem die Rechte von Anlegern und Anlegerinnen verbessert werden sollen. Mit diesem Gesetz wird unter anderem das Wertpapierhandelsgesetz (WpHG) geändert werden.

Auch die Finanzkrise hat dazu beigetragen, dass der Ruf der Finanzdienstleister/innen im Allgemeinen und der Bankberater/innen im Besonderen stark gelitten hat. Eine aktuelle Umfrage der Commerzbank-Tochter Comdirect, die durch das Meinungsforschungsinstitut Forsa durchgeführt wurde, kommt zum Ergebnis, dass nur 9 % der Befragten ihrem/ihrer Bankberater/in noch vertrauen. Das Magazin Focus berichtet am 30. März 2009, dass diese bei 1.000 Bundesbürgern und Bundesbürgerinnen durchgeführte Befragung auch zeigt, dass sich 71 % bei Finanzfragen lieber auf die Partnerin oder den Partner verlassen. 72 % der Befragten geben überdies an, dass sie beim Gespräch in der Bank »nicht immer alles verstanden« haben. Als Grund für das gestörte Verhältnis zwischen Anlegern, Anlegerinnen und Banken werden auch hier wieder die mangelnden Kenntnisse in Sachen Geldanlagen angegeben. Deshalb hatte auch das beauftragte Beratungsunternehmen Evers & Jung gefordert, bereits in der Schule mehr Wissen im Bereich Finanzen und Geldanlagen zu vermitteln. Trotz vieler schlechter Erfahrungen mit

Finanzdienstleistern und Finanzdienstleisterinnen jeglicher Couleur sind die meisten Deutschen aber nicht bereit, für eine unabhängige Beratung Honorare zu zahlen. Die meisten sind der Meinung, dass Finanzberatung kostenlos zu sein hat, so das Ergebnis einer hausinternen Studie des Onlinebrokers CortalConsors. Dass sie die Dienstleistung über die Provisionen letztlich doch selbst bezahlen, ignorieren die Anleger/innen dabei.

Eine andere Studie des Marktforschungsinstituts Psychonomics aus dem Sommer 2008 kommt zu einem ähnlichen Ergebnis. Nur etwa jeder Vierte kann sich grundsätzlich vorstellen, sich kostenpflichtig zu den Themen Altersvorsorge, Finanzierung und Vermögensbildung beraten zu lassen. Ein Viertel lehnt ein Beratungsmodell sogar grundsätzlich ab. Sehr aufschlussreich ist in diesem Zusammenhang eine Studie des Linzer Market Instituts. Die Befragten in Österreich gaben an, dass sie bereit seien, durchschnittlich 33 Euro pro Stunde für eine Honorarberatung in Finanzangelegenheiten zu zahlen. Dieser Stundenlohn liegt noch unter dem aus dem Friseurhandwerk und es stellt sich die Frage, welche qualifizierte Finanzberater/innen für dieses Stundenhonorar arbeiten möchten oder können. Der Weg zu einer unabhängigen Honorarberatung ist hierzulande allerdings noch sehr weit, obwohl die Bundesverbraucherschutzministerin Ilse Aigner in einem Interview im Handelsblatt vom 8. Januar 2009 angab: »Wenn ich mein Geld für meine Zukunft anlege, ist mir eine offene Gebühr lieber als eine versteckte Provision.«

Anlageberater/innen und -vermittler/innen

Wer in Deutschland Bank- oder Finanzdienstleistungsgeschäfte betreiben will, benötigt eine schriftliche Erlaubnis der Bundesanstalt für Finanzdienstleistungsaufsicht (BaFin) (§§ 32, 33 Kreditwesengesetz KWG). Dazu müssen bestimmte Voraussetzungen erfüllt werden. Die BaFin erteilt nicht nur die Erlaubnis, sondern führt auch die Aufsicht. Mit Stand Januar 2008 beaufsichtigte die BaFin 2.079 Banken und 718 Finanzdienstleistungsinstitute. Am 16. März 2009 waren neben den Kreditinstituten auch 1270 zugelassene Finanzdienstleister gelistet. Anlegerinnen und Anleger haben die Möglichkeit, über die Internetseite www.bafin.de die Liste der zugelassenen Finanzdienstleistungsinstitute einzusehen. Die rechtliche Grundlage für die Aufsicht über Banken und Finanzdienstleister ist in erster Linie das sogenannte Kreditwesengesetz (KWG), aber auch das Wertpapierhandelsgesetz. Daneben gibt es einige Spezialgesetze wie das Pfandbrief-, das Depot-, das Bausparkassengesetz und die Sparkassengesetze der Bundesländer.

Seit 2008 gilt nun eine neue Durchführungsverordnung, die nach vielen Jahren Übergangszeit europäisches in deutsches Recht umsetzt. Die EU-Finanzmarktrichtlinie (Markets in Financial Instruments Directive – MiFID) ist für den Kapitalmarkt das bedeutendste europäische Regelungswerk der vergangenen Jahre. Sie regelt und harmonisiert die Bedingungen für den Wertpapierhandel europaweit. Zudem soll die MiFID den Anlegerschutz in Europa verbessern, nämlich durch neue Verhaltens- und Transparenzpflichten, und den Wettbewerb zwischen Handelsplattformen fördern. Das Finanzmarktrichtlinie-Umsetzungsgesetz (FRUG) setzt die MiFID in deutsches Recht um. Das FRUG ändert als Artikelgesetz verschiedene Einzelgesetze des deutschen Kapitalmarktrechts. Entsprechend der Vorgabe der MiFID sind die Änderungen durch das FRUG nahezu ausnahmslos zum 1. November 2007 in Kraft getreten. Weitere Informationen dazu finden sich auf der Internetseite der BaFin. Zusammen mit der Deutschen Bundesbank hat die BaFin ein Merkblatt veröffentlicht, das erklärt, unter welchen Voraussetzungen eine Tätigkeit den Tatbestand einer Anlageberatung erfüllt.

Um eine Anlageberatung handelt es sich, wenn

- eine persönliche Empfehlung abgegeben wird, die sich auf Geschäfte mit bestimmten Finanzinstrumenten bezieht,
- die Empfehlungen gegenüber Kunden oder deren Beauftragten erfolgt,
- die Empfehlung auf eine Prüfung der persönlichen Umstände des Anlegers gestützt oder als für ihn geeignet dargestellt wird und
- die Empfehlung nicht ausschließlich über Informationsverbreitungskanäle oder für die Öffentlichkeit bekannt gegeben wird.

Von dieser Regelung gibt es jedoch eine Ausnahmevorschrift für sogenannte Fondsvermittler/innen. Danach wird für die Anlageberatung, sofern sie sich auf Investmentfondsanteile bezieht, keine Erlaubnis der BaFin benötigt. Den Fondsvermittlern und Fondsvermittlerinnen ist es aber aufgrund dieser Vorschrift beispielsweise nicht erlaubt, den Anlegern und Anlegerinnen zu empfehlen, bestimmte in deren Depots vorgefundene Finanzinstrumente, wie beispielsweise Aktien, Anleihen und Zertifikate, zu veräußern. Dies gilt selbst dann, wenn der empfohlene Verkauf nur dazu dienen soll, mit diesem Geld Investmentfondsanteile zu erwerben.

! Vor jedem Beratungsgespräch sollte jede Anlegerin und jeder Anleger prüfen, welche Form der Erlaubnis vorliegt. Beraterinnen und Berater, die zu allen Finanzinstrumenten Auskunft erteilen dürfen, können eine Erlaubnis der BaFin vorlegen. Fondsvermittler/innen müssen lediglich eine Gewerbeerlaubnis nach § 34 c GewO (Gewerbeordnung) vorlegen können. Da bei den Fondsvermittlern und Fondsvermittlerinnen eine Haftpflichtversicherung noch nicht verpflichtend ist, sollte nachgefragt werden, ob diese vorhanden ist. Denn diese käme im Falle von Falschberatungen zum Zuge.

Alle Anlageberater/innen, die der BaFin unterstellt sind, müssen seit Einführung der MiFID ihre Kunden und Kundinnen umfassend befragen und dann anschließend prüfen, welche Produkte für diese geeignet sind. Das Ausfüllen eines sogenannten Wertpapierhandelsbogens ist obligatorisch. Damit soll versucht werden, die Risikobereitschaft der Kunden und Kundinnen zu erfassen, um sicherzustellen, dass das empfohlene Produkt passt. Im Zweifelsfall muss die Kundin oder der Kunde ausdrücklich gewarnt werden. Geschieht dies nicht, bestehen Schadensersatzansprüche. Die Beraterin oder der Berater haftet also dafür, dass Kunden und Kundinnen und Produkte auch zusammen passen. Des Weiteren müssen die gewünschten Wertpapiere zu den für die Kunden und Kundinnen günstigsten Konditionen erworben werden. Auf Nachfrage müssen Provisionen offengelegt werden, die für den Verkauf oder die Vermittlung bestimmter Wertpapiere geflossen sind. Darüber hinaus müssen Kunden und Kundinnen über mögliche Interessenkonflikte informiert werden. Diese können auftreten, wenn die Berater/innen die Produkte anbieten, die ihnen die höchsten Provisionen bieten oder wenn sie nur oder bevorzugt die Produkte des eigenen Hauses anbieten.

Ab Sommer 2009 sollen nun ausführlichere Protokollvorschriften gelten, um die Verbraucher/innen besser zu schützen. Wertpapierdienstleistungsunternehmen sollen nun dazu verpflichtet werden, über jede Anlageberatung ein schriftliches Protokoll anzufertigen, das von demjenigen, der die Anlageberatung durchgeführt hat, zu unterzeichnen ist.

Das Protokoll muss Folgendes beinhalten

- den Anlass der Anlageberatung,
- die Dauer des Beratungsgesprächs,
- die der Beratung zugrunde liegenden Informationen über die persönliche Situation des Kunden sowie über die Finanzinstrumente und Wertpapierdienstleistungen, die Gegenstand der Anlageberatung sind,
- die vom Kunden im Zusammenhang mit der Anlageberatung geäußerten wesentlichen Anliegen und deren Gewichtung sowie
- die im Verlauf des Beratungsgesprächs erteilten Empfehlungen und die für diese Empfehlungen maßgeblichen Gründe.

Gegebenenfalls ist im Protokoll auch der ausdrückliche Wunsch des Kunden zu vermerken, einen Geschäftsabschluss auch vor Erhalt des Protokolls zu tätigen oder auf eine technische Aufzeichnung zu verzichten.

Mit dieser Gesetzesvorlage soll versucht werden, die Verbraucher/innen besser zu schützen und Falschberatungen wie mit so manchem Lehmann-Zertifikat künftig zu verhindern. Fondsvermittler/innen haben es demgegenüber etwas leichter, da sie in erster Linie vermitteln und sich darauf beschränken können, nur über das angebotene Produkt zu informieren. Diese Informationen müssen dann aber korrekt sein und sie haben die Pflicht, darüber zu informieren, wenn es negative Berichte über das Produkt in der Presse gegeben hat. Eine sehr wertvolle Hilfe zur Vorbereitung auf ein Beratungsgespräch, bei dem es um eine Geldanlage gehen soll, bietet die vom Bundesministerium für Ernährung, Landwirtschaft und Verbraucherschutz in Zusammenarbeit mit der Verbraucherzentrale Nordrhein-Westfalen erstellte »Checkliste und Beratungsprotokoll für Verbraucher«. Diese kann seit März 2009 unter www.bmelv.de als PDF-Datei heruntergeladen werden. Mit dieser ist jede Anlegerin und jeder Anleger für ein Gespräch gut gerüstet und hat eine Chance, die Anlage zu finden, die zu ihr/ihm passt.

Versicherungsvermittler/innen

Nicht nur für Anlagerater/innen hat das Jahr 2007 entscheidende Veränderungen mit sich gebracht, sondern auch für Versicherungsvermittler/innen. Zum 22. Mai 2007 trat die sogenannte EU-Vermittlerrichtlinie in Kraft. Damit wurde nach vielen Jahren die europäische Richtlinie vom 9. Dezember 2002 endlich in deutsches Recht umgesetzt. Seitdem müssen Versicherungsvermittler/innen bei der Industrie- und Handelskammer registriert sein. Benötigten sie vorher lediglich einen Gewerbeschein, für den keinerlei fachliche Voraussetzung erfüllt werden musste, so ist nun eine Mindestqualifikation nachzuweisen. Es ist dennoch empfehlenswert nachzufragen, welche Qualifikation vorliegt und ob diese über den Mindeststandard hinausgeht.

Neben der Qualifikation ist auch der Nachweis einer ausreichenden Haftpflichtversicherung zu erbringen. Wer gewerbsmäßig Versicherungen vermittelt, muss fortan eine Erlaubnis nach § 34 d Gewerbeordnung (GewO) vorlegen. Versicherungsberater/innen, die ausschließlich beratend tätig sind und keine Versicherungen vermitteln, müssen eine Gewerbeerlaubnis nach § 34 e GewO vorlegen. Die sogenannten Versicherungsvermittler/innen benötigen keine Erlaubnis, wenn sie ihre Tätigkeit ausschließlich im Auftrag eines Versicherungsunternehmens ausüben und dieses Unternehmen die uneingeschränkte Haftung für die Vermittlungstätigkeit übernimmt. Sie müssen sich aber dennoch bei der zuständigen IHK registrieren lassen. Bei der Industrie- und Handelskammer müssen Versicherungsvermittler/innen sich für eine Registrierungsform entscheiden, entweder als gebundene/r Vermittler/in (Agent/in) oder als Makler/in.

Bislang war man davon ausgegangen, dass es in Deutschland 500.000 Versicherungsvermittler/innen gibt. Die Vermittlerrichtlinie, die zum Mai 2007 in Kraft trat, sah vor, dass sich bis 31. Dezember 2008 alle Versicherungsvermittler/innen bei den zuständigen Industrie- und Handelskammern zu registrieren hätten. Auch diese lange Frist scheint viele Vermittler/innen zu überfordern, da im Dezember 2008 noch eine so große Flut von Anträgen eingereicht wurde, dass die Frist noch einmal für drei Monate verlängert wurde. In der Branche war das Rätselraten, wie viele Vermittler/innen es denn nun tatsächlich gibt, groß. Nach Recherchen der Zeitschrift Cash vom März 2009 waren bis 2. Januar 2009 insgesamt 234.000 Vermittler/innen erfasst worden. Man rechnet insgesamt mit 250.000 registrierten Vermittlern und Vermittlerinnen. Davon sind circa 180.000 gebundene Versicherungsvertreter/innen, die keine Erlaubnis benötigen. Neben den Einfirmenversicherungsvertretern finden sich aber auch etwa 30.000 Versicherungsvertreter/innen mit Erlaubnis. Hinter dieser Gruppe verbergen sich häufig freie Handelsvertreter/innen, die für sogenannte Strukturvertriebe arbeiten und auch nur auf deren Produktauswahl zurückgreifen dürfen. Diese Strukturvertriebe, die häufig drei Großbuchstaben als Firmennamen angeben, arbeiten ausschließlich mit freien Vertretern und Vertreterinnen, die wiederum ausschließlich von den Provisionen leben müssen. Sowohl für die gebundenen Einfirmenvertreter/innen als auch für die Versicherungsvertreter/innen mit Erlaubnis gilt, dass sie im Auftrag einer oder mehrerer Gesellschaften vermitteln.

Anders ist dieses jedoch bei den Versicherungsmaklern und Versicherungsmaklerinnen. Sie sollen traditionell auf der Seite ihrer Kunden und Kundinnen stehen. Im sogenannten Sachwalterurteil stellte der Bundesgerichtshof (BGH) 1985 klar, dass die Versicherungsmakler/innen als »treuhänderische Sachwalter/innen« ihrer Kunden und Kundinnen anzusehen sind. »Er hat als Vertrauter und Berater des Versicherungsnehmers individuellen, für das betreffende Objekt passenden Versicherungsschutz oft kurzfristig zu besorgen«, so der BGH in der Urteilsbegründung. Das bedeutet, dass Versicherungsmakler/innen unabhängig tätig sind und sich keinesfalls an bestimmte Versicherungsunternehmen binden dürfen. Vermittler/innen müssen beim ersten Kontakt mit einem potenziellen Kunden die Erstinformationen, die unter anderem den Vermittlertyp angeben, offenlegen. Interessierte haben die Möglichkeit, unter www.vermittlerregister.info zu erfahren, welche Registrierung vorliegt. Dennoch sagt diese Registrierung nur bedingt etwas über die Qualität der Beratungsleistung aus. Selbst bei Versicherungsmaklern und Versicherungsmaklerinnen, die aufgrund ihrer Sachwaltertätigkeit für Schäden geradestehen müssen, findet sich vom »Einzelkämpfer«, der »von zu Hause aus nur im Außendienst tätig ist« bis zum Spezialmakler mit mehr als 100 Angestellten ein breites

Spektrum. Interessierte sollten sich deshalb die Frage stellen, wie wichtig ihnen eine qualifizierte Beratung ist.

Eine Studie der GfK belegt, dass sich Deutsche im Durchschnitt 48 Stunden mit dem Kauf eines neuen Autos beschäftigten, aber nur 1,5 Stunden mit dem Kauf einer Versicherung. Da verwundert es nicht, wenn so viele unnötige und teure Versicherungen verkauft werden können. Wer nachhaltig betreut werden möchte, ist möglicherweise gut beraten, den/die Makler/in in ihrem Büro aufzusuchen und von Hausbesuchen Abstand zu nehmen. Ein Büro vermittelt in der Regel einen ersten Eindruck von der Solidität. Weiterhin ist es für viele leichter, ohne Vertragsabschluss ein Büro zu verlassen, als den/die Vermittler/in aus der eigenen Wohnung zu bitten.

Da vor allem kapitalbildende Versicherungen mit langen Laufzeiten versehen sind und Kündigungen zu erheblichen finanziellen Verlusten führen, sollte eine ausführliche vorherige Prüfung erfolgen – eine Versicherung ist schließlich kein Staubsauger, den man an der Haustüre kauft. So gilt seit dem 1. Januar 2008 in Deutschland ein verbesserter Schutz der Verbraucher/innen über das neue Versicherungsvertragsgesetz (VVG). Durch die neuen Regelungen werden die Rechte der Versicherungsnehmer/innen gegenüber den Versicherern in vielen Bereichen erheblich gestärkt und die Transparenz im gesamten Versicherungsrecht verbessert. Nach Aussagen des Bundesjustizministeriums können die Versicherten sich künftig einfacher und umfassender als bisher über ihre Rechte und Pflichten informieren. Ihnen müssen künftig rechtzeitig vor dem Vertragsschluss die wesentlichen Unterlagen und Informationen zur Verfügung gestellt werden. Wer mehr darüber wissen möchte, welche Rechte Versicherungsnehmer/innen gegenüber den Versicherern haben und welche Pflichten zu beachten sind, kann die Informationsbroschüre »Das neue Versicherungsvertragsgesetz« unter www.ssl.bmj.de herunterladen oder sie direkt beim Bundesjustizministerium bestellen.

Alle haben die Möglichkeit, sich gut auf ein solches Gespräch vorzubereiten. Interessierte, die Geld anlegen möchten, können auf den bereits erwähnten Fragebogen des Verbraucherministeriums zurückgreifen. Seriöse Versicherungsvermittler/innen arbeiten mit einem umfangreichen Risikoerfassungsbogen, den sie gemeinsam mit den Interessierten ausfüllen. Eine Kopie des Fragebogens kann man dann zuhause in Ruhe durchlesen und überprüfen, ob alles richtig erfasst worden ist. Wenn dies der Fall ist, kann abgeglichen werden, ob die Vorschläge den Wünschen entsprechen. Alle Vorschläge sollten dann noch einmal in Ruhe überprüft und eventuell verglichen werden. Eine solche Vorgehensweise ermöglicht es, den gewünschten Versicherungsschutz oder die gewünschte Altersvorsorge zu finden.

Nachhaltige Anlage- und Versicherungsberatung

Laut Ergebnis einer vom Institut für Markt, Umwelt und Gesellschaft, Hannover, durchgeführten repräsentativen Befragung privater Anleger/innen zu ethischen und nachhaltigen Kapitalanlagen, wachsen die Bekanntheit und das Interesse an ethisch-ökologischen Geldanlagen in Deutschland. Während in früheren Untersuchungen das Interesse an sozial-ökologischen Geldanlagen bei 26 % lag, gaben in der neueren Erhebung aus dem Jahre 2001 44 % der Befragten an, Interesse an solchen Geldanlagen zu haben. Allerdings klafft zwischen Interesse, bekundeten Verhaltensabsichten und dem tatsächlichen Verhalten häufig eine deutliche Lücke (imug-muk-Arbeitspapier 13/2001, S. 3). Nur 3 % der Befragten gaben an, dass ihnen bereits einmal ein sozial-ökologisches Wertpapier angeboten wurde und nur 0,68 % der Befragten haben tatsächlich in einen solchen Fonds investiert. Häufig wurde als Grund angegeben, dass den Befragten unklar war, wo solche Fonds erhältlich und wo zuverlässige Informationen zu erhalten sind. So gaben 42 % der Befragten, die sozial-ökologische Geldanlagen kennen, aber noch kein Geld in solche Anlagen investiert haben, an, dass es schwierig sei, überhaupt zuverlässige Informationen zu diesen Fonds zu bekommen. Und 36,6 % der Befragten war es gänzlich unbekannt, wo man diese Fonds erhält. Das Institut kommt zu dem Ergebnis, dass dieses auf einen hohen Kommunikations- und Informationsbedarf schließen lässt. Auch wenn sich die Ergebnisse nur auf Fonds beziehen, kann davon ausgegangen werden, dass es sich bei Vorsorgeprodukten ähnlich verhält.

Anleger/innen, die auf der Suche nach nachhaltigen Kapitalanlagen sind und überdies klare Vorstellungen davon haben, welche ethischen, ökologischen und sozialen Ansprüche erfüllt werden sollen, werden bei den meisten Anlageberatern, Anlageberaterinnen, Versicherungsvermittlern und Versicherungsvermittlerinnen häufig enttäuscht werden. Nachhaltigkeit ist zwar zum Modetrend geworden und jede Bank und Fondsgesellschaft bietet mittlerweile das eine oder andere nachhaltige Produkt in der Produktpalette an, aber es mangelt doch an umfassenden Kenntnissen der Berater/innen. Die bereits vorgestellten »grünen, ethischen, ökologischen Banken« (etwa GLS Bank, UmweltBank, EthikBank, Steyler Bank) sind sicherlich in der Lage, ihre Kunden und Kundinnen umfassend und kompetent im Hinblick auf diese Fragestellungen beraten zu können. Doch was machen Interessierte, die von unabhängigen Finanzdienstleistern und Finanzdienstleisterinnen beraten werden möchten? Mittlerweile gibt es einige Berater/innen, die sich explizit mit dieser Thematik beschäftigen. Einige von ihnen können neben ihrer fundierten fachlichen Qualifikation als Anlagerberater/in oder Versicherungsvermittler/in auch eine weiterführende Qualifikation im Bereich nachhaltige Kapitalanlagen vorweisen.

Der Fernlehrgang »ecoanlageberater/in«, den die ECOeffekt GmbH anbietet, bildet zum/zur »Fachberater/in für nachhaltiges Investment« aus. Teilnehmen können Kundenberater/innen bei nachhaltigen Banken oder kirchlichen Banken, bei Sparkassen, bei Großbanken, aber auch freie Finanzberater/innen oder Versicherungsfachmänner und -frauen. Der Lehrgang soll fundierte Kenntnisse zum Markt des nachhaltigen Investments, zu seinen Akteuren, Mechanismen und zum Angebotsspektrum vermitteln und die Teilnehmer/innen in die Lage versetzen, nachhaltige Finanzprodukte sachgerecht zu bewerten und Interessenten qualifiziert zu beraten.

Auf der Internetseite: www.eco-anlageberater.de finden sich in der sogenannten »Hall of Fame« die Absolventen und Absolventinnen der Lehrgänge. Da vor allem Frauen Interesse an nachhaltigen Kapitalanlagen bekunden, hat der Bundesverband unabhängiger Finanzdienstleisterinnen (BuF) einen eigenen Arbeitskreis »Nachhaltiges Investment« gebildet, in dem sich die Finanzdienstleisterinnen mit Beratungsschwerpunkt nachhaltige Finanzprodukte regelmäßig treffen und austauschen und überdies die anderen Mitglieder des Verbandes über die Entwicklungen in diesem Bereich informieren. Das Forum Nachhaltige Geldanlagen (FNG) wiederum ist ein Zusammenschluss von über 80 Unternehmen und Organisationen, die sich für nachhaltige Geldanlagen einsetzen. Es ist in Deutschland, Österreich und der Schweiz aktiv und Gründungsmitglied des europäischen Dachverbandes Eurosif. Auf der Internetseite www.forum-ng.de finden sich auch einige Finanzberater/innen für nachhaltiges Investment. Eine weitere Möglichkeit bietet die Internetseite des ECOreporters (www.ecoreporter.de). Allerdings gilt es auch hier sorgfältig zu prüfen, welche Produktpalette zur Auswahl steht. Einige der größeren Finanzdienstleistungsunternehmen in diesem Segment sind nicht als unabhängige Versicherungsmakler/innen tätig, sondern an ein oder mehrere Versicherungsgesellschaften gebunden. Des Weiteren gibt es Finanzdienstleister/innen, die sowohl Exklusivprodukte im Versicherungs- wie im Fondsbereich anbieten. Für Kunden und Kundinnen bringt das natürlich lediglich eingeschränkte Auswahlmöglichkeiten mit sich.

Wer unabhängig und kompetent beraten werden möchte, sollte vor dem Erstkontakt einen Blick in das sogenannte Impressum der Internetseite des Unternehmens werfen. Dort müssen Angaben über die Registrierung und die Unternehmenstätigkeit zu finden sein. Auch können Interessierte dort erkennen, ob es sich um ein Finanzdienstleistungsinstitut handelt, das über alle Finanzdienstleistungsinstrumente beraten darf, oder ob es sich um einen/eine Fondsvermittler/in handelt. Denn leider sagt eine ansprechende Internetseite oder ein ansprechender Auftritt mit dem Bekenntnis »für eine bessere Welt« nichts über die Seriosität und die Kompetenz der Finanzdienstleisterin oder des Finanzdienstleisters aus. Diese müssen die Anleger/innen in Ruhe selbst überprüfen.

Was Sie beachten sollten!

Jahr für Jahr entsteht in Deutschland ein Schaden zwischen 20 und 30 Milliarden Euro aufgrund fehlerhafter Beratung in Sachen Altersvorsorge, Vermögensaufbau und Kapitalanlage. Die Gründe dafür liegen einerseits bei der fast ausschließlich provisionsorientierten Beratung und andererseits bei mangelnden Kenntnissen der Verbraucher/innen.

Der deutsche Finanzdienstleistungsmarkt ist gekennzeichnet durch ein unübersichtliches Nebeneinander von gebundenen und ungebundenen Beratern und Beraterinnen mit ganz unterschiedlichen Beratungskompetenzen. Verbraucher/innen bemerken häufig überhaupt nicht, dass angeblich unabhängige Finanzdienstleister/innen an ein Unternehmen gebunden sind und auch nur dessen Produkte verkaufen können und wollen.

Seit 2007 gelten zwar deutlich verschärfte Anforderungen an die Beratungen. Wie das Beispiel Lehmann-Zertifkate zeigt, hat dies aber nicht immer zur Verbesserung des Anleger/innenschutzes beigetragen. Deshalb hat das Verbraucherschutzministerium bereits weitere Maßnahmen zur Verbesserung des Verbraucher/innenschutzes angekündigt.

Wer sich in Deutschland im Bereich Finanzdienstleistungen beraten lassen möchte, steht vor einer Flut von Anbietern. Neben den Banken findet sich eine sehr große Zahl von Anlageberatern und Anlageberaterinnen. Einige von ihnen besitzen die Erlaubnis, in allen Fragen über alle sogenannten Finanzinstrumente beraten zu dürfen, andere haben lediglich eine Erlaubnis, Fonds zu vermitteln.

Doch nicht nur das Beratungsspektrum ist aus Anleger/innensicht von Bedeutung, sondern auch die Unabhängigkeit der Beratung. Hier muss genau geprüft werden, ob nur die hauseigenen Produkte vermittelt werden oder ob eine größere Auswahl besteht. Auch im Bereich der Versicherungsvermittlung müssen Interessierte vorher prüfen, welche Dienstleistung angeboten wird. Handelt es sich um einen gebundenen Agenten, eine gebundene Agentin, der/die im Auftrag eines oder mehrerer Versicherungsunternehmen handelt, oder ist ein/e unabhängige/r Versicherungsmakler/-in als »Sachwalter des Kunden« tätig?

Auch bei den sogenannten unabhängigen Vermittlern und Vermittlerinnen sollte vorher genau geprüft werden, wie unabhängig diese wirklich sind und vor allem, ob die Kompetenz ausreichend ist. Zusätzlich ist zu prüfen, wie nachhaltig die Maklerin oder der Makler ihr/sein Unternehmen aufgestellt hat oder ob es sich um eine »Eintagsfliege« handelt, die mangels Geschäftserfolgs bald wieder von der Bildfläche verschwindet. Menschen, die nicht nur eine kompetente und unabhängige Finanzberatung suchen, sondern überdies ökologische, ethische und soziale Anforderungen an ihre Geldanlagen und Versicherungsprodukte stellen, müssen noch genauer hinsehen. Denn dieser junge Zweig in der Finanzdienstleistung bietet kein einheitliches Bild.

In diesem komplexen, schwer überschaubaren Finanzdienstleistungsmarkt treffen die Ausführungen von Margarete Mitscherlich den Kern:

»Natürlich können wir nicht alles wissen. Dazu sind die Zusammenhänge in der Tat viel zu komplex. Selbst Banker und Börsenprofis begreifen sie nicht vollkommen. Aber Sie müssen sich das Wissenwollen als Ideal setzen. Jeder von uns kann und muss sich schlaumachen, damit er nicht allein auf Treu und Glauben angewiesen ist, sondern wenigstens die richtigen Fragen stellen kann, bevor er ein Geschäft tätigt, baut oder sein Erspartes in ein bestimmtes Papier investiert. Wir alle müssen leider Gottes unsere Kindlichkeit aufgeben.«

Resümee

Anlegerinnen und Anleger haben im vergangenen Jahr nicht nur durch die weltweite Finanzkrise sehr viel Geld verloren. Eine Studie im Auftrag des Verbraucherschutzministeriums konnte belegen, dass Anleger/innen hierzulande jährlich auch noch fast 30 Milliarden Euro infolge schlechter Anlageberatung verlieren. Der Hauptgrund für die schlechte Beratungsleistung liegt im Vergütungssystem der Branche, die ihre Einkommen aus Provisionen für verkaufte Finanzprodukte und nicht aus Honoraren für Beratungsleistungen erzielt.

Diese provisionsabhängigen Berater/innen treffen dann in der Regel auf Anleger/innen, die sich kaum für das Thema Geld interessieren. Die Empfehlung an die Politik lautet deshalb, bereits in der Schule Fachwissen im Hinblick auf Geldanlagen und Altersvorsorge zu vermitteln. Anleger/innen sollten nämlich wissen, wie der Finanzmarkt funktioniert und wohin ihr Geld fließt, denn ansonsten können nicht nur hohe Verluste eintreten, auch über viele Jahre angespartes Kapital kann vernichtet werden.

Anleger/innen sollten sich aber auch bewusst machen, welche Folgen auftreten, wenn nur die Rendite im Vordergrund steht und andere Aspekte einer Anlage wie Sicherheit und Verfügbarkeit außer Acht gelassen werden. Nachhaltige Kapitalanlagen bieten eine echte Anlagealternative, da ihnen ein ganzheitlicher Ansatz zugrunde liegt: Die bekannten Anlageziele Sicherheit, Verfügbarkeit und Rentabilität stehen hier gleichberechtigt neben sozialen und ökologischen Aspekten.

Entscheidend ist aber auch hier, dass kurzfristiges Gewinnstreben durch langfristiges Denken und Handeln abgelöst wird und Anlagegelder besser und nachhaltiger gesichert werden. Ein Blick auf den umfangreichsten nachhaltigen Aktienindex den Dow Jones Sustainability Index (DJSI World) zeigt, dass dieser sowohl in den Krisenmonaten als auch im Langfristvergleich deutlich besser abschneiden konnte, als der »große Bruder«, der MSCI World Index. Seit 1999 entwickelte sich der DJSI World im Schnitt um drei Prozent pro Jahr besser als der MSCI World.

Dennoch darf dieses hervorragende Abschneiden nicht darüber hinwegtäuschen, dass es einige Unternehmen in der Krise arg gebeutelt hat und

Anleger/innen, die auf den »Megatrend Klimawandel« gesetzt hatten, sehr starke Kursverluste verkraften mussten. An dieser Stelle wird ein Dilemma des nachhaltigen Investments deutlich: Es gib keine einheitliche Definition und unter dem Oberbegriff »Sustainability Investments« findet sich ein breites Spektrum an Anlageformen mit sehr unterschiedlicher Krisenfestigkeit.

In der Gruppe nachhaltiger Investmentfonds beispielsweise finden sich Fonds mit strengen öko-sozialen Kriterien, die manche Industrien ganz ausschließen, bis hin zu sogenannten Themenfonds, die auf Umwelttechnologie, Infrastruktur oder erneuerbare Energien setzen. Dazwischen gibt es eine Menge Varianten, von Best-in-class-Ansätzen mit einem sehr großen Anlageuniversum bis hin zu Fonds mit strengen ethischen Auswahlkriterien. Technologiewerte sind in einem positiven Börsenumfeld große Renditebringer, stürzen aber bei Börsenkrisen umso mehr ab. Da schützt auch keine ökologische Ausrichtung. Diese Anlageformen eignen sich deshalb auch nicht als Basisinvestment, sondern sind etwas für erfahrene Anleger/innen, die auch extreme Kursschwankungen verkraften können.

Aus diesem Grund wurde der Fokus in diesem Finanzratgeber nicht auf das Trendthema »Nachhaltigkeit« mit Blick auf das andere Trendthema »Klimawandel« gelegt, sondern auf die mittlerweile große Angebotspalette nachhaltiger Anlageformen. Diese reicht von Aktien über Anleihen bis zur Riester-Rente. Für jedes Budget steht eine passende nachhaltige Anlagevariante zur Verfügung. Unter »nachhaltige Geldanlagen« wird dabei verstanden, dass Kapital in Unternehmen fließt, die sozial, ökologisch und ökonomisch verantwortungsvoll wirtschaften. Diese Gesellschaften sorgen für gute und sichere Arbeitsbedingungen und faire Entlohnungen nicht nur für die Mitarbeiter und Mitarbeiterinnen, sondern auch für die Zulieferer. Des Weiteren versuchen diese Unternehmen, natürliche Ressourcen zu schonen und vermeiden Umweltverschmutzung. Darüber hinaus wirtschaften sie ethisch verantwortungsvoll und wirtschaftlich solide, um langfristig am Markt bestehen zu können. Doch nicht nur über ein Engagement, beispielsweise in Form von Aktien, können Anleger und Anlegerinnen nachhaltige Kriterien umsetzen, sondern auch über den Kauf von Staatsanleihen, indem sie nur Staaten berücksichtigen, die Menschenrechte achten, Korruption verhindern, Umweltschutz betreiben und für Wohlstand und Chancengleichheit sorgen.

Anleger/innen können durch eine bewusste Entscheidung für solche Unternehmen oder Staaten Kapitalströme umleiten und damit ihren Beitrag dazu leisten, dass die Menschen in einer sauberen Umwelt leben können, dass die biologische Vielfalt erhalten bleibt, dass Armut bekämpft und ein Schritt in Richtung sozialer Gerechtigkeit gegangen wird. Das Buch hat gezeigt, dass damit kein Renditeverlust einhergehen muss, sondern im Gegenteil häufig bessere und sichere Renditen zu erwarten sind.

Die Entscheidung für nachhaltiges Investment verlangt aber von vielen ein Umdenken im Hinblick auf ihr bisheriges Geldanlageverhalten, denn sie müssen sich besser informieren. Es reicht nicht mehr aus, nur nach der Rendite zu fragen, sondern es ist erforderlich nachzufragen, wohin das Geld fließt und wie die Rendite erzielt wird. Nachhaltig orientierte Anleger und Anlegerinnen machen das »Wissenwollen« zur Grundlage ihrer Anlageentscheidung und fragen gezielt nach, was mit ihrem Geld geschieht.

Damit haben sie nicht nur die Chance, finanzielle Desaster wie in der aktuellen Wirtschaftskrise zu vermeiden, sondern erzielen überdies einen ökologischen und sozialen Mehrwert und damit sogar eine doppelte Rendite.

ANHANG

Informationen rund um ...

... Aufsicht:

Bundesanstalt für Finanzdienstleistungsaufsicht (BaFin)
Graurheindorferstraße 108, D-53117 Bonn
www.bafin.de

Deutscher Industrie- und Handelskammertag e.V.
Breite Straße 29, D-10178 Berlin
www.vermittlerregister.info

... Bauen und Wohnen:

Bundesministerium für Verkehr, Bau und Stadtentwicklung
Referat Öffentlichkeitsarbeit
Invalidenstraße 44, D-10115 Berlin
www.bmvbs.de

KfW – Kreditanstalt für Wiederaufbau
Palmengartenstraße 5–9, D-60325 Frankfurt a. M.
www.kfw-foerderbank.de

Öko-Institut e.V.
Geschäftsstelle Freiburg
Merzhauserstraße 173, D-79100 Freiburg
www.oeko.de

Verband Wohneigentum e.V.
Neefestraße 2a, D-53115 Bonn
www.verband-wohneigentum.de

... erneuerbare Energien:

Agentur für Erneuerbare Energien e.V.
Reinhardtstraße 18, D-10117 Berlin
www.unendlich-viel-energie.de

Bundesumweltministerium
Referat Öffentlichkeitsarbeit, D-11055 Berlin
www.erneuerbare-energien.de

Bundesverband BioEnergie e.V. (BBE)
Godesberger Allee 142–148, D-53175 Bonn
www.bioenergie.de

Bundesverband Deutscher Wasserkraftwerke (BDW) e.V.
Reinhardtstraße 18, D-10117 Berlin
www.wasserkraft-deutschland.de

Bundesverband Erneuerbare Energie e.V. (BEE)
Reinhardtstraße 18, D-10117 Berlin
www.bee-ev.de

Bundesverband Solarwirtschaft (BSW-Solar) e.V.
EnergieForum
Stralauer Platz 34, D-10243 Berlin
www.solarwirtschaft.de

Bundesverband WindEnergie e.V.
Herrenteichsstraße 1, D-49074 Osnabrück
www.wind-energie.de

Deutsche Gesellschaft für Sonnenenergie e.V.
Emmy-Noether-Straße 2, D-80992 München
www.dgs.de

Fachverband Biogas e.V.
Angerbrunnenstraße 12, D-85356 Freising
www.biogas.org

Geothermische Vereinigung –
Bundesverband Geothermie e.V.
Gartenstraße 36, D-49744 Geeste
www.geothermie.de

... Finanzdienstleistungen:

Bank für Kirche und Caritas eG
Kamp 17, D-33098 Paderborn
www.bkc-paderborn.de

BANK IM BISTUM ESSEN eG
Gildehofstraße 2, D-45127 Essen
www.bibessen.de

Bundesverband unabhängiger Finanzdienstleisterinnen (BuF) e.V.
Kaiserstraße 139–141, D-53113 Bonn
www.finanzexpertinnen.de

ECOeffekt GmbH
Weidenbohrerweg 15, D-44269 Dortmund
www.eco-anlageberater.de

EthikBank
Zweigniederlassung der Volksbank Eisenberg eG
Martin-Luther-Straße 2, D-07607 Eisenberg
www.ethikbank.de

Forum Nachhaltige Geldanlagen e.V.
Rauchstraße 11, D-10787 Berlin
www.forum-ng.de

GLS Bank
Christstraße 9, D-44789 Bochum
www.gls.de

Steyler Bank GmbH
Arnold-Janssen-Straße 22, D-53757 Sankt Augustin
www.steyler-bank.de

Triodos Finanz GmbH
Kasseler Straße 1A – Ökohaus, D-60486 Frankfurt a. M.
www.triodos.de

UmweltBank AG
Laufertorgraben 6, D-90489 Nürnberg
www.umweltbank.de

… Hintergründe:

Germanwatch e.V.
Dr. Werner-Schuster-Haus
Kaiserstraße 201, D-53113 Bonn
www.germanwatch.org

SÜDWIND e.V.
Institut für Ökonomie und Ökumene
Lindenstraße 58–60, D-53721 Siegburg
www.suedwind-institut.de

… Kapitalanlagegesellschaften/Banken:

Bank Sarasin & Cie AG
Elisabethenstraße 62, CH-4002 Basel
www.sarasin.ch

BankInvest Group
Ludwigshöhe 1, D-82064 Strasslach
www.bankinvest.com

Dr. Höller
Vermögensverwaltung und Anlageberatung AG
Talstraße 58, CH-8022 Zürich
www.hoeller.ch

KBC Bank Deutschland AG
Wachtstraße 16, D-28195 Bremen
www.kbcfonds.de

KEPLER-FONDS Kapitalanlagegesellschaft m.b.H
Europaplatz 1a, A-4020 Linz
www.kepler.at

ÖKOWORLD LUX S. A. Repräsentanz GmbH.
ProACTIV-Platz 3, D-40721 Hilden
www.oekoworld.com

Pictet & Cie
Route des Acacias 60, CH-1211 Genf 73
www.pictet.com

SAM Sustainable Asset Management AG
Josefstraße 218, CH-8005 Zürich
www.sam-group.com

Swisscanto Holding AG
Nordring 4, CH-3000 Bern 25
www.swisscanto.ch

VCH Investment Group AG
Grüneburgweg 18, D-60322 Frankfurt a. M.
www.vch-fonds.de

Zürcher Kantonalbank
Bahnhofstraße 9, CH-8001 Zürich
www.zkb.ch

... Mikrofinanz:

Invest in Visions GmbH
Kennedyallee 119 a, D-60596 Frankfurt a. M.
www.investinvisions.de

Oikocredit
Geschäftsstelle Deutschland
Ebertplatz 12, D-50668 Köln
www.oikocredit.org

responsAbility Social Investments AG
Josefstraße 59, CH-8005 Zürich
www.responsability.com

... nachhaltige Finanzanlagen:

Care Group AG
Gartenstraße 36, Ch-8002 Zürich
www.caregroup.ch

DAS INVESTMENT – Fonds & Friends Verlagsgesellschaft mbH
Goldbekplatz 3–5, D-22303 Hamburg
www.dasinvestment.com

ECOreporter.de AG
Weidenbohrerweg 15, D-44269 Dortmund
www.ecoreporter.de

Finance & Ethics Academy
software-systems.at, Börsensoftware & Datenbankservice GmbH
A-9103 Diex 204
www.fea.at

GreenTec Invest AG
Mariahilferstraße 19–21/25, A-1060 Wien
www.greentecinvest.com

greenValue GmbH
Happurger Straße 118b, D-90482 Nürnberg
www.greenvalue.de

Internationales Wirtschaftsforum Regenerative Energien (IWR)
Das unabhängige Institut für Regenerative Energiewirtschaft
Soester Straße 13, D-48155 Münster
www.iwr.de

nachhaltiges investment
Dr. Paschen v. Flotow, Sustainable Business Institute (SBI)
Burgstraße 4, D-65375 Oestrich-Winkel
www.nachhaltiges-investment.de

ÖGUT – Österreichische Gesellschaft für Umwelt und Technik
Hollandstraße 10/46, A-1020 Wien
www.gruenesgeld.at

ÖKO Invest Börsenbrief
Öko-Invest-Verlag, Max Deml
Schweizertalstraße 8–10/5, A-1130 Wien
www.oeko-invest.de

… Rating-Agenturen:

imug Beratungsgesellschaft für sozial-ökologische Innovationen mbH
Brühlstraße 11, D-30169 Hannover
www.imug.de

INrate AG
Binzstraße 23, CH-8045 Zürich
www.inrate.ch

oekom research AG
Goethestraße 28, D-80336 München
www.oekom-research.com

SÜDWIND e.V.
Institut für Ökonomie und Ökumene
Lindenstraße 58–60, D-53721 Siegburg
www.suedwind-institut.de

Sustainalytics
(bis Februar 2009 scoris GmbH)
Kasseler Straße 1 A, D-60486 Frankfurt am Main
www.sustainalytics.de

… Schlichtungsstellen:

Ombudsmann Private Kranken- und Pflegeversicherung
Postfach 06 02 22, D-10052 Berlin
www.pkv-ombudsmann.de

Versicherungsombudsmann e.V.
Postfach 08 06 32, D-10006 Berlin
www.versicherungsombudsmann.de

… Schutz für Verbraucher/innen:

Bundesministerium für Ernährung, Landwirtschaft und Verbraucherschutz (BMELV)
Dienstsitz Bonn: Rochusstraße 1, D-53123 Bonn
www.bmelv.de

Stiftung Warentest
Lützowplatz 11–13, D-10785 Berlin
www.test.de

Verbraucherzentrale Bundesverband e.V. – vzbv
Markgrafenstraße 66, D-10969 Berlin
www.vzbv.de

Literaturverzeichnis

Axel Springer Financial Media GmbH: Grünes Geld – chancenreiche Investments für jedes Depot. €uro/Spezial, 08/2008.

Axel Springer Financial Media GmbH: Wo Ihr Geld sicher ist. €uro/Finanzen, 11/2008, S. 48–59.

Baumann, Michael, et al.: Meine Rente – unsere Zukunft. Nachhaltiges Investment – zukunftsfähige Altersvorsorge. GERMANWATCH e.V., 2003.

bbg Betriebsberatungs GmbH (Hrsg.): Schwerpunkt: Unternehmen Zukunft – Nachhaltigkeit & Rohstoffe. Asset avenue, 03/2009, S. 12–60.

Bieler, Thomas; Hammer, Thomas: ARD-Ratgeber Geld: Sparen und Geldanlage. vgs, Köln, 2003.

Bloss, Michael; Ernst, Dietmar; Häcker, Joachim; Eil, Nadine: Von der Subprime-Krise zur Finanzkrise. Immobilienblase: Ursachen, Auswirkungen, Handlungsempfehlungen. Oldenbourg, München, 2009.

Böckhoff, Michael: Der Finanzplaner. Handbuch der privaten Finanzplanung und individuellen Finanzberatung. Verl. Recht und Wirtschaft, Heidelberg, 2. Aufl., 2004.

Bundesamt für Finanzdienstleistungsaufsicht: BaFinJournal, 07/2007.

Bundesministerium der Justiz: Das neue Versicherungsvertragsgesetz. Berlin, 2008.

Bundesministerium für Ernährung, Landwirtschaft und Verbraucherschutz: Checkliste und Beratungsprotokoll für Verbraucher. 16.03.2009.

Bundesministerium für Umwelt, Naturschutz und Reaktorsicherheit: Mehr Wert: Ökologische Geldanlagen. 4. vollständig überarbeitete und erweiterte Auflage, Berlin, 2002.

Bundesministerium für Umwelt, Naturschutz und Reaktorsicherheit: Klimaschutz durch Nutzung erneuerbarer Energien. Bonn, 31.10.1999.

Bundesverband Investment und Asset Management e.V. (Hrsg.): Offene Immobilienfonds als wesentlicher Baustein einer erfolgreichen Asset Allocation. Frankfurt/Main, 2008.

Bundesverband WindEnergie e.V. (Hrsg.): Mit einer grünen Anlage schwarze Zahlen schreiben. Tipps für Ihre Beteiligung an einem Windkraftprojekt. 3. erweiterte und überarbeitete Auflage, 2004.

Dahm, Wolfgang: Beraten und verkauft. Die Methoden der Strukturvertriebe. Gabler, Wiesbaden, 1996.

Deml, Max; Gelbrich, Jutta; Prinz, Kirsten; Weber, Jörg: Rendite ohne Reue. Handbuch für die ethisch-ökologische Geldanlage. Eichborn, Franfurt/Main, 1996.

Deml, Max; May, Hanne: Grünes Geld. Jahrbuch für ethisch-ökologische Geldanlagen 2005/2006. Balance-Verlag, Stuttgart, 2005.

Detering, Michael: Die gläserne Bank. In: Handelsblatt, 13.01.2009, S. 27.

ECOreporter.de: Der verantwortungsvolle Umgang mit Mikrofinanzkunden steht im Mittelpunkt. Interview mit Michèle Chevin, ResponsAbility Global Microfinance Fund. www.ecoreporter.de, 04.02.2009.

ECOreporter.de: Geld-Lobby für Nachhaltigkeit. In: Welche Macht hat Ihr Geld? ECOreporter 2/2008. S. 6–7.

ECOreporter.de: Holzinvestments: Grüne Lunge für's Depot. In: Welche Macht hat Ihr Geld? ECOreporter 2/2008, S. 90–43.

Eder, Emmeran: Wald sorgt in Krisenzeiten für Balance. Börse online, 10/2009, S. 48.

Ehlert, Stefan: Wangari Maathai – Mutter der Bäume. Die erste afrikanische Friedensnobelpreisträgerin. Herder, Freiburg, 2004.

Euler, Christian: Gewinne mit gutem Gewissen. In: Süddeutsche Zeitung, 7.11.2008.

Eurosif (Hrsg.): Eurosif-Transparenz-Leitlinien für Publikumsfonds. Paris, o.J.

Faust, Martin; Scholz, Stefan (Hrsg.): Nachhaltige Geldanlagen. Produkte, Strategien und Beratungskonzepte. Frankfurt School, Frankfurt/Main, 2008.

Feri Rating & Research GmbH (Hrsg.): FondsGuide Deutschland 2009. Ratgeber Investmentfonds. Schäffer-Poeschel, Stuttgart, 2008.

Fidelity International (Hrsg.): Behavioural Finance: Der Reiz der Herde zu folgen. Frankfurt/Main, Juni 2008.

Fidelity International (Hrsg.): Market Timing – die besten Tage verpasst. Frankfurt/Main, September 2008.

Financial Times Deutschland (Hrsg.) Nachhaltige Immobilien lohnen sich. 03.08.2008.

FONDS professionell: Änderungen im Wertpapierhandelsgesetz noch im Sommer. Fonds professionell, 04/2009.

FONDS professionell: Kleines Geld, große Wirkung. FONDS professionell, 4/2008.

FONDS professionell: Kollektive Talfahrt? FONDS professionell, 4/2006.

FONDS professionell: Was brachte Markowitz? FONDS professionell, 1/2009.

Forum Nachhaltige Geldanlagen e.V. (Hrsg.): Nachhaltige Geldanlagen. Investieren in eine bessere Zukunft. Berlin, o.J.

Forum Nachhaltige Geldanlagen e.V. (Hrsg.): Statusbericht Nachhaltiger Anlagemarkt 2008. Deutschland, Österreich und die Schweiz. Berlin, 2008.

Gerbert, Frank: Gefühlssache Geld. In: FOCUS Magazin, Nr. 49/2008.

Gerth, Martin: Die Geldverbesserer. Grüne Investments – Das Prinzip des doppelten Gewinns. FinanzBuch, München, 2008.

Gillmann, Wolfgang: Siemens setzt auf Windparks auf hoher See. www.handelsblatt.com, 01.12.2008.

Goldberg, Joachim; Nitzsch, Rüdiger von: Behavioral Finance. Gewinnen mit Kompetenz. FinanzBuch, München, 4. Aufl., 2004.

Graulich, Kathrin; Schmitt, Beate: Private Altersvorsorge – auf dem Weg zur Nachhaltigkeit? Endbericht – Zusammenfassung. Öko-Institut e.V. (Hrsg.), Freiburg, 2003.

Grün, Anselm; Kohrs, Thomas: Ethisch Geld anlegen. Vier Türme-Verlag, Münsterschwarzach, 2008.

Haimann, Richard: Hier gibt es keinen Schutz vor Inflation. In: Welt am Sonntag, 01.03.2009.

Heilmann, Dirk: Shell kehrt Windkraft den Rücken. www.handelsblatt.com, 18.03.2009.

Hesse, Axel: Nachhaltig mehr wert. Der Informationsbedarf von Investoren und Analysten nach branchenspezifischen »Sustainable Development Key Performance Indicators SD-KPIs in Lagebrichten deutscher Unternehmen. Studie, herausgegeben von Deloitte Wirtschaftsprüfungsgesellschaft, 1/2007.

Höfling, Michael: Was will Ihr Berater wirklich? In: Welt am Sonntag, 15.03.2009, S. 42.

Kaiser, Tina: City Boy. Investmentbanker im Sumpf von Sex und Drogen. www.welt.de, 31.08.2008.

Kazim, Hasnain: Mikrokredite. Kleines Geld ganz groß. www.spiegel.de/wirtschaft, 15.02.2009.

Kessler, Wolfgang (Hrsg.): Geld und Gewissen. Kompass für ethisch motivierte Sparer. Publik-Forum, Oberursel, 2000.

Klaffke, Kathrin: Der Markt für sozialökologische Geldanlagen in Deutschland. Ergebnisse einer repräsentativen Privatanlagerbefragung. Imug, Hannover, 2001.

Klingsporn, Martin: Krise, was nun? Börsencrash, Bankenpleiten, Minuswachstum, Rettungspaket... In: Finanzwelt, 06/2008, S. 9–12.

Lange, Kai: Börsen. Dümmer als der Markt erlaubt. www.spiegel.de/wirtschaft, 08.12.2006.

Leisinger, Christof: Basiswissen für Anleger: Portfoliotheorie. www.faz.net, 2009.

Lipsky, Astrid: Die Zukunft ist grün. In: Das Investment, Januar 2009.

Lipsky, Astrid: Grünanlagen gesucht. In: Das Investment, November 2008.

Loipfinger, Stefan: Lizenz zum Bauernfang. Die Selbstbereicherungsstrategien der Fonds-Manager und das Versagen der Finanzkontrolleure. Augsburg, 2008.

Mein Geld (Hrsg.): Mikrofinanz. Mehr als eine nachhaltige Investition. o. O., 2008.

Mitscherlich, Margarete: Finanzkrise: So gehen Sie mit Ihrer Angst um. Interview in: BRIGITTE 24/08.

Müller, Peter: Mehr Rechte für Anleger bei Falschberatung – im Gespräch mit Ilse Aigner. www.handelsblatt.com, 08.01.2009.

Nitsch, Joachim: »Leitstudie 2008«: Weiterentwicklung der »Ausbaustrategie Erneuerbare Energien« vor dem Hintergrund der aktuellen Klimaschutzziele Deutschlands und Europas. Untersuchung im Auftrag des Bundesministeriums für Umwelt, Naturschutz und Reaktorsicherheit. Stuttgart, 2008 (www.erneuerbare-energien.de).

o.A.: Berufstätige Frauen legen weniger fürs Alter zurück. www.handelsblatt.com, 21.07.2006.

o.A.: Die Psychologie der Finanzkrise – Ökonomen wie Robert Shiller wissen, warum es an der Börse immer wieder kracht. FAZ, Sonntagszeitung, 28.12.2008.

o.A.: Gutes Gewissen. Nachhaltig heißt noch nicht krisenfest. In: Süddeutsche Zeitung, 05.03.2009.

o.A.: Grün aus der Krise. In: Wirtschaftswoche, 04.05.2009, S. 94–105.

o.A.: Ist Testosteron schuld an der Finanzkrise? In: Psychologie Heute, 01/2009.

o.A.: Forstinvestment. Grün im Portfolio. Kurs (Zeitschrift für Finanzdienstleistung aus der Verlagsgruppe Handelsblatt), 02/2009, S. 38.

o.A.: Kundenbefragungsbogen D/Risikoaufklärung. Jung, DMS & Cie., 2008.

o.A.: Nachhaltige Geldanlagen. Beteiligungsreport, Quartal 1/2009, S. 14–31.

oekom research: Aktuelles Länderrating von oekom research: Aufstiegspotenzial für USA. oekom research AG, newletter 01/2009, München, 2009.

oekom research: oekom Corporate Responsibility Review 2009. Nachhaltigkeit in Unternehmensführung und Kapitalanlagen – eine Bestandsaufnahme. oekom research AG, München, 2009.

oekom research: Zusammenhang von Nachhaltigkeitsperformance und finanzieller Bonität von Staatsanleihen. oekom research AG, München, 2003.

ÖkoTest: Ratgeber: Rente, Geld, Versicherungen. Riester, Rürup, Rente. Nr. 7.2008.

Pfeiffer, Hermannus: Grüne Anlagen. Geld anlegen mit ökologischer und sozialer Verantwortung. PapyRossa, Köln, 1995.

Pinner, Wolfgang: Ethische Investments. Rendite mit »sauberen« Fonds. Gabler, Wiesbaden, 1. Aufl., 2003.

Pinner, Wolfgang: Nachhaltig investieren & gewinnen. Profitieren vom ökologischen Megatrend. Linde Verlag, Wien, 2008.

Pitzke, Marc: Börsen-Blasphemie. Warum die meisten Investoren dumm sind. www.spiegel.de/wirtschaft, 1.10.2007.

Rat der Europäischen Union: Die erneuerte EU-Strategie für nachhaltige Entwicklung. Brüssel, 26.06.2006.

Roider, Roland: Finanztrend Nachhaltigkeit. BCA AG, TopNews Sonderbeilage, 01/2009.

Rosen, Rüdiger von: Zahl der Aktienfondsanleger drastisch gesunken. Deutsches Aktieninstitut e.V., Pressemitteilung, Frankfurt/Main, 19.01.2009.

Rotthaus, Stephan: Erfolgreich investieren in grüne Geldanlagen. Ökologisch – ethisch – nachhaltig. Campus, Franfurt/Main, 2009.

Schneeweiß, Antje: Kursbuch Ethische Geldanlage. Aktien, Fonds, Beteiligungen. Fischer Taschenbuch, Frankfurt/Main, 2002.

Scholz, Andreas: 602A rechnet sich. Die Portfoliotheorie von Harry Markowitz bleibt der Grundstein jeder Asset Allocation. Das Investment, Januar 2009.

Schraven, David: Energieversorgung. Stillstand bei Offshore-Windparks in der Nordsee. www.welt.de, 17.03.2009.

Seith, Anne: Kampf für weibliche Aufsichtsräte. Warum Frauen die Finanzkrise managen sollten. Interview mit der Unternehmensberaterin Monika Schulz-Strelow. www.spiegel.de/wirtschaft, 04.01.2009.

Selbach, David: Nachhaltige Geldanlage zahlt sich aus. www.ftd.de, 22.11.2008.

Sparer-Studie: Die Kunden misstrauen ihren Bankberatern. FOCUS Magazin, Nr. 14/2009.

Sparinvest (Hrsg.): Strategische Asset Allocation – kurz gefasst. Januar, 2008.

Sternberger-Frey, Barbara; Neuneyer, Dustin: Marktübersicht: Nachhaltiges Investment, Anbieter und Produkte. GERMANWATCH e.V., 2003.

Stiftung Warentest (Hrsg.): Vermögenswirksame Leistungen. Clever sparen. In: Finanztest, 12/2008, S. 32–34.

Stiftung Warentest (Hrsg.): Anlageberatung. Prüfen Sie Ihren Berater. In: Finanztest 3/2009, S. 26–29.

Stiftung Warentest (Hrsg.): Öko ist nicht gleich grün. Aktienfonds Welt. In: Finanztest, 4/2008, S. 28–36.

Stiftung Warentest (Hrsg.): Sicher anlegen in der Krise. Was Sparer und Anleger jetzt wissen wollen. Ein Ratgeber von Finanztest. Stiftung Warentest, Berlin, 2008.

Stiftung Warentest (Hrsg.): Tagesgeld- und Festzinsangebote. Mit Sicherheit gewinnen. In: Finanztest, 1/2009, S. 18–26.

Stiftung Warentest (Hrsg.): Zertifikate. Das versteht kein Mensch. In: Finanztest, 3/2009, S. 30–35.

Stiftung Warentest: Die Riester-Rente. Econ, München, 1. Aufl., 2003.

Universität Stuttgart, PE International: Kurzstudie: Potenziale des Nachhaltigen Bauens in Deutschland: Analyse der internationalen Strukturen. März, 2007.

Upgang, Mechthild: Finanzratgeber für Frauen. Fischer-Taschenbuch, Frankfurt/Main, 1998.

Verbraucher Zentrale NRW (Hrsg.): Ethisches Investment. Rendite mit gutem Gewissen. Düsseldorf, 2002.

ver.di Bundesvorstand Berlin, Bereich Wirtschafspolitik (Hrsg.): Finanzmarktkrise. Wie erfindungsreiche Banken, ausgeklügelte Finanzprodukte und gierige Investoren die Finanzmärkte ins Trudeln gebracht haben. Wirtschaftspolitische Informationen, 3/2008, Berlin, 2008.

VGF Verband Geschlossene Fonds: Pressemitteilung 02/2009, Berlin, 27.02.2009.

Wagner, Gert: Die neue Renten- und Pensionsbesteuerung. Strategien und Steuertipps für Erwerbstätige, Rentner und Pensionäre. Walhalla und Praetoria, 2., Regensburg, Berlin, 2. Aufl., 2005.

Weber, Jörg: Zukunftssicher anlegen. Ein Ratgeber für Nachhaltigkeits- und Umweltfonds. oekom verlag, München, 2001.

Werner, Thomas: Ökologische Investments. Chancen und Risiken grüner Geldanlagen. Gabler, Wiesbaden, 1. Aufl., 2009.

Wutz, Andreas; Hug, Rolf: Lohnt sich die Photovoltaik nach der EEG-Novelle? www.solarserver.de, 10.9.2008.

Zermin, Karl-Helmut: Handbuch Altersvorsorge: gesetzliche Rente, staatliche Förderung, private Absicherung. RM Buch und Medien Vertrieb GmbH, Gütersloh, 2. Aufl., 2002.

Abbildungsverzeichnis

Tabellenverzeichnis